U0505082

技术与治道

TECHNICAL GOVERNANCE

华中科技大学社会学文库·青年学者系列

城市基层治理创新的理论与实践

Technical Governance in Grass-roots Society: Theory and Practice

/ 彭亚平 著

SSAP 社会科学文献出版社
SOCIAL SCIENCES ACADEMIC PRESS (CHINA)

本书获国家社会科学基金青年项目
“技术治理平台化转型的路径与机理研究”的资助

华中科技大学社会学文库总序

在中国恢复、重建社会学学科的历程中，华中科技大学是最早参与的高校之一，也是当年的理工科高校中唯一参与恢复、重建社会学学科的高校。如今，华中科技大学（原为华中工学院，曾更名为华中理工大学，现为华中科技大学）社会学学科已逐步走向成熟，走在了中国高校社会学院系发展的前列。

30多年前，能在一个理工科的高校建立社会学学科，源于教育学家、华中工学院老院长朱九思先生的远见卓识。

20世纪八九十年代是华中科技大学社会学学科的初建时期。1980年，在费孝通先生的领导下，中国社会学研究会在北京举办第一届社会学讲习班，朱九思院长决定选派余荣珮、刘洪安等10位同志去北京参加讲习班学习，并接见了这10位同志，明确学校将建立社会学学科，勉励大家在讲习班好好学习，回来后担起建立社会学学科的重任。这是华中科技大学恢复、重建社会学学科的开端。这一年，在老前辈社会学者刘绪贻先生、艾玮生先生的指导和领导下，在朱九思院长的大力支持下，湖北省社会学学会成立。余荣珮带领华中工学院的教师参与了湖北省社会学学会的筹备工作，参加了湖北地区社会学界的许多会议和活动。华中工学院是湖北省社会学学会的重要成员单位。

参加北京社会学讲习班的10位同志学习结束之后，朱九思院长听取了他们汇报学习情况，对开展社会学学科建设工作做出了重要指示。1981年，华中工学院成立了社会学研究室，归属当时的马列课部。我大学毕业后被分配到华中工学院，1982年元旦之后我去学校报到，被分配到社会学研究室。1983年，在朱九思院长的支持下，在王康先生的筹划下，学校决定在社会学研究室的基础上成立社会学研究所，聘请王康先生为所长、刘中庸任副所长。1985 年，华中工学院决定在社会学研究所的基础上成立社会学系，聘请王康先生为系主任、刘中庸任副系主任，并在当年招收第一届社会学专业硕士研究生，同时招收了专科学生。1986 年，华中工学院经申报获社会学硕士学位授予权，成为最早拥有社会学学科硕士点的十所高校之一。1988 年，华中理工大学获教育部批准招收社会学专业本科生，当年招收了第一届社会学专业本科生。至此，社会学有了基本的人才培养体系，有规模的科学研究也开展起来。1997 年，华中理工大学成立了社会调查研究中心；同年，社会学系成为独立的系（学校二级单位）建制；2016 年 5 月，社会学系更名为社会学院。

在 20 世纪八九十年代的 20 年里，华中科技大学不仅确立了社会学学科的地位，而且为中国社会学学科的恢复、重建做出了重要贡献。1981 年，朱九思先生批准和筹备了两件事：一是在学校举办全国社会学讲习班；二是由学校承办中国社会学会成立大会。

由朱九思先生、王康先生亲自领导和组织，中国社会学研究会、华中工学院、湖北省社会学学会联合举办的全国社会学高级讲习班在 1982 年 3 月 15 日开学（至 6 月 15 日结束），上课地点是华中工学院西五楼一层的阶梯教室，授课专家有林南先生、刘融先生等 6 位美籍华裔教授，还有丁克全先生等，学员来自全国十几个省（自治区、直辖市），共 131 人。数年间，这些学员中的许多人成为各省（自治区、直辖市）、市社科院社会学研究所、高校社会学系的负责人和学术骨干，有些还成为国内外的知名学者。在讲习班结束之后，华中工学院社会学研究室的教师依据授课专家提供的大纲和学员的笔记，整理、印刷了讲习班的全套讲义，共 7 本，近 200 万字，并寄至每位讲习班的学员手中。在社会学恢复、重建的初期，社会学的资料极端匮乏，这套讲义是国内最早印刷的社会学资料之一，更是内容最丰富、印刷量最大的社会学资料。之后，由朱九思院长批准，华中工学院出版社（以书代刊）出版了两期《社会学研究资料》，这也是中国社会学最早的正式出版物之一。

1982 年 4 月，中国社会学会成立暨第一届全国学术年会在华中工学院召开，开幕式在学校西边运动场举行。费孝通先生、雷洁琼先生亲临会议，来自全国的近 200 位学者出席会议，其中主要是中国社会学研究会的老一辈学者、各高校社会学专业负责人、各省（自治区、直辖市）社科院负责人、各省（自治区、直辖市）社会学会筹备负责人，全国社会学高级讲习班的全体学员列席了会议。会议期间，费孝通先生到高级讲习班为学员授课。

1999 年，华中理工大学承办了中国社会学恢复、重建 20 周年纪念暨 1999 年学术年会，全国各高校社会学系的负责人、各省（自治区、直辖市）社科院社会学所的负责人、各省（自治区、直辖市）社会学会的负责人大多参加了会议，特别是 20 年前参与社会学恢复、重建的许多前辈参加了会议，到会学者近 200 人。会议期间，周济校长在学校招待所二号楼会见了王康先生，对王康先生应朱九思老院长之邀请来校兼职、数年领导学校社会学学科建设表示感谢。

21 世纪以来，华中科技大学社会学学科进入了更为快速发展时期。2000 年，增设了社会工作本科专业并招生；2001 年，获社会保障硕士点授予权并招生；2002 年，成立社会保障研究所、人口研究所；2003 年，建立应用心理学二级学科硕士点并招生；2005 年，成立华中科技大学乡村治理研究中心；2006 年，获社会学一级学科硕士点授予权、社会学二级学科博士点授予权、社会保障二级学科博士点授予权；2008 年，社会学学科成为湖北省重点学科；2009 年，获社会工作专业硕士点授予权；2010 年，招收第一届社会工作专业硕士学生；2011 年，获社会学一级学科博士点授予权；2013 年，获民政部批准为国家社会工作专业人才培训基地；2014 年，成立城乡文化研究中心。教师队伍由保持多年的十几人逐渐增加，至今专任教师已有 30 多人。

华中科技大学社会学学科的发展，历经了两三代人的努力奋斗，曾经在社会学室、所、系工作的同志近 60 位，老一辈的有刘中庸教授、余荣珮教授，次年长的有张碧辉教授、郭碧坚教授、王平教授，还有李少文、李振文、孟二玲、童铁山、吴中宇、陈恢忠、雷洪、范洪、朱玲怡等，他们是华中科技大学社会学学科的创建者、引路人，是华中科技大学社会学的重大贡献者。我们没有忘记曾在社会学系工作、后调离的一些教师，有徐玮、黎民、王传友、朱新秤、刘欣、赵孟营、风笑天、周长城、陈志霞等，他们在社会学系工作期间，都为社会学学科发展做出了贡献。

华中科技大学社会学学科的发展，也有其所培养的学生们的贡献。在2005年社会学博士点的申报表中，有一栏要填写20项在校学生（第一笔者）发表的代表性成果，当年填在此栏的20篇已发表论文，不仅全部都是现在的CSSCI期刊源的论文，还有4篇被《新华文摘》全文转载、7篇被《人大复印报刊资料》全文转载，更有发表在《中国人口科学》等学界公认的权威期刊上的论文。这个栏目的材料使许多评审专家对我系的学生培养打了满分，为获得博士点授予权做出了直接贡献。

华中科技大学社会学学科发展的30多年，受惠、受恩于全国社会学界的鼎力支持和帮助。费孝通先生、雷洁琼先生亲临学校指导、授课；王康先生亲自领导组建社会学研究所、社会学系，领导学科建设数年；郑杭生先生、陆学艺先生多次到学校讲学、指导学科建设；美籍华人林南教授等一大批国外学者及宋林飞教授、李强教授等，都曾多次来讲学、访问；还有近百位国内外社会学专家曾来讲学、交流。特别是在华中科技大学社会学学科创建的初期、幼年时期、艰难时期，老一辈社会学家、国内外社会学界的同人给予了我们学科建设的巨大帮助，华中科技大学的社会学后辈永远心存感谢！永远不会忘怀！

华中科技大学社会学学科在30多年中形成了优良的传统，这个传统的核心是低调奋进、不懈努力，即为了中国的社会学事业，无论条件、环境如何，无论自己的能力如何，都始终孜孜不倦、勇往直前。在一个理工科高校建立社会学学科，其“先天不足”是可想而知的，正是这种优良传统的支撑，使社会学学科逐步走向成熟、逐步壮大。“华中科技大学社会学文库”，包括目前年龄大些的教师对自己以往研究成果的汇集，但更多是教师们近年的研究成果。这套文库的编辑出版，既是对以往学科建设的回顾和总结，更是目前学科建设的新开端，不仅体现了华中科技大学社会学的优良传统和成就，也预示着学科发挥优良传统将有更大的发展。

雷　洪

2016 年 5 月

序

治术，因其所处时代的不同，让权谋、策略、统计学、信息技术轮番登上历史舞台。现在看来，“君人南面之术”与政府服务平台中的数据传输技术决不能画等号。前者是引人入彀中的阴谋诡计，后者是价值中立的现代科技。诚如本书所言，柏拉图的《智者篇》将天底下的技术分为两种——制造术和捕获术，前者是创制新事物的技术，后者是占有现有事物的技术。对我们来说，制造术再熟悉不过了，它为日常生活和社会交往创制出新的可能性。只要是稍有理智的人，都不可能否认科技的理性之光给人类带来的福祉。但捕获术如何理解呢？福柯将治理定义为“引导”(conduct)，如网鸟、捕鱼、狩猎都将治理对象引至特定的轨道，让其现形并捕捉它们。无怪乎海德格尔有此悲观预言——（成体系的）技术是“座架”(Ge - stell)，将蕴藏无限可能性的世界网罗其中，变成扁平的图像。

然而，有捕获就有逃逸，有引导就有反引导，有治理就有反治理。捕获术所暗含的权力与反抗，在斯科特的《国家的视角》《逃避统治的艺术》等作品中已经得到了细致入微的诠释。在海德格尔看来，技术的最高形态是控制论(cybernetics)。众所周知，维纳在使用该词时有意识地将之与古希腊词汇“掌舵”对应起来，即异质事物（人与非人）彼此沟通以达到某种总体目标。换言之，“控制论”与“治理”同词源。一个控制论的世界，或曰治理的世界，真的如此暗淡吗？既然如此，讨论技术和治道的基础何在呢？我们是否有一种结合二者的方法，既占有现有事物，也配置它们，让新的可能性诞生？此应为技术治理的题中之义。

用最小的成本达到最大的治理效果，既是福柯对近现代西方治理技术发展趋势的总结，也是从战国中期延至有汉一代的黄老学（道、法家）秉持的宗旨。正义（justice），即事物正确摆放的方式，引出对与错、善与恶等对统治方式的争论。因循，即让事物尊其本性发挥自身潜力，强调因势利导的治理效果。近几十年来全球流行的治理时代，让后者成为更“务实”的选择。因此，治术不仅在于引导本身，还在于以最小的成本、经历最少的阻碍，顺畅地实现目标。如何达到这种效果呢？黄老学给出了答案——尊重事物自身的本性、彼此关系乃至它们的运行规律。《尹文子·大道上》有云：“圆者之转，非能转而转，不得不转也。方者之止，非能止而止，不得不止也。因圆之自转，使不得止；因方之自止，使不得转，何苦物之失分？故因贤者之有用，使不得不用；因愚者之无用，使不得用。”

圆的东西如轮子，天然就会滚来滚去，趋于运动；方的东西如木板，天然就平躺着，趋于静止。聪明的人在造车时，会合理配置轮和木板，分别让之成为车轮和车架，前者运动而后者承重。如此浅显的道理落在国家治理领域，就是用技术合理配置不同的治理元素，使之形成合力，发挥出最大的效能。就目前体制而言，几乎所有新技术想要施展自身，都要考虑一个问题，即如何遵从现有治理结构的本性及其运行规律。

因此，从功效的角度而言，技术治理研究的关键应从技术的权力和愿景问题转变成技术的适配性问题。观察近年来相关研究的变迁，也大致呈现出此趋势。对技术的美好期待，与对技术的悲观预测一样，都与从事治理实践的人们太远。我们只需把目光放置在热火朝天的治理场域，就会发现政府工作人员、技术人员以及民众都在不断推进的政府信息化、绩效化改革中担任不同角色，真切地感受着国家治理现代化的脉搏。大体而言，不管是行政技术创新还是新技术引入，都面临着如何与科层适配的问题。它表现为治理技术与现有条块关系的磨合，背后更潜藏着新技术背景下国家社会关系、央地关系如何调整乃至国家政权建设如何推进的重大命题。从这个角度来看，国家治理现代化进程，理应是社会学和政治学处理的对象，也理应是个技术问题。

根据我的阅读，本书正是试图回答上述理论和实践问题。只要翻开它，读者就能感受到作者建立技术治理总体框架的理论企图。对于从事设计和实施具体细节的技术人员以及身陷纷繁治理事务的政府工作人员来说，这是一种难得的总体性视角。更难能可贵的是，本书建立在扎实的田野工作之中。书中涉及的各类治理技术，其施展的原理，其落入科层的过程，都围绕着具体事件的治理进程徐徐展开，各色人物也因为不同的角色牵涉其中。活生生的人与事，却交织在一个个看似冰冷、无趣和中立的技术程序中，对此细致入微的描绘正是质性研究的魅力所在。因此，其他领域的决策者和感兴趣的读者也能通过本书观察到某项治理技术实施的具体过程，以及围绕着技术程序设计和实施的人与事。后者或多或少被隐藏在媒体话语和国家治理现代化的宏大叙事之中，等待着读者翻开本书，去找寻它们！

作为本书的读者，为作者点赞，向作者致以热烈的祝贺！

彭　勃
上海交通大学国际与公共事务学院教授
上海交通大学国家安全研究院执行院长
上海交通大学公共政策与治理创新中心主任
2022 年 11 月 30 日于交大新建楼

目　录

第一章　绪论

第一节　研究背景与问题

一部人类政治实践史，可以视为通过各类技术树立统治者权威、加强国家能力的历史。以古代中国为例，大型青铜器的制造和组织技术确立商王权威（张光直，2017：107－113），编户齐民让帝制国家得到稳定的赋税和军事资源（李磊，2019），文书技术改进让政府内部沟通效率和中央集权同步加强（张荣强，2019；刘杰、黄维庆，2020）。随着技术进步，特别是信息时代的来临，更多的技术许诺重塑/新建治理场景、精准识别治理对象、再造政府流程和任务、约束官僚集团等，一同印证渠敬东等（2009）对改革开放以来国家社会关系的全景式观察，即技术治理的时代已汹涌而来。

自党的十八届三中全会首次明确"完善和发展中国特色社会主义制度、推进国家治理体系和治理能力现代化"命题并将之定为全面深化改革的总目标以来（中共中央，2013），党和国家的相关探索不断深入。党的十九届四中全会报告重申"建立健全运用互联网、大数据、人工智能等技术手段进行行政管理的制度规则"（中共中央，2019），治理者要懂技术，技术专家要懂治理，成为国家治理现代化的目标之一。当治理[①][②]成为国家与社会关系的核

---

① 官方语汇和本书中的"治理"，均不同于当前流行的公共治理理论（public governance theory）所称的"治理"。后者认为公共事务不是政府专责，（转下页注）

② 我们应区分本书所称的"治理/统治"（govern）和马基雅维利式的（转下页注）

心课题，成为一个社会工程学范式后，它就不仅是一种治国理念，更是一个“体系”、一种“能力”（范如国，2015；2018）。“能力”，是指将社会更清晰地呈现在国家眼中；“体系”，则提供一个工作平台让公众需求/偏好得到适时的反映和回应，让社会问题被一一探测并解决。治理技术，即国家之眼，是“能力”的体现；技术治理，即国家工作平台，是“体系”的构建。

大体而言，整个政府及其与社会的关系都建基在无数治理技术之上。且不论部门分工、科层设置、文书传递、规章制定等韦伯式官僚制要素建立在命名学、分类学、修辞术、线性规划、统计学等技术之上，电子政务、网格化管理、基层治理平台等新的政府治理方式也要依托信息技术、大数据技术、复杂网络的高速发展。技术治理，早已超越对人口、财产、土地的等级划分和丈量，进行到对个体信息和需求的精准识别和即时响应的阶段。诸多技术的共同治理诉求，是识别并解决各类问题，即将社会放置在它们确定的坐标系上赋予其形状和意义结构。在此过程中，社会情境被转化成议题，议题被处理成信息，信息生成数据。对社会数据化的同时，政府自身也被数据化了。从“权威治理”向“数据治理”转变，意味着政府要“用数据说话、用数据决策、用数据管理、用数据创新”（国务院，2015）。

为什么技术治理在我国会成为一个理论和实践问题呢？这需要认识到它的特殊性。作为以发展为主导、肩负民族复兴任务的后发国家，我们并不具备西方自主、完整地经历前现代、现代和后现代的历史背景，而是三个阶段交缠在一起，并存于短时期的巨大社会转型之中。技术治理造成的迫切问题，可能并不止是诸如技术的政

(接上页注①) 要让社会力量参与进来。该主张的新自由主义倾向让其具有国家定位模糊等缺陷（李洋，2020），因而只是一个缺乏中国实证基础的“空洞的能指”（王绍光，2018）。从词源学来讲，治理的古希腊（掌舵）和拉丁（引导）原义亦无此引申。对此，第二章有专门论述。

(接上页注②) “主权/君权”（sovereignty）。后者现在被称为统治（rule），而古希腊的治理和统治是不分的。本书采纳原意，即治理与统治不分，并不涉及马基雅维利式主权的内容。

治后果、技术是否失败、技术背后国家对人的权力等简单且清晰的命题，而更多地隐藏在发展主义、贫富差距、治理创新等议题脉络之中。中国的技术治理现象，显现出更加复杂、多变的特征。

以基层治理为例，技术创新已是主流。伴随着治理目标由汲取型国家转向给予型国家（王雨磊，2017），地方政府的策略也由“GDP 锦标赛”转变为“社会创新竞赛”（周黎安，2007；陈家喜、汪永成，2014；何艳玲、李妮，2017）。从社区网格到项目运行，从决策咨询到电子问责，从政府网站到政务微信、微博，基层治理中的技术创新席卷而来。事实上，政府条块关系不清、财权事权不对等、民众需求无法传达等基层治理的“痼疾”，以及“绕开存量走增量”、碎片化权力的整合需求、为创新而竞争等基层政府的现实考量，又在召唤新的治理技术。

技术治理就像一把“双刃剑”：一方面，它将信息“在地化、系统化和逻辑化”，国家得以改善基层治理过程中的信息不对称，提升治理绩效（王雨磊，2016）；另一方面，它又使用“指标监管和考核结构的设计，迷信量化的数字管理，忽视了地方政府实际权力操作中的具体机制和隐性规则”（渠敬东等，2009）。问题随之产生。治理技术与科层或项目结合时被扭曲、各个层级的行为主体将各自意志植入技术程序、为技术而技术的新“锦标赛”模式等问题，都让“信息孤岛”、数据造假、目标转移、临时性技术相互交叠等现实凸显。基层治理的关键，在于解决社会问题，同时进行政权建设。换言之，国家治理在城市基层中有机融合是一个多主体、多层次和复杂目标系统，在微观层次须回答各主体参与基层事务的动机，中观层次须回答基层政府的运行机制，宏观层次须回答国家治理框架的设置、公共领域转型的市民基础等问题。解决基层问题，表面上是网格化、人民大调解、电子政务、精准扶贫、环境保护等眼花缭乱的治理技术的选择和组合，实质是在国家主导下的社会秩序重构。[①] 因此，技术治理不仅包括治理

① 陈晓运（2018）认为，城市基层社会的技术治理倾向是“技治理性的政治动力、数据驱动的简化机制和权威动员的协同体系”等三种因素叠加的产物。

技术的应用，还包括这些治理技术为何产生、如何运作，政府内部关系如何变化，社会如何随之变化以及国家社会关系如何演变等一系列重大课题。

因此，我们的任务是：

（1）在理论上，寻求“技术治理与国家社会关系变迁”的社会科学解释。

（2）在实践中，探索技术落到科层以形成治理合力的可能性。

（3）在具体分析中，剖析技术的内部程序如何分解并嵌入到现有治理体系之中。

（4）在实证技术上，用案例深描和过程追踪的方式解构各个技术程序，描述技术实施过程如何变成多方利益纠葛的政治过程。

为了安置上述理论诉求，我们将研究场域放置到基层社会，聚焦一个城市街道发生的治理实践。落实到经验层面，即通过观察各类治理技术如何落地、如何与科层形成合力并融入基层秩序，以此展现基层治理现代化的技术逻辑。本书将以 C 街道主持的两年民意调查为主线，结合此地的其他治理事件，试图勾勒出它们背后的基层权力关系运转模式，以期给予上述理论和经验困惑可行的解释。基于笔者掌握的经验材料，即 A 市 B 区 C 街道 2015～2018 年间的治理创新实践，特别是 2015～2016 年连续两年的基层政府民意调查数据、亲身经历、访谈材料、公开及未公开资料，辅之以政治社会理论、社会测量方法论等方面的知识积累，本书通过追寻以下问题而逐渐深入开展。

（1）治理技术识别并处理社会问题的原理是什么？

（2）治理技术如何借助基层政府的组织构件而施展自身？

（3）基层条块关系如何植入技术程序之中？治理技术如何变成基层权力秩序的运转载体？治理资源如何重配？

最后，也就是贯穿全书的线索性问题：

（4）随着治理技术的实施，城市基层的政治生态如何呈现？

第二节　研究对象、视角与目标

一　研究对象

技术治理是个大问题，城市基层是个微观场域，二者如何结合起来？换言之，为什么讨论技术治理的运行要放置到微观场域中？对目前技术治理研究困局的揭示，将给出答案。

截至目前，不论治理、技术、技术治理、治理技术这几个词汇如何拆分和组合，它们作为一个分析概念，都存在巨大的争议。当技术被我们谈论时，它到底指什么？几乎所有研究者都必须直面这个问题带来的麻烦（白馥兰，2017：5）。由于技术是个险象环生的概念（Marx，2010），治理的古今之义又相去甚远，从中派生出来的治理技术和技术治理的含义扑朔迷离。尽管基本概念和研究范式远谈不上清晰，但自从被经典文献点燃热情后（渠敬东等，2009；黄晓春，2010；王雨磊，2016），对技术治理的讨论慢慢已成燎原之势。它们往往落在熟悉的国家社会关系、中央地方关系等领域，并伴随着新技术与科层关系、制度设计、政策执行等议题。就大趋势来看，大致有三种研究路径：

（1）*技术*－治理：通过新技术提高治理效能（黄晓春，2010；谭海波等，2015）。该路径所讨论的问题是，如何让新技术成功嵌入现有治理体制（黄晓春，2018）。

（2）技术－*治理*：治理手段的技术化（王雨磊，2016）。该路径所讨论的问题是，如何将政府行为纳入完善的行政技术体系之中（渠敬东等，2009）。

（3）治理术（governmentality）：国家运用策略对社会生活进行盘算和拨弄。该路径所讨论的问题是，国家对个体的权力如何从“你不能干什么”“我需要你干什么”的技术，变成“我能为你做什么”的技术。

此三种路径，分别涉及新技术、行政技术和权力技术。以科层为衡量基准，新技术是外生的，行政技术是内生的，而权力技术似乎与此无关。然而，在国家治理实践中，各种治理技术的界限很难区分。技术进展带来的精确程度，直接影响到中央集权进程和国家政权建设在地理、社会空间的扩展。历史上，人口统计、土地测量、户籍管理、税赋收集乃至部门/层级设置等行政技术，本质上是分类学、统计学、测量学等当时的新技术的应用。反过来，新技术引入到科层时，领导人意志、上级压力、部门利益等科层内生的因素又决定了新技术的开展。由此，很难判断近年来流行的网格化管理到底是行政技术还是新技术，它对信息搜集、问题解决的创新以及各部门的协调处理是行政技术，但在此过程中使用的信息录入、集成和分派显然又是新的通信和计算机技术。另外，不论是新技术还是行政技术，最终要处理的都是国家与社会的关系。比如，电子政务的目标之一是对公众开放信息、提供高效的公共服务；人口统计、征税、户籍、公共交通、通信等技术又改变了人们的生产模式、家庭规模、居住形态、流动方向等生存和社会交往方式。由此观之，理论上被区分的技术类型及其研究路径，实践中又搅在一起。

在上述语境中，能不能找到一个对技术的可行定义，以囊括新技术、行政技术、权力技术，或至少让三者可通约呢？抛开词义溯源、工程学范式、社会政治批判等纷繁复杂的思想争论，当我们将视线放置在治理技术的对象时，会发现任何一种技术都要解决某个或多个社会问题。如果使用系统论的语言，则技术程序是一个逻辑闭环组成的系统，处理的对象即复杂社会则是其作用的环境。当技术运转时，复杂社会源源不断地输入待解决的问题，技术则依照其程序将不连贯、不可协调、非理性、含混、矛盾的社会问题梳理成可定义、可数以及可见的社会秩序。由此，通过将自身逻辑闭环所呈现的秩序投射到无序的社会之中，治理技术完成对社会问题的解决。显然，治理技术是国家意志的化身，作为被设计的秩序高悬在社会之上。一边是象征着秩序的技术程序所制造的理想状态，一边是无序的复杂社会所生产的问题。据此，我们可以提出一个可操作的定义，如下：

治理技术：国家为解决社会问题所施展的程序化手段。

照此思路，技术治理似乎是一系列程序化手段施展过程的总和。然而，此为同义反复，也无助于我们将分析思路推进到国家治理变革的更深层次。很多研究者认为技术治理是个充满陷阱的概念，情愿使用更为稳妥的“治理技术”一词，从而将分析限定在安全范围。[①] 显然，林林总总的治理技术出台、运转、效果及其背后纷繁复杂且动态的政府条线关系、官僚行为决策、社会主体应对等要素，远非治理技术之概念所能涵盖。[②] 一个合宜的技术治理概念，必须让诸多理论要素得到妥善安置。

当我们再一次转移视线，将之落在治理领域时，会发现思路可以更深一层——任何一种治理技术都在制造一段独有的国家社会关系。一个治理技术就是一个活化石，它的技术程序隐藏着国家社会关系的基因。例如，国有土地测量、规划和 GIS（地理信息系统）应用等一系列技术程序的背后，是中央对地方的引导、监督的继续强化（杜月，2017）；撤点并校、优秀教师抽调等一套农村教育政策的出台，引导着老中青三代千千万万农村人的迁徙、买房和就业，让城镇化进程加速（叶敬忠，2017）。由此，一个妥善的技术治理定义产生：

技术治理：用程序化手段解决社会问题的过程，及此作用下的国家社会关系变迁。

---

① 例如，有学者从政策执行的角度，将政府治理技术定义为“政府为了实现既定的政策目标而对政策目标客体所采取的策略、方式、方法、工具和手段的统称，它既包含科学技术，也包含社会技术与精神技术。”（黄启松、许强，2018）

② 有学者将治理技术放置到中央地方关系和国家社会关系的广阔领域，将之划分为“科层动员技术、激励考核技术、资源整合技术与群众工作法等四个类型”，认为它是“主动的地方政治生态、压力型体制和科层体制扩张等因素综合作用的客观产物”。（杨磊，2018）但笔者认为，其中牵涉的理论要素已非治理技术这一工具化手段所能涵盖。

二　研究视角

本书将技术治理研究放置在城市基层之中，有以下三个理由。

(1) 研究层次适合。基层是国家和社会的接触面，在二者的交错下会萌发各类社会问题。基层的治理技术也直接面向生活世界，技术与问题的互动无需经历政府层级之间的传递。

(2) 研究难度适合。基层主导的治理创新，其技术程序较为简单、涉及的上下级关系比较清晰、要处理的社会问题易于锚定，研究者容易把握。

(3) 理论和经验素材丰富。对基层治理的分析，上可追寻中央地方关系，下可追寻国家社会关系，更有理论张力。较之农村，城市基层政府经费更多、创新的动机更充足，人口、资源在空间的高度集聚致使社会关系更复杂、社会风险更大，更多基层治理技术在此诞生。

当技术治理的图景被放置到城市基层后，我们必须用一个核心问题将二者结合。在国家治理现代化建设的旗帜下，借助现代技术和管理思想，国家对社会的清晰化意图越发明显，隐身其后的基层政权建设步步推进。大到全国层面推广的网格化管理、精细化管理、人民大调解、居民议事会、律师进社区，小到各个地方政府的治理亮点工程如综治大联动、楼宇党建、自治项目、社区微信公众号、警民恳谈日、治安联防队等，基层治理创新手段层出不穷。对于基层的技术治理，以一个什么样的视角切入才能展现其运行逻辑、效果及对基层生态的影响呢？尽管诸多治理技术应用的效果还有待观察，但某些问题已开始呈现。例如：尽管有群众团队、楼组自治、文艺活动、微公益项目等社区自治活动或项目，但除了领工资的志愿者或工作人员外，年轻人参与热情并不足，社区二元分化依然长期存在；尽管有居民意见征询、群众评议政府、网络/电视问政等各种公民参与治理的努力，但是参政问政的议题限定、群众被选择性抽样、意见被选择性执行等现象造成了参与过程和结果的公信力不足，效果也有待商榷；尽管各个社区、街道的政务微信/微博为居民了解政策信息、参加社区活动、了解社区新闻甚至便民服务信息都提供了便捷渠道，但推送页面千篇一律、报喜不报忧的现象也不鲜见；尽管全面铺开的网格化管理既能收集基层信息又可以起到将矛盾/问题在基层发现和解决的功效，但网格员拍照上报容易解决的事务、系统派单到职能部门遭到推诿的卸责现象屡见不鲜……上述各种治理技术在城市基层中运行时遭遇的现实困难，成为我们的切入视角。

上述政治景观，是治理技术不够发达、技术治理体系不够严密造成的吗？如果答案是肯定的，则随着技术的更新换代，国家治理现代化建设将在解决社会问题和国家政权建设两方面齐头并进、所向披靡。换言之，没有解决不了的困难，只有不发达的技术。以网格化管理为例，它同时满足社会清晰化和问题就地处置两个条件，理论上几乎是问题解决和政权建设的理想模式。尽管信息发现、录入、上报、派单、反馈等流程需要软件开发、通信、信息管理、数据处理等各类技术，但网格化管理在运行中出现的问题往往不是技术性的。网格员上报难解决的问题，可能会遭到相关职能部门的施压，或是给自己带来麻烦；职能部门的推诿、卸责的原由可能是网格中心无权对其发号施令。由此可见，虽然技术的发达和严谨程度是治理现代化建设的必备条件，但无法绕开的问题是治理技术如何很好地嵌入到现有治理体系特别是科层之中。

围绕着上述理论和现实诉求，我们找到了一个技术治理与城市基层结合的视角：技术治理在城市基层：治理技术与基层条块关系的互动，及其带来基层政治/社会生态的变化。

以此为突破口，本书开始对技术治理运行机理的研究。

三　研究目标

本书的研究目标主要包括以下几个方面。

（1）学术立意方面，提出技术治理的理论和经验解释框架。技术治理有技治主义、法兰克福学派、技术政治、福柯治理术、政治保守主义等众多理论资源，但其社会科学解释却一直散见于文献的角落。如何直面技术治理？它的逻辑是什么？它能达到自己想要的目的吗？如何将技术治理变成可以操作的命题？本书将对此提供社会科学的理论和经验解释。

（2）操作层面方面，分解技术程序，观察基层治理创新的运转。以技术为本体，以它的运转过程为对象，剖析技术背后的政治主体行为，是本书的主线。为此，本书将建立在对抽样、调查为代表的民调方法论及其统计学原理较深的理解之上，并对官僚制、国家社会关系等基础理论有较为深刻的把控。

（3）研究方法方面，区分科层内生和外生两类技术，并观察它们如何相互通约并彼此嵌套。本书以技术程序和组织构件为观察对象。前者包括民调程序的抽样和调查设计与实施的社会过程；后者包括政府的文件政策、领导小组、工作机制、任务分解、目标责任、量化考核等组织构件。

第三节　田野工作与研究方法

一　经验场域

本书的经验材料基本取自 A 市 B 区 C 街道。所有经验观察也来自该街道居民、居委会、街道三个层级。此处的居民生活形态、发生的社会问题、解决社会问题的治理技术、操作治理技术的政府层级和部门及其形成的权力关系，是本书的关注对象。它们具体包括如下内容。

（一）区位和概况[①]

C 街道设立于 1955 年，历经多次沿革，现隶属 B 区。它地处 A 市繁华地带，横跨城市内河，楼宇林立，区域面积约为 4 平方公里，户籍人口约 10 万人，流动人口约 5 万人，现下辖 35 个社区（见表 1－1）。C 街道的交通十分便利，有 5 条地铁线路和 37 条公交线路在此经过，设有 8 个轨道站点，另有内环线、快速通道和两

① 资料来自 C 街道政府网站。

条主干道形成的地面交通网络。

表 1-1 C 街道辖区内 35 个社区类型和规模

类型		规模	
现实型	8	1000 户以下	9
过渡型	4	1000～2000 户	12
现代型	15	2000～3000 户	12
综合型	8	3000～4000 户	2

资料来源：政府内部资料。

注：左栏现实型表示该社区为工人新村或旧式里弄，过渡型表示该社区正在动迁，现代型表示该社区为现代商业小区，综合型表示该社区为以上类型混合；右栏户数为该社区房屋套数。

（二）居住形态

C 街道原本是 A 市有名的老工业区，新中国成立前有外资和民族企业在此设厂，新中国成立后的工人新村建设热潮又形成连片的低层联排小楼。20 世纪 90 年代末到 21 世纪初，随着房改和下岗潮到来，大批新型商业小区雨后春笋般耸立。截至目前，C 街道的居住形态已颇为复杂，2000 年以后的中高档商业小区与 20 世纪五六十年代的工人新村大约各占一半，中间夹杂着少许二三十年代的石库门旧式里弄。由于工人新村和旧式里弄的配套设施和居住面积已远落后于人口增长和居民生活形态的变化，“搭腰包”、“滚地龙”、封天井、“鸽子棚”、“平改坡”等形形色色的违章搭建处处可见，私拉电线、私改给水排水管道、乱扔垃圾、乱停车等现象随之而来，水电供应、排水系统、垃圾处理系统、停车位等设施也严重不足。2000 年左右，政府为下岗工人生计着想，开了“居改非”[①] 的口子，沿街沿路居民楼的一层多破墙开门，做起各式各样的生意。退休金制度逐步完善后，随着外来人口增多，这些店面又被租给外地人。因此，商户在店铺内“吃”“住”“经营”的三合一现象较多。火灾隐患，油烟、噪声污染，生活和经

① “居改非”指业主擅自改变房屋性质，擅自将居住房屋改变为非居住使用。

营废弃物处理不当等问题也在街面蔓延。另外，A 市高昂的物价也让众多外来人口选择合租的方式节省租金，很多居民楼存在私自改变房屋结构和布局的群租现象。与之对照，C 街道也聚集了诸多高档商业小区。因为横跨内河、交通便捷、配套完整，再加上境内有两大公园、河畔亲水带，这些小区不乏退休领导干部、资产丰厚人士、娱乐明星等中高阶层人群居住。

（三）人口分布

流动人口一直是街道比较头疼的问题。从 20 世纪二三十年代开始，已有大量外来人口来外资和民族资本家开设的面粉厂、机器厂务工。相应地，摆小摊、送水、运粪等服务人员也开始聚集。以回民为例，C 街道已经是 A 市最大的穆斯林居住地，该地最早的清真寺也修建于此。一到开斋节、古尔邦节等伊斯兰盛大庆典，信徒们在此礼拜时，附近整条路段都要封闭。每周五主麻日，巴扎（集市）在 10 点到 17 点开市，AM 路上布满烤牛羊肉、烤馕、拉面等清真食品摊位。因此，民族团结是 C 街道重点关注的事项。后者近年被国家民委评为全国民族团结进步创建示范单位。除清真寺外，另一座佛寺也闻名遐迩，方丈为全国宗教领袖之一。另外，C 街道商业繁荣，写字楼、购物中心和商业小区集中了大量白领，临街铺面、里弄、工人新村以及全市最大的花鸟市场也容纳了很多小生意人和普通劳动者。

（四）行政层级和部门

自从 2014 年 A 市街道（乡镇）职能机构统一调整后，C 街道的层级结构和部门设计与 B 区其他街道基本相同，分有党政办、党建办、党群办、管理办、服务办、平安办、自治办、发展办、人大工委、纪工委、人武部、工会、团工委、妇联等 14 个职能科办，另设网格化综合管理中心、社区党建服务中心、社区事务受理服务中心、社区卫生服务中心、社区综治中心、社区文化活动中心等 6 个中心，另有街道社区学校 1 所。

二　进入田野的契机和过程

2015 年 9 月，笔者及其所在的研究团队开始与 C 街道接触。在此之前，2014 年 10 月，街道以民意调查的形式对辖区内所有社区进行治理绩效评估工作。不到一年，B 区“TXJY”项目也在 C 街道铺开。同时，该街道有网格中心三个片区的规划和建设、环境改造工程、敬老院建设等项目开展，并迎接食品安全、河道治理、文明城区创建等各轮行动。2016 年底，A 市全面开展的拆违行动开始在 B 区重视起来，中心市区最大的棚户区 DX 村亦进入拆迁程序。C 街道的拆违和拆迁行动也引起了笔者的注意。2015 年 9 月 ~2018 年 6 月，笔者的田野经历大致分两个阶段。

（1）跟踪和参与 2015 ~2016 年、2016 ~2017 年两个年度各 6 个月的民意调查和绩效评估全过程，参与并考察民调和绩效评估的设计、操作全过程，记录街道和社区各类会议要点，收集民调原始和加工数据，走访各个社区、各条街路，访谈街道工作人员、社区干部、居民。

（2）考察代表性项目运作和治理行动开展的情况。我们使用的主要方式是利用民调和绩效评估建立的私人关系，采访部分街道工作人员、社区干部，涉事商铺业主、租户、行人和部分居民，搜寻相关政策文本、媒体报道和网络资料。

三　田野资料

（一）访谈材料

1. C 街道 2015 ~2017 年社区居民结构式访谈录音和文本，共 35 个社区。

2. 2015 ~2018 年与 C 街道、下辖社区工作者以及居民私人交谈记录。

3. C 街道历次民调工作会议记录。

（二）文本资料

1. A 市 B 区 C 街道以及该区其他街道的政策文本。

2. 当地论坛发言、网络新闻、纸质媒体等资料。

3. 与街道、社区工作人员及居民、商户的往来短信/微信/邮件。

4. C 街道自制 2014 ~2015 年度民调成果，第三方机构制作的 C 街道 2015 ~2016 年度、2016 ~2017 年度《民调报告》及系列成果，街道制作的《民调年度小结》《社区诊断书》。

（三）数据

2015 ~2017 年 C 街道民意调查数据库（涵盖问卷设计、数据采集、数据处理、指标设计等各阶段所有资料和数据）。

四　研究方法

（一）参与式观察

笔者曾介入 C 街道民意调查的全过程，负责所有技术工作和大部分与基层政府、社区和工作人员的对接工作，积累下大量访谈、文本、数据、录音甚至观感等经验素材。借此机会，笔者也持续关注该街道发生的拆迁、拆违等重大事件，访谈了一些当事居民和社区干部，搜集了相关政府公开或内部文件。值得一提的是，后续研究的构思是在两次民调之后进行，即笔者并未出于研究目的对民调过程进行有意识地干预。因此，本书使用的文本、数据和录音资料，都可视为客观经验材料。

（二）深描

如何就论文的逻辑主线处理丰富的经验材料，是个难题。行文过程中，笔者面临的困难既不是材料不足也非逻辑不顺，而是如何把材料与理论结合。由于技术治理并非成熟范式，它的基本概念、理论逻辑甚至经验对象都有待完善或商榷，因而本书理论密集度较大，铺开理论的方式是单向的逻辑链条铰合，各个链条都需要经验材料的支撑。笔者采取的方式是围绕民调、拆迁、拆违等重大事件，确立街道、社区、居民三个层级多个主体，描写他们在技术程序和组织结构的制约下如何行为，以此呼应并串联各个逻辑链条。

（三）极端案例法

极端案例的研究方法是关键案例法（crucial case study）。它的基本原理来自贝叶斯条件，即设置极端条件，如"假设在最可能发生某事（most likely case）的情况下却无法发生，则理论命题被证伪"（Gerring，2007）。为验证治理技术融入科层后是否能保证其严格性，本书确立的原命题为"被科层分解的治理技术能够保证其程序的严格性"，我们选取有严格方法论的治理技术作为研究对象，如果它的技术程序都能被扭曲，则此命题可大概率被证伪。我们选取基层政府民调作为极端案例，因其技术特点与其他技术治理实践有所区别。一是方法论的严格性和成熟度。在大数定律、中心极限定理、独立同分布假设等统计学知识的支撑下，在信度、效度等调查方法的检验下，民调有固定格式和标准可遵守，除此之外，民调还必须在上述程序之间建立严密的逻辑关系。其他治理技术如网格化管理、精准扶贫等，政府对程式和标准的设计有较大的自由度。二是程序的独立性。名义上，问卷设计、抽样、问卷填答、数据加工等阶段都可作为纯技术过程而独立运行，甚至外包给第三方。其他治理实践如流动人口管理、社会综治等，难以做到这点。

（四）对定量的过程追踪

无论哪种治理技术，无论它的精确程度如何，其技术程序背后往往暗藏着理论假设，其运行也有方法论依据，其最终产品往往是各种数据、指标体系。当我们把这些定量的形式当做研究对象，对技术的原理、程序和产品进行解剖时，在方法上应该如何处理呢？本书采用的手段是用定性的方法研究定量对象。具体而言，观察C街道各部门、辖区内社区乃至居民等各主体在民调每一个技术阶段如何植入自身意志。笔者设计了两种比较机制，一是将基层政府各主体的想法与技术人员提供的其他可能性作比较，二是采取历年比较的方式，观察2016年民调方案较之2015年如何变化。

（五）社会实验

技术设计和实施的两阶段分裂及其为行为主体敞开的解释空间，是技术哲学经验转向的重要命题，也被本书所倚仗。这个思辨性较强的理论推演如何被实证呢？笔者设计了一个社会实验，观察民调的技术程序如何把不同的故事加工成同样的意见。实验中的民调涉及一个问题、四个主体即四个意见的加总，描述他们围绕问题的生活史（个体特征）、面对题目时的反应、最终答案（意见）等组成的个人意见形成和加总过程，使之互为实验组和参照组。此举目的是为省却与本书无关的对统计假设、数学原理的讨论，又无损民意调查的基本技术逻辑。

第四节　篇章安排

在第一章第一节给出的诸多经验和理论问题之中，一个关键问题决定了其他问题是否成立，即治理技术如何切实落到科层（现有技术秩序）以形成合力。接下来，本书的主要内容围绕此问题展开。

第二章是研究综述，主要梳理两类文献——技术治理及其在基层的表现。在梳理治理的历史沿革和技术的思想根源并剔除“技治主义/专家治国论”（technocracy）的干扰后，技术治理的主要论题围绕技术本身的政治性、它能不能解决社会问题、解决社会问题的过程中会带来什么政治社会后果等方面进行，大致对应技术批判理论、政治保守主义、福柯治理术等思潮。具体到中国场景，对技术治理的讨论始于国家现代化建设的需要。韦伯确立的理性化两大原则即“可计算的法治系统”与“基于规则的行政管理”，为中国历来的治理困境提出了数目字管理的药方。上述理论和经验资源，一起构成现有技术治理的三种研究路径：新技术在治理实践中到底能不能成功；行政技术到底是强化科层还是反科层；如何找到属于中国自己的治理术。落实到本书的主要经验对象即基层政府的民意调查，我们则要追寻以下问题：基层治理的困境是什么？作为技术治理的手段之一，民意调查为何被政府采纳？作为一种方法论，民意调查技术的原理到底是什么？

第三章建构了一个技术治理与国家社会关系转型的理论框架。技术、国家/政府、社会/个体，构成了技术治理研究的三足。技术治理被界定为国家为“照看”社会，不断发现社会问题，并去解决它的过程。各个分步骤依照推理逻辑依次展开。

步骤一：一个治理技术制造出一段国家社会关系，但不同的治理技术之间无法换算和通约；

步骤二：技术秩序以身份信息和效用分析为两轴，将相互通约的治理技术及其作用下的国家社会关系组成一个连续统；

步骤三：技术秩序借助问题导向和因果机制对社会进行扫视和操作的同时，暗含了国家拥有如何观察社会的权力，因而制造出新问题；

步骤四：原有技术秩序因不能观察自己而失去了解决问题的合法性，新的治理技术产生，在实施阶段又必须依托已有的技术秩序才能落地。由此，各类治理技术层层叠加、紧密勾连。

因此，社会问题、治理技术和科层（原有技术秩序）三者的递进关系成为接下来经验研究的方向。

第四章讨论技术治理的组织逻辑，以科层内生的行政技术为例，分析其如何解决社会问题，并嵌入到现有治理体系之中。其经验材料取自C街道的重大治理事件，主线是棚户区拆迁和全范围拆违。首先，治理技术的问题化机制是将基层问题从其社会背景中切割，嵌入技术程序的闭环之中。其中，问题界定阶段切断其社会背景，问题转化阶段进行标准化加工，成本收益原则让它纵向可比，最终通过项目化让它融入科层之中。其次，基层的各类治理技术的实施都依赖于少数几个组织构件的拼接。治理技术的运行，在组织过程中都要经历如下几个阶段——发布文件政策、成立领导小组、形成工作机制、锚定对象、明确目标责任并按照量化标准考核。再次，各个治理技术通过共享的组织构件而相互通约。参加治理高空抛物、“无违创建”、居委换届等不同事项的可能是同一批工作人员，用同一套宣传文稿的模板，工作方式也大同小异……因此，设计和实践的分离，让治理技术通过它们共用的组织构件而相互通约，最终相互赋权。

第五章讨论技术治理的社会建构逻辑，以科层外生的民调技术为例，分析它的技术程序如何为基层各类参与者提供解释空间，以利于技术在科层落地。在讨论 C 街道正式民意调查前，笔者做了一个关于民意形成的社会实验，以表明技术的社会建构性。实验取材于 C 街道 CS 路 YX 广场周边的夜市，询问周边居民夜市是否扰民这一议题。实验发现，在调查设计阶段，民调通过个体特征、标准问题和选项预设了表达意见的统一轨道，简化了被调查对象的社会背景。在调查实施阶段，被调查对象、调查人员等又会补充被简化的社会背景，形成特定的意义结构。一旦民调技术程序被嵌入科层的组织结构之中，简化民意的过程由科与层来实施。如何选议题，如何问问题，如何选择样本，如何生成数据，如何加总数据……对于这些环节，只要它们符合大数定律、中心极限定理、信度效度原则等技术要求，民调技术程序就认可其合法性。至于它们具体如何运作，就变成民调参与者的解释空间。当各个治理技术因为共享组织构件而相互通约之后，基层民意调查就会在实施过程中与其他治理技术相互连通。以 C 街道为例，哪些议题该选，可能受到目前政府创新品牌“TXJY”自治建设的影响；问题该怎么问，可能受到上下级关系、条块关系、治理热点或社会敏感事件的制约；选择哪个抽样库，可能受制于政府掌握居民信息的程度，并与网格化管理和一户一档等数据采集方式直接相关。

第六章分析技术与科层产生合力的过程，展示治理技术如何嵌入基层条块，并借此调动治理资源，与现有基层政治生态融合。首先，治理技术的程序要与基层条块互嵌。比较分析民调工作技术流程图和C街道的组织流程表后，我们发现民调把街道各职能科办和辖区内所有社区紧紧铰合，变成一台精密的“技术－科层”装置。它以民调为技术流程的同时，以目标责任、部门分工、层级分解任务等为内在组织构件。其次，与条块互嵌后，技术得以在科层中调动基层治理资源。民调需要B区授权、各科办和社区配合才能成功，因而在实践过程中被巧妙地设计成三者利益和工作内容的交集。再次，治理技术要融入基层权力格局。由于技术实施的环境复杂性，街道在某些环节要放权，如提供居民样本库、拟定自治问题等。为此，社区既要拟定好统一的名单格式，如让社区按照11类人群的标准提供抽样库，又要根据社区总体的大小设置不一样的标准。另外，由于街道并不清楚各个社区多种活动开展的真实情况，因而让社区自主拟定问题以获取异质信息。从民调现场来看，会场上述职的书记、填写问卷的居民以及旁观的街道和技术人员，他们所构成的舞台布景，也是治理技术融入基层治理格局的生动体现。

第七章给出如何在城市基层实施技术治理的纲领性建议——解决基层问题，就是进行基层政权建设，理顺基层条块关系。最后，提出研究展望。

第二章　研究综述

迄今为止，技术治理依然是个无处不在又捉摸不定的“幽灵”。自从渠敬东等（2009）判断国家社会关系朝着技术治理转型，使得社会科学将目光瞄准技术治理后，我们到处可见其踪迹。它为精细化治理、网格化管理、大数据治理等理念提供方法论自信；它是深埋在项目制（渠敬东，2012）、运动式治理（周雪光，2012）和行政发包制（周黎安，2014）等理论观察中的草蛇灰线；它因奔走在电子政务（黄晓春，2010）、精准扶贫（王雨磊，2016；李棉管，2017）、土地资源管理（杜月，2017）、流动人口管控（韩志明，2017a）等治理实践之中而被研究者捕捉。那么，技术治理到底是什么？它的思想源流来自何处？基本论题是什么？我们依照什么样的路径去研究？对这些问题的追寻，又与福柯治理术、政治保守主义甚至技治主义/专家治国（technocracy）纠缠在一起，让技术治理研究更加丰富多彩。

第一节　治理与技术的源流

霍布斯在《利维坦》的开篇引言中，简要概述国家作为一个技术制成的利维坦即“人造的人”是如何诞生的：主权是“人造的灵魂”；司法、行政人员是人造的“关节”；连接关节即成员执行其任务的“赏”和“罚”的是“神经”；人民的安全是它的“事业”；法律是人造的“理智”；和平是它的“健康”；动乱是它的“疾病”；等等。（霍布斯，1986）毋庸置疑，一切实践活动，特别是政治实践，都饱含技术色彩。然而，不同时代背景的治理有不同的内涵，也暗藏不同的技术。

一　治理与统治不分的时代

“日出而作，日入而息。凿井而饮，耕田而食。帝力于我何有哉。”（沈德潜，2006：1）“帝力”即国家之力，其成为治理的专有名词之一，是晚近的事。“治理”的原意是“掌舵”（steer）、“操纵”和“指引”（conduct）。（Jessop，1998；王绍光，2018）与新公共管理的“掌舵，而非划桨”（to steer，not to row）不同的是，此时的“掌舵”的对象并非特指国家之“船”，而是遍布生活的各方面。正如太阳规律对农事的指引，人们也可利用自己的专业彼此指导。《理想国》有一个关于治理的说明。苏格拉底在和诡辩术士色拉叙马霍斯争论正义时曾说：

> “我们叫他舵手，并不是因为他在船上实行航行，而是因为他有自己的技术，能管理水手们。”（柏拉图，1986）

舵手依靠的是航海技术/知识对船实施“治理”。同理，牧羊人、医生、建筑师、琴师分别依靠各自的技术/知识对羊群、病人、房屋和乐器进行“治理”。（柏拉图，1986）

当上升到对人群的治理时，我们该如何确定治理对象呢？西方具有古希腊文化和希伯来文化的分歧。在古希腊/罗马作品中广为流行的“船喻”暗含着一个前提，即治理是对整个群体/城邦/船负责。正如掌舵者要分配食物、观察风向、调整航线、查看船体受损程度、指挥水手以让船顺利到岸，为了抵抗外敌并保持内部秩序，治邦者/掌舵者必须像编织毛毯一样编织城邦，把人们依照性情、性别、年龄、受教育程度安排成各式角色，使城邦变成一个紧密的结构以保护所有人。统治者就是对城邦所有事项发出命令的人。

> “牧人之技艺……便是政治家与国王推进的技艺。政治家与国王之于牧群，有如一位御者，城邦之缰绳将交在他手中，因为这属于他，牧人的知识属于他。”（柏拉图，2006）

柏拉图眼中的政治家手握城邦之缰绳，关心整个牧群的命运；希伯来文化中的牧人则关心每一只羊，不让任何一只冻、饿、渴，并把迷羊带回正确的道路。人们是上帝的羊羔，上帝作为牧人或委派其在人间的牧师如摩西来指引羊群（教众）的人生道路，让他们走出迷途，消除身体和精神苦痛（福柯，2010）。对群体或个体负责的区别在于，如果出现生病、体弱或难驯化的羊，柏拉图会毫不犹豫将其剔除，以免传染或浪费牧人精力让整个羊群的利益受损（柏拉图，2006）；希伯来牧人则会悉心照料直至脱离险境，因为“只有在没有任何一只羊离开他的情况下，他才能很好地带领整个羊群”（福柯，2010）。

不管对象是群体抑或个体，以正义为目的的治理，暗含着对被治理对象的技术。在西方，“治理 - 牧羊 - 执政官 - 国家”运转，这一系列的逻辑演进乃自然之事。在阿奎那看来：

> “国王建立城邦必须和上帝创造世界一样，像灵魂赋予身体以形式一样……治理技术就是上帝给他的造物施加律法。”（福柯，2016a）

在现代国家形成的几个世纪中，治理在世俗、宗教的含义，最终被国家垄断，变成“君主对国家的治理”（福柯，2010）。据福柯（2016a）考证，16～18世纪，涌现了一系列探讨国家治理的著作，除了人们熟知的《君主论》（马基雅维利，意大利）、《政治算术》（佩蒂，英国）之外，还有主题更为明确的《公共管理论》（*Treaty on Police*）（拉马雷，法国）、《公共管理原理》（*Elements of Police*）（尤斯蒂，德国）等。以尤斯蒂为例，他将国家治理细分为军事、税收、交通、治安、商业、宗教、健康等领域的同时，也将治理看作一个网格，借此对国家进行领土、资源、人口和城市等各维度的观察（福柯，2016a）。

二　治理与统治二分的时代

治理所蕴含的国家/教会对心灵、生活的指导，几乎遭到启蒙思想家们的一致批判。康德在其名篇《什么是启蒙》中说道：

> “（人们）仍然愿意终身处于不成熟状态之中，以及别人何以那么轻而易举地就俨然以他们的保护人自居的原因所在。保护人首先是使他们的牲口愚蠢，并且小心提防着这些温驯的畜牲不要竟敢冒险从锁着他们的摇车里面迈出一步。”（康德，1996：23）

治理暗示着国家/教会对人/信众的绝对支配，人们则需要一个外在强制力的指引才能找到安排好自己生活的方法。显然，哥伦布丈量世界的航行、培根和伽利略的实验方法、牛顿经典力学的数学推导，都昭示着人们可以依靠自己的科学知识去掌控自然世界。同理，人也可以凭借自己的理性去认识并控制内心及其所处的社会世界。那么，国家对人的治理将被置于何地呢？当人作为个体，以理性的名义对自己的生活和内心宣示主权的时候，势必要与掌握治理权的国家/教会进行谈判。

此时，讨论的议题从国家/教会如何更好地引导人们的生活，变成了人们如何为更好地自主生活而与国家/教会争夺权力。在笛卡尔和康德对自然世界和人的内心世界立法后，一系列问题及其解决方法涌现：民众出于财产保护、人身安全的原因选择是否加入国家——公民和政府作为对立面出现；公民依靠什么方式组成共同体——选举和议会制度形成；公民组成的共同体如何相互区别——领土和主权问题出现（霍布斯，1986；洛克，1964；洛克，1982；卢梭，2003）。当被照料者可以与照料者谈判，当统治方式成为一个可讨论的“问题”时，统治的重要性才凸显出来。

对于上述过程，福柯有详细的考证。现今的统治概念强调主权/统治权（sovereignty），统治的公共利益是人民应当服从主权和法律，而治理（government）的公共利益则是把社会“引到”正确的状态（Foucault，2009）。统治权的问题得到解决后，才有治理技艺的空间（Foucault，2009）。如今，虽然统治权依然重要，但已隐身其后，笼上了治理这层面纱。“治理的工具不再是法，而变成形形色色的策略”（Foucault，2009），这一转变的历史背景是西方从司法国家（state of justice）向行政国家（administrative state）的转变（Foucault，2009）。简言之，如今流行的统治（rule）和治理（governance）两分，实则是把权力和技术相分离，统治强调权力的占有，治理强调权力实施的技术。

在“砍掉国王的头颅”之后，治理似乎变成纯技术的细枝末节，退隐在政治议题之外，变成公共管理的范式。新的治理理论开始出现。自罗兹的开创性著作和卡夫曼及其合笔者创立世界治理指数（WGI）开始（Rhodes，1997；Kaufmann，2007；Kaufmann and Kraay，2009；Kaufmann et al.，2011），“治理”一词风靡全球，几乎要和“政治”“民主”一样常见（Colebatch，2014）。但治理的定义似乎也因此变得不再明确，从“治理六含义”（Rhodes，1997），到“治理九含义”（Van Kersbergen and Van Waarden，2004），再到“治理故事集”（Bevir and Rhodes，2012），治理仿佛根据其特定语境而定（Rhodes，2007）。因此，在人人都谈治理的时代，在“善治”“公司治理”“社区治理”“网络治理”“全球治理”“多中心治理”等词汇应用到各个语境之中时（王浦劬、臧雷振，2017），学者们担心其变成了一个空洞的符号（王绍光，2018），或者是缺乏思想基础的时髦术语（Fukuyama，2013）。尽管概念的内涵和外延、理论的逻辑和普适性等构成治理理论的弱点，但随着实践的不断推进，它与新的现象、更加扎实的社会理论和新兴技术相融合，不断地迸发生命力。

那么，新的治理理论与统治有何不同呢？粗略而言，区别有以下两种。

（1）治理（governance）拒绝从宪法、民族、自由甚至主权等形而上的原则来界定国家，而是偏重国家的诸多实践（Bevir，2010）；

（2）统治（rule）通过指令来管理，而治理通过自组织（self－organizing）来管理（Bryson，2014）。

后一种区别表明新的治理理论与其古代原意有了很大的差别：启蒙时代“统治”与“治理”分离并占据主导地位的历程，意味着被照料者对照料者从服从引导到争夺主权的转变；而近 20 多年来从“统治”到“治理”的历程则反映国家与社会关系从命令到合作的转变。如果使用现代政治语言，古代治理是指国家可以通过权力优化配置和理性观念教育来塑造自己想要的公民；新的治理理论是指国家试图突破传统官僚制的层级限制，探寻组织革新、技术革新和程序革新的可能性（Bryson，2014）。在治理实践中，它们往往交织在一起，难分彼此。

纵观治理的起源和沿革，发现其核心命题依然不变：谁给我们的生活以指导？用什么方法解决我们的问题，给我们安排秩序？

三　技术的思想根源

治理的使命是认清治理对象的现状和问题并把它带到更好的状态。此亦为技术的内在含义①。对此，苏格拉底的论断是：

> “（治理者考虑）他自己作为匠师而对之施展技艺的那个对象的利益；并且正是对于这个对象的利益和本分之所在的不断的审视和关怀。”（柏拉图，2018）

“审视和关怀”即对治理对象的认知，暗含着否定现状和期望未来的鸿沟，而技术则通过制作出事物的理想状态来跨越它。根据海德格尔对《会饮篇》的引证，技术是把事物引出来，“使隐蔽的东西进入在场之中而显露”（Heidegger，1977）。“凡是激发（事物）从隐蔽中走出并凸显为在场的，都是涌现，是引出。”（Heidegger，1977：9）《智者》中，爱利亚客人在论及人世间各种技术类型时，总结道：“只要有人将先前某个‘非存在着’导致为‘存在’，那么，我们说，这个导致者‘制作’，这个被导致者‘被制作’。”（柏拉图，2012）理想状态从无（不存在）到有（存在）

① 对技术的讨论五花八门，带来技术哲学的兴起。具体可见吴国盛编《技术哲学经典读本》（吴国盛，2008）。限于研究领域，本书无意介入争论，而是遵从古典路径，将技术从柏拉图、亚里士多德关于技艺、政治及其关系的讨论中引出。

的实现过程，被亚里士多德归为一对著名概念——“潜能”和“实现”。在技术的制造下，事物所拥有的无数潜在状态变成唯一的现实状态。一个人可以是纳税人、士兵、小商贩、抗议分子等，一旦征税技术运转，它眼中的人就变成了征税者和纳税人员。问题随之而来，技术到底依照什么来制造事物呢？亚里士多德给出的答案是技术的实施者——

> “使用技术就是思虑、谋划某种既可以存在也可不存在的东西如何生成。这种决定权在制造者而非制造物手上。”（Aristotle，1995a）

木匠在制作椅子时，脑中必定先有它的形状。脑中的形状，是事物的理想状态；手上的木料，是亟待改变的现状。在一步步加工木料的过程中，木匠在不断地审视/观察它的变化过程，随时评估其状态并设定新的技术程序。因此，技术表面上是制造事物的实践行为，本质却是实践者认识事物及其周遭世界的过程。怪不得海德格尔说，“τέχνην［技艺］不是使用和做本身，而是一种认识方法。”（海德格尔，2016）作为实践智慧，技术预设了主体（技术实施者）和客体（技术对象）。据海德格尔考证，主体（subject）的希腊词意是基座、基体，指眼前现成的东西，其作为基础把一切聚集到自身（Heidegger，1977）。技术对象之所以能够呈现意义，是因为有个超出它之外的权力中心为它们确立原点和坐标。如今，现代国家承担起这个权力中心的角色。国家从一个假想的视点出发将社会象征化，即通过权力的位置将社会和这个视点相联系，由此观察整个社会。借用布迪厄的比喻，可知：

> “此观察者就像是一位导演，随心所欲地摆布客观化工具提供的各种可能性，或拉近或拉远，或放大或缩小，按照一种权力愿望将他自己的构成规范强加于他的对象。”（布迪厄，2012）

换言之，国家是一连串的治理技术，社会被诸多治理技术装备起来的抽象机器制造出来。

由上述讨论可整理出三对关键概念：待改变的现状和可期待的未来；技术主体和客体；无数个潜在状态和唯一的实在状态。当技术与治理结合时，它们可分别表达为：

论题一：技术想要解决什么问题？它涉及形形色色的治理技术及其效用；

论题二：谁有权力解决问题？它涉及技治主义与技术治理的区别；

论题三：解决问题的过程如何？它涉及对技术治理的思想批判。

对以上问题的一一回答，构成第二节的内容。

第二节　技术治理的基本论题

一　技术治理的理想与现实

每一项治理技术的出台，都表达着对现有社会状态的不满，预设了更好的状态，并提供达到更好状态的路径。当乾隆皇帝意识到“叫魂”问题的“严重性”后，为获取被官员们层层蒙蔽的所谓“真实信息”，一条“皇帝和各省长官之间的直接个人通信热线”（即朱批奏折）被紧急启用（孔飞力，2014）。“机要渠道”作为皇帝的“制度创新”，甩开了官僚常规程序对信息的层层过滤和加工，从而获取真实的社会事实。

在国家治理现代化的大背景下，技术治理的目标是制造出更好的社会秩序。根据渠敬东等（2009）的判断，在从经营型国家转向建立公共服务为本的治理体系后，法治化、规范化、技术化和标准化就成为公共行政的核心议题。技术像眼睛一样高悬在社会之上，随时审视其状态，筛选、甄别和评估各式各样的社会问题，并根据其程序提供解决方案。

（1）政府问责作为治理技术。为了应对科层制和碎片化的治理情境，经历“办公自动化”“政府上网”及“应用主导”三大发展阶段后（汪向东，2009），中央与地方政府通过电子政务建立解耦机制、信息披露机制和对话机制等化简程序，改进政府问责（阎波、吴建南，2015）。

（2）信访制度作为治理技术。为了解决科层制无法有效应对社会冲突的困境，信访制度建立登记、转办、检查、催办、存档等技术环节，改进群众利益诉求传输程序（冯仕政，2012）。

（3）项目制和行政发包制作为治理技术。为了应对复杂的干群关系、官员升迁、社会安全、环境问题、人口政策等局面（渠敬东等，2009），项目制和行政发包制将复杂社会情境压缩成一个个目标并在科层内部层层分解，建立专项资金（周飞舟，2012），又辅之以“一整套严密设计的技术系统，如立项、申报、审核、监管、考核、验收、评估和奖罚等一系列理性程序”（渠敬东，2012；周黎安，2014）。

（4）精准扶贫作为治理技术。为了应对贫困及其背后的教育、社会、经济分层等世界性难题，我国从 1986 年建立“扶贫办”，历经区域扶贫、县域扶贫、村域扶贫，直至精准扶贫模式，通过建立驻村干部制度，设立贫困档案、帮扶记录簿，规定帮扶次数、收入增长速度等扶贫指标达到扶贫工作的可控性（王雨磊，2016；李棉管，2017）。

（5）政府绩效评估作为治理技术。为了解决干部任用无凭据，政府层级、部门及其工作人员工作无法比较、公共政策实施成果无法衡量等复杂难题，政府绩效评估建立起一套“科学化、专业化、操作化”评估程序，区分出政府组织绩效、政府人员绩效、部门绩效等多个范畴，使用问卷设计、指标体系构建、结构化访谈等定量和定性技术，构建出通用的绩效评估框架（蓝志勇、胡税根，2008；贠杰，2015）。

形形色色的治理技术相互叠加，并在落实的过程中与科层、社会等各要素互动，让国家社会关系更加复杂，甚至连旨在解决问题的技术本身也可能成为一个问题。首先，治理技术在和政府组织互动的过程中，会作为“持存物”留下来，变成治理体系的一部分。比如，设立在各个层级上的网信办、扶贫办、信访办，都成了科层的一部分（冯仕政，2012）。其次，官僚制的层级和部门都会对技术过程产生意志植入。比如，绩效评估的结果导向，使得镶嵌在特定管理情境中的政府绩效评估难以控制群众绩效诉求、投入、产出、效果这四个环节出现的偏差，导致国际环境、大政方针、当地民情等因素入侵，左右信息筛选并控制指标设计方向（尚虎平，2015；尚虎平，2017）。再如，在项目制运行过程中，政府各层级遵循“上级发包－下级打包－基层抓包”的运转原则，各级政府都会“对集权框架和科层逻辑有所修正，从中加入更多各自的意图和利益，获得更多的自主权力”（折晓叶、陈婴婴，2011），甚至“借鸡生蛋”，把自己的发展战略和项目融合并进行捆绑甚至转化，形成与自上而下压力型体制相对应的自下而上的反控制逻辑（周雪光，2015）。经过此番“辗转腾挪”后，项目的原初方案大打折扣，相应的主管部门因其对资源、信息和权力的垄断而有寻租、设租空间，慢慢演变成“专项意义上的独立王国”（渠敬东，2012）。

这些问题是如何造成的？学界一般归之为技术的应用层面，即技术与科层之间的互动。如黄晓春（2018）所言，治理技术必须镶嵌在现有科层结构中才能真正发挥作用。一个社会问题得到解决，无论用到何种新技术，最终都会通过行政过程来实施，如发布文件政策、成立领导小组、形成包干制、锚定对象、明确目标责任并按照量化标准考核。显然，各个层级、部门甚至场景中的行为主体都可将意志植入技术程序中。比如，电子政务、智慧城市等技术引入科层时，就会面临被科层结构肢解、变形和异化的风险。领导人意志（谭海波等，2015）、上级压力（赵强，2015）、部门利益等科层内生的因素决定了新技术如何开展、开展到什么程度、效果如何。

二　技术治理不是技治主义

技术治理是技治主义吗？这是研究者们必须面对的问题。技术实施者脑中的形象决定了它把事物制造成什么样。这个实施者到底是谁？“谁真正有权实施技术”的问题背后隐藏着不同的政治学主张：是安排秩序的人（治理者）来使用技术，还是技术专家来安排秩序。后者正是“技治主义/专家治国论”（technocracy）的核心观点。尽管“technocracy”也可译为“技术治理”（刘永谋，2016），且也包含政治活动科学化的含义。但是，它的核心原则是科学管理和专家政治。专家政治（expert politics）秉持“实业家、科学家联合统治论”（圣西门，1979），目标是建立类似于培根的“所罗门之宫”，即由科学和技术人员组成科学乌托邦（培根，1959）。科学管理（scientific management）则可追溯到韦伯对行政技术官僚的描述，它经由泰勒制等一系列理论和实践而在企业管理中得到广泛应用，并随着20世纪90年代末的新公共管理运动的改造而再次流行。

技治主义思潮虽然持续变异，但在西方延绵不绝，代表人物主要有罗斯托（Walt Rostow）、加尔布雷斯（John Galbraith）、贝尔（Daniel Bell）、奈斯比特（John Naibistt）等人，作品有《经济成长阶段：非共产党宣言》（1960）、《新工业国》（1967）、《后工业社会的来临》（1973）、《技术共和国》（1978）。（刘永谋，2012）在研究中国政治的文献中，也有学者把领导人和干部出身清华大学等工科院校的“红色工程师”现象称之为技治主义或技术治国（Andreas，2009；王孙禺、谢喆平，2013）。然而，我们必须清楚，作为一个固有概念，技治主义的根本主张如价格体系重构、能量券发放或根本制度如工程师掌权，在当今中国既没有推行，也无生存土壤。

目前兴起的技术治理实践、研究应与技治主义相区分。换言之，讨论该问题时，要预先排除充满技术乌托邦意味和政治权力诉求的专家/工程师治国概念。虽然木匠既是椅子的设计者又是制造椅子的人，但椅子做成什么样还需要雇主的首肯。同理，设计、实施各类治理技术的人，可能是数据处理师、计算机专家、行政能手等，但最终权力显然不在他们之手。因此，技术与治理相结合的实质，是技术实施者（治理者）对技术对象（被治理者）的实践和认知。依照治理情境不同，这一组关系可以是国家与社会，也可以是中央与地方，抑或上级与下级，但绝不是技术专家与技术对象。这个根本分歧注定了技术治理不是技治主义。

时至今日，不论官员晋升锦标赛、行政发包制、项目制、权责清单制等对治理模式的总结，还是政府绩效评估、精准扶贫、环境卫生运动等技术治理实践，抑或大数据治理、智慧城市、电子政务等治理技术应用，都预示着中国的技术治理实践朝着更深、更细、更根本的方向继续拓展，也远远不是“中国式技治主义”所能涵盖的。现象的日新月异，技治主义的解释力贫乏，也指引我们朝着技术治理的本质继续追寻。因此，将“技术治理”译为“technical governance”以作区分（王雨磊，2016），是比较通行的做法。

三　技术治理批判的思想资源

现代科技划定它的研究范围，依靠严格方法确定的程序把对象世界简化成一幅图像（海德格尔，2008）。具体到国家治理，福柯将其本质界定为国家变成一种思考方式，而社会变成可理解性的图解（福柯，2010）。技术治理的化简程序至少有以下两重。

（1）对社会呈现方式的简化。技术在观察社会并识别问题时，已经按照技术之眼将社会过滤，如网格化管理中的城市被简化成部件（公共设施）和事件（社会事件）两大类。

（2）对社会可能性的简化。如在政府绩效评估机制的指引下，政府部门/层级及其工作人员倾向于做那些能被材料体现和指标、数据衡量的事务。

化简的企图及其带来的社会后果遭到了诸多批判。“技术知识，可以被看做公式、规则、原理和指导方向，可以从书本中学到，可以在课堂里掌握。”（Oakeshott，1992）然而，一旦操作起来，就会遭到社会复杂性的挑战。因此，对技术或技术治理的思想批判多瞄准技术的复杂性化简本质。泛言之，可分为法兰克福学派为代表的技术政治、福柯及其追随者的治理术以及欧克肖特为代表的政治保守主义等方面，具体如下。

流派一：化简复杂性的技术禁锢了社会的可能性。启蒙理性是祛除巫术、神话带来的不确定性，将世界一切异质事物通约并测量，并通过科学知识确立统一性概念和命令等级体系，完成从理性的单一权力中心出发对世界可能性的控制（霍克海默、阿道尔诺，2006）。具体而言，工业技术对复杂工序的化简的后果是，人在劳动分工中随着机器的运转和生产的节奏规定好自己的手臂和身体动作、时间之后，自己也被“异化”成机器的附属品了（马克思，1980）。电视、新媒体等新兴技术同样也在通过分类、排序、放大、着色等手段简化人们获取知识、情感的方式，进而禁锢其想象力和移情能力（波兹曼，2007）。技术背后的政治含义也不容忽视：行车天桥的高度限制，背后隐藏着阶级歧视和社会区隔；巴黎大道的宽阔设计是为了防止类似法国大革命的巷战发生；一个新型收割机的应用是为了解散工会……（Winner，1980）在技术的化简作用下，人与人的关系、国家与社会的关系被“物化”，丧失“神秘性”，变得可以操纵和驾驭（马尔库塞，2014）。国内对于技术政治的研究集中在政治哲学和法学领域，多以介绍国外思想流派和人物如法兰克福学派、艾吕尔（Jacques Ellul）、温纳（Langdon Winner）、伊德（Don Ihde）、约纳斯（Hans Jonas）、德雷福斯（Hubert Dreyfus）、芬伯格（Andrew Feenberg）等人为主，具体可见吴国盛（2008）编译的《技术哲学经典读本》以及卫才胜（2011）博士学位论文的归纳[①]。

流派二：化简社会复杂性的技术治理禁锢了人的可能性。治理术的逻辑是国家用技术组装起形式/框架（frame）将人们塑造成其需要的个体。其运转原理，是一整套制度、程序、计算、分析组装出来的，以政治经济学为知识类型，以安全配置为工具的一系列复杂权力运作（福柯，2010；福柯，2016a；福柯，2011）。对治理术的讨论贯穿福柯的学术生涯，是其主要思想脉络之一。早在其思想奠基之作《词与物》中，福柯就详细考察博物学、语言学、政治经济学如何利用不断发展的分类学、结构工程学、线

① 另外，国内学界还有讨论政治与技术关系的少量论文，以哲理化宏大表述为主，难见实证分析。（如刘同舫，2005；方盛举，2006；戴永翔，2007）

性数学、动态分析等技术完成对动植物分门别类、对语言/言语建立结构/动态关系、完成从重商主义到价值/价格理论的跨越等（福柯，2016b）。它们在重塑世界的同时，把人的主体地位也建基于此。对技术/知识批判的思想在法兰西入职演讲《话语的秩序》中得到较为充分的体现：

> “我们不能把话语融入一套预先存在的意义之中，不可幻想世界给我们一张清晰的面孔，而我们所需做的只是破解辨认而已；世界不是我们知识的同谋；根本就没有先于话语存在的造物主按我们所愿安排这个世界。”（福柯，2001）

随着《福柯效应：治理术研究》（*The Foucault Effect: Studies in Governmentality*）在英语世界的流行（Burchell and Miller, 1991），以及近年来福柯法兰西讲座陆续翻译成中英文，治理术和生命政治的学术影响力与日俱增。目前国内的讨论多以哲学、伦理学为主，在社会科学领域的实证研究较少。杰弗里斯（Jeffreys, 2009）编辑的《中国的治理术》（*China' Governmentalities*）中，初步介绍了中国在城镇化、社区建设、生态城市建设、宗教、性健康等一系列领域中运用的治理术。深入的研究近年也开始出现，如人口政策——“大跃进”“大精简”和知识青年上山下乡所采取的整体性方案、程式和技术，表明治理术的发展是我们作为现代国家逐步形成的过程（郑鹏，2014）；农村教育——中小学调整等农村教育的变化，能够理性调节和配置人们迁移、定居、工作和生活的方方面面，其背后是以经济增长为核心的发展主义（叶敬忠，2017）。

流派三：技术治理不能达到化简社会复杂性的目的。政治保守主义/新自由主义认为技术因为化简社会复杂性而遗漏信息，让社会失真，从而达不到预定目的。国家在观察社会时，必须依靠一副眼镜，去进行问题识别、目标群体定义、需求测算以及成本-收益分析等化简程序。化简是技术征服世界以建立秩序统治的过程，为达到逻辑自洽，社会的模糊性被技术以不符合秩序之名被整理或直接删去（Oakeshott, 1985）。德国林业科学出于经济收益的目的把复杂的森林简化成单一树种的高大针叶林如挪威云杉，并围绕选种、生长和砍伐的成本收益分析形成了精密的技术，而其他因素都被排除或假定其不变（Scott，1998）。然而，复杂性不可能消失。以解决问题为导向的治理技术必须要重新“落地”，才能发挥其作用。此时，复杂性又回来了（Oakeshott，1992）。由于维度缺失和信息量删减，数据会发现自己不能还原成当初被压缩的复杂社会情境。林业科学的技术程序因为无法还原而遭到“报复”——地面灌木丛、枯树被清理导致土壤贫瘠，大小树按树龄分开使得大风刮倒树木的概率上升，其他树种缺乏导致虫害肆虐（Scott，1998）。类似的例子还有苏维埃农场、坦桑尼亚农业项目、巴西利亚城等失败的国家项目（Scott，1998），以及纽约、芝加哥等美国大城市在城区规划时改建人行道、老街道、旧建筑后限制社会可能性和包容性（雅各布斯，2005）。化简造成社会失真的根本原因在于：

> “在所有世界中，政治世界可能最经不起理性主义的盘算——政治，总是在其内部深植着传统、偶然和短暂。”（Oakeshott，1962）

另外，“原初的难题越是得到彻底的解决，就会使得后来的问题越来越难以把握”（鲍曼，2003）。哈耶克断定国家计划必定因为搜集社会动态信息的无能为力而失败。（Hayek，1945；哈耶克，1997）最可靠的社会监控程序是自发运行的市场价格，它作为随时更新的社会公共知识具有稳定预期和动态变化等特性。除此之外的程序如科层制、矩阵运算等都由于信息失真、遗漏以及计算容量的限制而让社会失真（Hayek，1945）。除经典研究外，近年来国内相关研究的数量开始增多（韩志明，2016；韩志明，2017b；韩志明，2017c；唐皇凤，2017），但专门的实证论文依然欠缺，多作为知识背景分散在众多论著之中。

第三节 我国技术治理的研究路径

技术治理在我国有何特殊之处？在进入具体讨论之前，我们可从韦伯官僚制与中国官僚制研究的比较入手，得到一个初步的判断。在韦伯对官僚制的定义中，官僚因为拥有专业技术知识而具备独立性和权力，以对抗自上的君主/政治统治集团和自下的平民的双重压力（韦伯，2010）。虽然文官考试选拔制度和全国/各层级调配机制等两个官僚制的关键因子都起源于中国，但韦伯在他的时代根据其分类学将中国归为家产官僚制和卡里斯玛的混合阶段，重要原因是下级对上级的忠诚（韦伯，2010）。在此背景下，中国的政治回应呈现出特有形态——民众需求只有达到上级才能被重视，只有上级重视需求才能被下级回应（文宏、黄之玞，2016）。此时，如果上级追求效率或者需要了解真实的民众需求，就须改组官僚系统。技术治理在中国盛行的政治原因，是上级为了达到其特定目标，抛开现有层级体制的束缚，使用新的治理模式如项目/小组/办公室——此即开启新模式。同时，上级为了让结果和过程更加透明和可控，又将它们转化成可计量的数字——此即引进新技术。因此，项目成为上级实现自身意志的技术，数字是控制下级的技术，下级也通过“化解”“移植”等技术来“分得一杯羹”（周雪光，2012）。数字和项目，是技术治理的一体两面。数字依靠项目得到，项目依赖数字运行。

一 研究缘起：数目字管理的设计与实施的两阶段分裂

所有治理技术的合法性，建立在它对原有技术的“新”之上。以户籍登记和土地丈量等历代王朝所传承和改进的技术为例，在强调“国家治理体系和治理能力现代化”的今天，“土地台账、土壤地图、卫星图片、规划图、竣工图”等才是真正先进的治理技术（杜月，2017）。为达到化简目的，旧的治理技术就必须被替代。从口头报告、文书、数字报表到政务云的政令文书技术更新，从个人忠诚、事务分工、层级制到项目制的行政权力技术更新，一个个技术的出现都是组织内部对前一种技术呈现事物能力的不满。时至今日，在市场分工、社会分化和政治体制建设等现代化进程的作用下，数目字管理已成技术治理的题中之义。

数目字管理（mathematical management）作为一个韦伯式命题，被黄仁宇认定为解决中国治理困境的答案。"可计算的法治系统"（calculable legal system）、"基于规则的行政管理"（administration in terms of formal rules）是国家社会关系理性化进程的标志。（Weber，2001）传统中国的帝制治理主要依赖文士对儒家经典熟练掌握而形成的以伦理、哲思为基础的行政艺术，而铸币、度量衡、税收汲取、土地登记、军事管理、户籍等计量技术则较为落后或难以推行，呈现出"国家行政管理与司法的粗线条和软无力"的状态（韦伯，1995）。黄仁宇据此判断，"近代西方可以用数目字管理，中国传统的官僚组织不能用数目字管理"（黄仁宇，1997a）。

那么，如何进入到数目字管理呢？

> "信用之展开、经理之雇用、技术之合作，才能透穿整个社会，进入以数目字管理的方式。"（黄仁宇，1997b）

显然，对技术治理的憧憬，是将社会情境转化成信息，甚至是直接的数据，使之成为公共知识，给予社会成员以稳定预期，为社会、组织分工等国家和社会的复杂化提供基础数据库。

然而，瞿同祖在《清代地方政府》中却呈现出不同的场景。至少在清代，数目字管理作为行政技术并不少见，甚至贯穿基层治理。历法、地图和名册为帝国建立时空坐标系，每户、丁据此生成信息和数据；官制、俸禄、刑罚、升迁标准等技术互为支撑，构成基层官吏的行为空间。以朝廷最为关心的税收为例，依据测算好的各地方丁数、土地面积，《赋役全书》《清会典》和《户部则例》等详细规定了地丁银、漕粮及其他捐税的比率和定额，中央地方分成比例，征、缴税日程和分期缴纳原则，税银、漕粮品质鉴定方法，征税成绩与官员绩效考核挂钩的操作办法，逾期不交税的处理方式，等等（瞿同祖，2011）。百姓也有知情权，"州县官们须依令将税目税率刻在衙门前石碑上，晓谕百姓”。在具体运作上，“制作‘比簿’（讯责期限册），上面列出每个花户每期应缴税额、已缴税额和尚欠税额。欠税最多的花户被排在第一位。”册簿的数据支撑是“‘限单’、征税流水账、税票存根、‘比照’和（或）‘销照’”等数据表格。由此观之，在测地术、身份识别、分类、排序、会计等技术手段下，整个过程都以数据化、定量化的方式在运转，逻辑严密、互为支撑。

但如果把视角放到微观政治场景，就会发现技术的变形或扭曲比比皆是。漕粮征收时，花户的实际纳税额，大约是法定税负的250%；如果花户想以现钱代替粮食纳税，以江苏为例，则高至300%到400%（瞿同祖，2011）。在税收制度如此严密的情况下，为何实际税负如此之高？原因在于，围绕着收税的各个层级都在想办法“捞一笔”。斗级（粮食称重之吏）敲打斗斛以装更多粮食，或以达不到验收标准为由敲诈；衙役和地保未经花户同意即代缴钱粮并要求加息偿还；书吏拖延验收让花户照看成本增加从而索贿，或刁难纳粮花户让其买“好”粮从而参与粮行分成；斗级和书吏又与县官身边的长随合谋让事情掩盖；等等（瞿同祖，2011）。

如此细密的规定，居然阻止不了触目惊心的结果。在整个清代，地方行政的规章一直在修订，具有连续性，但它们都只是“技术性和程序性的，不具有实质意义”（瞿同祖，2011）。为什么技术和程序性的规定不具有实质意义？数目字管理原本是呈现清晰的社会图像，为什么让社会图像变得更加模糊？不由得让我们从理论和实践两阶段分裂的角度去追问中国技术治理的运行。

二　路径分歧：技术？科层？权力？

我们应如何研究技术治理？国内学界依旧存在争议。同样是国家对社会的盘算和操作，技术治理是通过国家施加于个体之上的策略、技巧、程序和制度来实现（Foucault，2009），还是通过内部运作的“行政科层化”来达到（渠敬东等，2009）？在具体方案上，技术治理是通过新技术提高治理效能（黄晓春，2010；谭海波等，2015），还是治理手段的技术化（王雨磊，2016）？与此对应，它的使命是让新技术成功嵌入现有治理体制（黄晓春，2018：29），还是将政府行为纳入完善的行政技术体系之中（渠敬东等，2009）？显然，定义的不同导致研究取向、路径和结论出现分歧。

（1）信息技术在国家治理实践中能不能成功？由于治理技术的原理是将社会事实抽象成数据并加以运算，该问题就转化为对抽象过程和运算能力的诘问。对抽象过程的质疑源自社会事实不可化约的信念（Scott，1998），对运算能力的质疑出于对政府运算能力的不信任（Hayek，1945）。质言之，单一技术难以应对复杂的治理场景，技术的规范统一性与事实全面性之间存在固有矛盾（吕德文，2019）。然而，对推广电子政务、智慧城市、人工智能司法、大数据治理等新理念的社会工程师们来说，上述质疑都可随着技术的更新换代迎刃而解。物联网、传感器、社交网络、移动应用和智能终端是数据生成的技术平台（胡税根等，2015）；以公民身份证号码为基础的金融、工商登记、税收缴纳、社保缴费、交通违章等信息构成的统一平台描摹出数据化的个人（唐皇凤、陶建武，2014）；政务 App/微信/微博、网络问政、政府数据开放等公共服务平台为“数据人”提供精准、个性化的服务（郑磊等，2015；胡税根等，2017）；跨平台数据的关联计算为突发性事件、恐怖活动、腐败、灾害、贫困等社会问题的甄别、预判和解决提供保障（张海波，2017）。尽管理论上技术决定论已变成被攻击的靶子，但实践中的组织变革者、政策专家、工程师者依然不断用脚投票（Paragas and Lin，2016）。然而，与技术相匹配的治理体系需要在科层体制内作出相应的调整（黄晓春，2018：30）。而“一把手”效应（谭海波等，2015）、上级强制/同行压力（赵强，2015）、“民意回应式创新”（谭海波、赵雪娇，2016）又让电子政务、智慧城市等治理技术热潮迟迟无法推进到更深的层面。国家政权建设进程也影响信息技术的推进步调，如财政支出的“金财工程”的发展就滞后于税收汲取的“金税工程”（肖滨，2009）。另外，不断扩张的技术体系将拥有对抗国家与社会的自主性（陈天祥、徐雅倩，2020），而社会、政府规则更新却无法跟上技术的进步速度（邱泽奇，2018），技术失控的风险日益增大。

（2）行政技术的创新是强化科层还是反科层？科层内部的技术治理主要涉及中央地方关系的调整，即如何处理条块关系。在此，似乎存在两种相反的行政技术——以目标责任和量化考核来强化行政科层逻辑（渠敬东等，2009），以及以项目制、运动式治理来实施反科层逻辑（史普原，2015；周雪光，2012）。政府、部门责任制双轨运行，实现上下链接和条块勾连，让行政目标在层级和部门中逐一分解到人/岗，“条”与“块”通过责任主体一元化和利益连带关系的构建被编织成一种制度性联结（王汉生、王一鸽，2009）。指标体系和量化考核则是目标责任制的具体运作方式，被分解和细化的目标通过定量化指标将人/岗牢系于行政总目标之上，并随之而动（王汉生、王一鸽，2009）。作为一种行政技术，项目制遵从事本主义原则，将科层内部各要素临时重新组合，从而突破了科层体制的条块运行模式（渠敬东，2012）。遇到突发事件或有特定行政/政治目标时，权威化中央推进的运动式治理则搁置臃肿、缓慢的常规科层机制，代之以自上而下、政治动员的方式去调配行政资源以完成特定任务（周雪光，2012）。然而，对行政技术的科层和反科层的二分，在复杂的政治和社会世界中陷入了困境。虽然遍布各领域、形形色色的领导小组、委员会、工作组、办公室等临时组织，以及河长制、驻村干部制、行政包干制、督查制、综治大联动等临时制度安排在人员抽调、任务分配和财政拨付上突破了条块的限制，为行政总目标的灵活性和实现效率提供便利，但它们的实际运行却需要更加严格的目标责任和量化考核（渠敬东，2012；陈家建，2017）。而反科层的激励和动员功能被科层的数字化考核技术消解（倪星、原超，2014），动员机制被日常工作化（周雪光，2012），运动式治理又走向常态化。在科层常规活动与运动式治理间的拉扯中，二者共同对官僚的约束功能同时被解扣，政策执行的变通及其背后的上下级共谋随之而来（刘骥、熊彩，2015；周雪光，2008）。

（3）国家的权力技术是为了社会控制还是公共服务？面对资源获取、社会控制的压力，在土地征用、农业税征收、计划生育、农村教育、职业管理等治理实践中，随处可见国家权力对社会所施展的浑身解数。例如，基层干部收公粮时，充分利用“软硬”辩证法派生出来的诸多权力技术，凭借“地方性知识”和非正式人际网络，构建“情”与“理”交融的情境，将正式权力的运转嵌入到本土社会与文化之中（孙立平、郭于华，2000）；从医生职业的历史变迁来看，新中国成立后医疗资源被集中起来，原本自由执业的医生被编入公立医院，变成了各个单位的雇员，其临床自主性受到部分限制的同时，也拥有了科层权力带来的权威，成为稀缺资源的“看门人”（姚泽麟，2015）。同时，有治理对人行为的引导（conduct），就会有人们反抗治理的反引导（counter-conduct）（Foucault，2009）。东南亚山地游民使用游耕、种植木薯、丢失文字历史等诸多反引导的“艺术”实现“自我蛮夷化”，逃避谷地国家的税收、徭役、人口控制的治理技术（斯科特，2019）。然而，伴随着汲取型国家逐渐向给予型国家转变的事实（王雨磊，2017），新的治理倾向开始呈现，国家对个体的权力从“你不能干什么”“我需要你干什么”的技术，慢慢变成“我能为你做什么”的技术。如为管控流动人口，开发出了“以房控人”“以业管人”和“以证管人”的治理技术，并与子女教育、房屋出租、计划生育、社保、培训、驾照申请等社会福利挂钩（韩志明，2017b）。

通过上述研究路径，我们可以找到中国自己的治理现代化模式吗？福柯曾历数西欧治理实践，试图找到西方现代国家治理体制形成的脉络：从希伯来牧羊人到基督教牧领技术（pastorship）到公共管理国家（police state），治理作为人之引导的理念延绵不绝；从司法国家、行政国家到治理国家，国家的权力布局从静止的领土逐渐转向动态的人口；从重商主义的财富控制到重农主义的贸易流通再到新自由主义的自由竞争，被压制的人之欲望通过效用分析和社会福利理论规定的渠道得到释放（Foucault，2009；Foucault，2008）。由此，上帝/哲学家之国的自然秩序终于转变为现代治理之国的自发秩序，西方建立起新的真理机制（Foucault，2008）。那么，我国治理现代化体系建设有属于自己的治理理由（governmental reason）吗？福柯认为社会主义国家在当时没有自主的治理术，要么嫁接在自由主义治理术上以缓和内部矛盾，要么嫁接到公共管理国家上变成超级行政国家（hyper-administrative state）（Foucault，2008）。然而，中国近年来的实践表明，我们找到了民族国家崛起作为国家治理理由，并由此形成国家安全、领导人责任、与百姓关系的治理之道，以及诸多技术支撑起来的自主治理术（张文喜，2015）。

第四节　基层政府民调及其技术

在对技术治理漫长而宏大的思想和经验梳理之后，我们转到本书的主要经验对象——基层政府的民意调查。本节要追寻的问题是：基层治理的困境是什么？作为技术治理的手段之一，民意调查为何被政府采纳？作为一种方法论，民意调查技术的原理到底是什么？

一　基层治理与民意传达

社区形态多样化的背后，是城市基层经济、政治和社会生态的多样化。由于人群异质化、社会经济境况迥异、文化差异和人口迁徙等因素的普遍存在，使得居民阶级特征、社会组织状况以及社会背景成为正确理解城市基层的3个基础变量（Gans，2018）。上述要素在特定空间内聚集，使得社区建设被赋予了诸多意义，也承载着研究期望。滕尼斯、涂尔干和韦伯等古典社会学者都将社区纳入学术范畴，借此思考共同体构成、社会团结和理性化趋势等问题（Bhattacharyya，2004）。其中，滕尼斯将社区界定为“生活共同体”，包括空间区域（spatial area）和精神认证（psychological identification）两个维度，成为理想社区典范，也是社区研究的圭臬（Bhattacharyya，2004）。

从社区及其居民的角度看，从传统社会到现代社会的转型是人们进入公共生活的过程。哈贝马斯（1999）考察公共领域的起源时认为，与封建领主制和中世纪行会形成鲜明对比，以新型社区和市民社会为载体的公共生活是个人超越繁重琐碎私人事务的必然王国、瞬间世界，达到自由王国和永恒世界的桥梁。从国家治理的角度来看，从传统社会到现代社会的转型也同样是国家和全民文化向社区全面渗透的过程。吉登斯（Giddens, 1984）认为“民族－国家”的成长史是社区居民不断从地方性中解放出来直接面对国家规范管理的影响和制约的过程。城市基层治理的方式以及效果围绕着社区公共事务进行，具体表现在：社区能力与地区经济发展相互牵扯（Valentin and Spangenberg, 2000）；社区空间区位、定位和配套设施与城市规划和生长方式密切相关（帕克，2016）；社区事务涉及政府、企业、社会组织等多主体的介入（Taylor, 2007）；社区机构组成是以行政指令为代表的国家权力涉入与以社区居民自助为代表的公民参与相互博弈的产物（Schmitter, 1974；Baiocchi, 2003）；社区精神和社区意识的培育更是依赖于居民对国家符号和民族意识的认同；等等（Van Laerhoven and Barnes, 2014）。

在基层治理共同体的维度上，城市社区不仅是物理意义上的建筑聚合，更是特定区域内居民一起解决共同问题，实现自我提升，最终营造生活共同体的过程（Shuman, 2013）。尽管社区研究存在定义含糊不清、范式不统一等问题（Phillips and Pittman, 2014；肖林，2011），但依照吉登斯（Giddens, 1984）确立的社区治理目的论原则，社区研究可分解为发展方向和关键问题两个支脉。前者是社区成员对身份共享和行为规范的认同，后者指各治理主体共同参与社区事务（Bhattacharyya, 2004）。因此，个人偏好如何反映到公共偏好，不仅体现在政治体制的整体设计上（Przeworski, 2009），更直接成为基层治理的症结所在。基层选举的政治冷漠（熊易寒，2008）、社区 NGO 的艰难生存（张紧跟、庄嘉文，2008）、居民的二元分化（闵学勤，2009）、国家意志对社区日常生活的渗透（郭伟和，2010；王汉生、吴莹，2011）、中产阶级居民社区事务参与度不足（熊易寒，2012）、社区抗争愈演愈烈（黄贵荣、桂勇，2009；黄晓星，2012；黄冬娅，2013）、居委会弄虚作假（杨爱平、余雁鸿，2012）等社区治理的难题都传达了一个根本问题，即社区民意的表达困境。

为什么基层政府会成为社区民意的搜集者？换言之，社区民意的调查者可以是咨询公司、NGO、专业调查机构、统计局，但为何是基层政府呢？总体来说，在“体制障碍—政策误区”和“官方研判—民意诉求”两个政府分析坐标下，基层治理的整体性方案已经开始从“抓亮点”转变成“补短板”（彭勃，2017）。整体方案的变化表明基层政府对资源的把控能力、对社会的把控意愿以及对需求回应的能力进一步强化（周庆智，2014）。由此，更具体的原因如下：国家和社会关系的新变化使得政府在行政化和逆行政化之间取舍（彭勃，2015），变成强财政支持的柔性控制（郭伟和，2010），使得基层政府有资源去搜集民意；“上面千条线，下面一根针”造成的基层负担过重、现代商业小区模式中居民与开发商矛盾、社会组织力量无法承担自治功能等基层治理的种种问题（肖林，2011；郭于华、沈原，2012），是基层政府搜集民意的现实需要；政府治理创新奖内容的转变（吴建南、张攀，2014），反映了 GDP 锦标赛朝着社会创新竞争的变化（何艳玲、李妮，2017），是搜集民意对官员的激励；南京万人评议政府、青岛“三民”活动等群众参与项目（周志忍，2015），是基层政府搜集民意的实践标杆。简言之，在基层政府与官员为“治理创新”“社会创新”而竞争的当下（彭勃、赵吉，2019；何艳玲、李妮，2017），作为社会建设的一项重要治理技术，社情民意的实时搜集和即时反馈不仅是公共决策机制、信息处理技术和民主治理手段（韩志明，2019a），更能为基层政府带来社会稳定的实际效益。

二　民调技术的方法论

不同于古希腊对意见和知识（即正确的意见）区分所暗含的精英式思维（柏拉图，1986），大众（public）和意见（opinion）被组合为复合概念时就预设了民主倾向（Price，1992）。不论是受过良好教育的新兴资产阶级在咖啡馆和沙龙里自由论辩（哈贝马斯，1999），还是具有超人特质的公民聚集在神圣法庭进行理性论辩并聚集成共同意志以抗衡国家强力（卢梭，2003），抑或所有公共事务必须经公民直接投票达到共识性结论（密尔，2011），启蒙运动后的政治文化几乎都宣称主体有权就其所处的社会情境发表意见。广义上，只要是主体的社会表达都可视为民意，如民主投票、新闻报道、游说、民主协商、网络跟帖乃至街头围观等。在实践中，大众媒体和官僚机构成为表达民意的主要社会实体，但其效果和方式都遭受质疑。就前者而言，雅典时代面对面的论坛式民主转变成了现代大众媒体（Peters，1995），让民意超越了物理空间，却淹没在“想象集会”（imagined assemblies）的众声喧哗之中；就后者而言，独立、专业的官僚体制宣称能够保证执行民主决策的效率，却将民意限制为定期选举决策者（熊彼特，1999），甚至不惜塑造民意（李普曼，2006）。

民意，就其本身而言，是否有一种不受争议的、科学的说出方式呢？显然，这是民意调查的初衷，即它是民意唯一可行的经验呈现方式（Allport，1937）。民调的总原则，是为异质的个人意见确立一个单中心的坐标系，并加总它们以形成民意。对情境、主体和意见生成方式的化简，构成民意调查理论的基本要素。

（1）主体化简：受访者要符合随机抽样原则，以保证各类意见的代表性。理想的样本是总体的缩影（miniature of the population），应反映总体所有特征。在无需知道总体特征的前提下，大数定律保证了大规模的随机抽样能够达到这一目的。随后，统计学保证书的操作程序有：N 阶矩反映样本数字特征①；分布形式假设样本的特定样式②；统计推断方法检验样本是否符合总体③。

（2）情境化简：情境化简要保证面向所有受访者的程序及其效果一致。理想化的化简方式是将情境标准化为带选项的逻辑清晰的问题，并组成调查问卷。对于每个受访者，问卷应该有跨时间（不同时间内的观点一致）和跨问题（对相似问题的观点相似）的稳定性，它们构成信度的度量（Converse，1964；Tourangeau et

① 比如，一阶原点矩期望（expectation）可衡量集中趋势，二阶中心矩方差（variance）可衡量波动程度、三阶中心矩偏度（skewness）可衡量偏离中心点的程度，四阶中心矩峰度可衡量样本形状的尖度。

② 如离散分布（如伯努利分布、二项分布、泊松分布、负二项分布等）或连续分布（如正态分布、卡方分布、t 分布、F 分布等）。

③ 具体有参数估计（点估计、区间估计）、假设检验和预测等。

al.，2000）。对于每个问题，必须保持目标明确、逻辑清晰、措辞准确（表面效度）（Mosier，1947），问题表达的内容应体现调查目标（Rasiniski，1987），并与其他问题之间有明确区分（区分效度）（Campbell and Fiske，1959）。

（3）意见生成方式化简：受访者得出意见时必须基于各自理性且独立的判断。意见生成的理想方式是假定每个人对情境的知识是均质的，且每个人的情境赋值独立。唯有如此，每个人产生的情境赋值才能放置在同一维度衡量，生成可以加总的意见。由此，人们的意见就像抽屉中的文件一样，可从不同位置却相同形状的抽屉中随机取出（Wilson and Hodges，1992）。

在设计阶段，每项民意调查都有其特定目的和意义结构，会在抽样范围、议题、备择选项、调查场景等方面给予特殊规定，旨在化简意见的复杂性，让其变得可科学地描述。换言之，它要规定谁来说、就什么说、在什么维度上说、在什么场景下说，等等，并用随机性、代表性、信度和效度等经验指标去“监督”说出民意的过程。

一旦进入实践阶段，上述原则会受到各式各样的冲击，民调方法论反思也由此产生，具体如下。

（1）对主体的化简受到抽样误差的挑战。现实中不可能消除的成本、时间和伦理等因素，让抽样的独立同分布（independently identically distributed，iid）假设在操作中从未被严格实现过（Groves，1989；Weisberg，2005）。抽样误差随之而来。虽然随着样本规模的增大，随机抽样带来的误差呈收敛趋势[①]，但是覆盖误差（coverage error）和单位无反应（unit nonresponse）带来的系统性偏差却是致命的（Weisberg，2005）。比如，调查者接触到被抽样总体的不同方式（如面对面访谈、电话调查、自填式问卷、网络调查等）（Tourangeau and Smith，1996），会造成抽放方式之间存在覆盖率和回答率之间的差别（Hox and de Leeuw，1994；Groves and Couper，1998）。因此，以下问题本质上无法得到解决——特殊方法或

① 有学者（Lau，1994）甚至认为样本规模不影响民调正确性。

被访者自身的原因导致特定的人群不回答（Biemer and Lyberg，2003；Groves and Couper，1998；Brehm，1993），使用特殊手段如金钱诱惑或增加与受访者的接触次数又使得某些人群更容易回答（Church，1993；Lesser et al.，2001；Dillman，2000）。它们都将会导致系统性偏差（Fowler，1993）。目前，对此的技术补救措施有：加权回归（Lohr，1999），插值法（Krosnick et al.，2002），Heckman 选择模型等（Brehm，1993）。

（2）对情境的化简受到信度和效度的挑战。任何一个问卷印制后，不仅对每个样本来说是标准的情境简化模型，它本身也变成特定的意义结构。版面设计、问题顺序、字体大小、选项个数甚至字体行间距，都会影响答题人的最终选择（Lozar et al.，2002；Christian and Dillman，2004）。问题措辞和问题/选项顺序是讨论得比较多的议题。如果问题措辞更“积极”“科学”，得到民众认同将会更多（Rasiniski，1989）。比如，问题“社会福利计划”与问题“贫穷援助计划”性质类似，但后者的民众支持率却明显更高（Smith，1987）。问题/选项顺序则会形成特有的问题/选项脉络。比如，先前的问题造成的印象会对后面的答题产生系统性影响（Schwarz and Hippler，1995），表现为对比效应与同化效应等（Bless et al.，2003）。再如，受访者先选择哪个选项受到选项顺序的影响（Krosnick and Alwin，1987），表现为新近效应和初始效应（Sudman et al.，1996）。上述效应在不同程度上受到教育程度和年龄（Schwarz et al.，2000），种族（Bodenhausen et al.，1995），国别（Strack et al.，1991）等因素的影响。因此，衡量这些因素产生的作用是否对于每个受访者一致，就变得至关重要了。在信度和效度的标准控制下，会出现各类对情境化简的修补措施，如对问题措辞的标准模式（Booth et al.，2003）、控制问题顺序效应的方法等（Zaller，1992）。

（3）对主体为情境赋值的化简受到知识分布不均的挑战。抽屉文件模式受到各方面质疑。首先，很多人的抽屉里没有文件（无态度）。没有知识或态度，也就无所谓选择（Traugott and Lavrakas，2004）。如关于意识形态的问题，大部分人显示出来的自相矛盾表明他们其实并没有真正的态度（Converse，1964）。其次，抽屉里的文件会随着打开抽屉时周边环境的差异而变化，即为背景效应。晴天或雨天（Schwarz and Clore，1983），访员是男是女、有无第三方在场（Weisberg，2005），调查机构是政府、企业还是 NGO 等因素都会影响最终赋值结果（Heberlein and Baumgartner，1978）。最后，抽屉里的文件可能隔几天就会不同，即被调查对象的态度不稳定。实验心理学家的研究表明态度的建构过程取决于过往信息的重复程度，导致受访者对印象较深的近期事件过度抽样，因而态度会呈现历时性变化（Zaller and Feldman，1992）。比如，对于社会福利和堕胎的看法，在三个星期之内会有明显转变（Tourangeau et al.，2000）。无态度或者即时态度的背后是民众政治知识的极度欠缺（Lupia and McCubbins，1998），它造成对意见民主基础假设的强烈冲击。处理知识分布不均的一个可能性尝试是，在技术上对每个受访者的态度进行全面分析，即掌握知识在人群中的分布情况和动态变化并控制它，具体措施有盖洛普（Gallup，1947）的五维分析计划（quintamensional plan）等。

由此观之，现有对民意调查方法论的研究基本上是技术层面的讨论，基本的逻辑是——如果化简民意的技术失败了，则要找出原因，然后用更好的技术去弥补。至于民意调查背后的政治、社会因素，除了社会学家布鲁默讨论利益集团对民调结果影响的经典论文造成的反响外（Blumer，1948），基本无人问津。

第五节　文献评价

由此观之，现有关于技术治理的文献基本经历了“哲学 - 社会理论 - 社会科学”三阶段。虽然直接以技术治理为主题的社会科学论著较少，技术治理的名词或思考却广泛散布在社会理论、技术哲学、国家治理、治理创新的文献中。上述富有启发性的文献基本为我们勾勒出了技术治理的全貌，并佐以基层治理的经验场域，从而重申本书的核心问题——处在近年基层政府创新竞赛的潮流中，我们如何看待诸多治理技术与基层条块的互动及其带来基层政治/社会生态的变化？

要回答此问题，上述文献都会有捉襟见肘之嫌，并存在以下问题。

（1）理论方面，既往研究陷入技术进步论和批判论的二元论，遮蔽了更关键的命题即技术治理与国家社会关系变迁。哈耶克、欧克肖特等政治保守主义认为技术治理无法达到它想要化简目的而事与愿违。通过技术治理，国家对社会进行全面的盘算、支配和拨弄，定义需求，开出药方，拷问其可能性。这些操作能达到目的吗？他们的回答是否定的。然而，以往流行的技术治理实践更多偏重行政技术或制度设计技术，即不严密的治理技术。现如今，舆情监测平台、动态数据库、智能交通系统等技术，已非分类学、测量学、线性规划、静态结构分析等“低级”“僵化”的技术可以比拟。以计算机编程为基础的仿真和复杂系统建模对社会的模拟，也非哈耶克时代的瓦尔拉斯一般均衡模型可比。作为国家治理现代化的内容，“真正”的技术治理意味着技术有更严格的方法论保障，在执行政府目标时独立而富有效率。那么，更“高级”的治理技术能达到目的吗？是不是如同技术进步论者所言，一切问题都是治理技术还不够发达、技术治理体系不够严密造成的？技术批判论和进步论看起来截然相反，实则一体两面，让我们陷入“解决问题－陷入新问题”的怪圈，而忽视了技术作为治理手段引发的国家社会关系变迁。

（2）实践方面，既往研究陷入技术赋能/失灵的二元论，仅看到科层对技术的扭曲，忽视技术的设计与实施是两个不同阶段这一基本事实。电子政务、智慧城市等技术引入科层时，面临着被科层结构肢解、变形和异化的风险。这是如何造成的？学界一般归之为技术的应用层面，即技术与科层之间的互动。随着林林总总的治理技术出台、运转，其背后纷繁复杂且动态的政府条线关系、官僚行为决策、社会主体应对等要素让技术成功应用阻碍重重。上述研究结论得以成立的前提是：分割技术设计与应用，悬置前者，单单分析技术应用的层面。然而，治理技术在设计层面必须保证科学性、严格性，才具备解决社会问题的合法性。因此，要解释设计严密的技术何以在应用时变形，必须将目光聚焦在技术程序的设计和应用的分裂，分析它如何造成了如今的复杂局面。以往研究所忽视的对技术原理、技术程序的社会学诠释，是本书努力尝试的方向。

（3）研究范式方面，既往研究侧重揭示技术治理的一面，少见从理论到实证的系统论述。从理论上，治理技术如何识别并处理社会问题？在实践中，它如何借助科层的组织构件而施展自身？条块关系如何植入技术程序之中？各个治理技术相互叠加后，治理体系会如何演化？这些讨论或多或少散见于相关研究中，但现有文献并没有真正对技术治理的过程进行解剖以回应上述问题。此种尝试是值得的，因为目前的技术治理现象反映了共同的倾向及其背后相似的逻辑，即中央 - 地方关系调整、国家 - 社会关系变迁和国家政权建设的同步推进，此为技术治理的理论旨归和实践方向。它们将大大推进技术治理的研究范围和纵深，并促使其作为一个真正的研究范式，而非与项目制/运动式治理、技术治国论、斯科特式政治保守主义以及福柯治理术纠缠不清，也让我们有能力从技术的角度直面国家治理能力现代化的宏大课题。

对现有文献评价的回应将指引本书布局的大方向，也隐藏在各章写作意图之中。其中，对问题（1）的回答将促使我们从国家社会关系变迁的角度开展第三章“技术治理的基础理论”的研究；对问题（2）的回答将促使我们区分技术设计和实施两阶段，并从技术在科层落地的角度开展第四章“科层之内：技术治理的组织逻辑”、第五章“科层之外：技术治理的社会建构逻辑”以及第六章“技术与科层的合力”的研究；对问题（3）的回答将作为本书的主旨贯穿全书。

第三章　技术治理的基础理论

目前，学界已就技术应用如何成功（黄晓春，2010）、技术如何调整央地关系（杜月，2017）、如何推动国家能力建设（王绍光，2019）、技术风险（邱泽奇，2018）等议题展开了广泛讨论，组织社会学、技术与组织、国家治理等资源得到了不同程度的挖掘。同时，新技术落地困难（谭海波等，2015）、程序扭曲（王雨磊，2016）、目标偏离（彭亚平，2018）等技术实践独有的困境，皆表明技术治理基础理论研究刻不容缓。然而，技术治理尚未有对应的西方概念或范式，无论是“专家治国”（expertocracy）、“微观管理”（micromanagement）还是“治理术”（governmentality）（陈天祥、徐雅倩，2020），都难以完整表达其独特性。虽然信息、行政、权力这三类技术在实践中相互交织、互为依托，但研究者们往往各取一端，加上它们背后预设的社会工程学、政治自由主义、人文主义等诸多立场，技术治理的理论和经验图景呈现高度碎片化。

信息、行政、权力这三类技术，及其对应的治理思想如专家治国、微观管理（或数目字管理）、治理术是否有通约之处？甚至，我们能否将三者整合到一起，为目前纷繁复杂的技术治理研究和实践提供一个操作性的思想框架？为解此难题，本章从福柯法兰西学院演讲中关于技术和治理的讨论，以及海德格尔晚期技术思想出发，追寻它们在希腊思想的共同源头和汇合之处——治理是照看的技术，照看又暗含控制之术。以之为前提假设，本书重新编排散布在柏拉图作品中的相关神话，提出技术治理的基本命题和推论。随后，理论推导将围绕“治理技术如何制造社会图像”“技术秩序如何确立”“它怎么解决社会问题”“它如何出现合法性危机”“新技术为何出现以及如何落地”等技术治理关键议题逐步展开，并重新阐释。

第一节 理论准备

从第二章的文献梳理来看，目前技术治理研究背后的理论预设，大体可归为以下三个范畴：

一是保守主义与理性主义的纷争；
二是福柯对韦伯权力技术观的改造；
三是遵循尼采－福柯思路发展的身体技术。

研究路径的多样让解读经验的方式更加丰富，也造成了观感上的混乱。如果我们亲临技术治理的现场，会发现一堆堆图纸、档案（杜月，2017），官员忙着做图纸、填表格的行政活动（王雨磊，2016），或在指标和数据上斟酌（彭亚平，2018）。我们仿佛身处装修工地，社会工程师们的投标书和项目合同描绘着未来蓝图，科层就是脚手架，各级官员在自己的工位上相互喊话，技术程序吞吐着数据。技术的细节几乎遍布所有治理的场景，如新上线的税务系统、码放整齐的贫困信息名册甚至信访窗口设置的高度……那么，到底什么不是治理技术？不尖锐（unsharp）的初始概念设定，让方兴未艾的技术治理研究有前景晦暗之虞。也许李猛（1995）对“到底什么不是权力”之质疑的回答可给我们启发——以技术看待国家治理实践，就像以万有引力看待物理世界一样，是一种观察视角。然而，前述理论预设的差异如此之大，我们如何找到这种整体性的视角呢？

一 技术生成国家社会关系的视角

不管上述经验观察和研究路径何其复杂，技术治理的考察大致围绕两大经典议题进行，即国家社会关系和中央地方关系。技术、国家/政府、社会/个体，构成了技术治理研究的三足。社会工程师们用新技术改造政府运作方式，实施社会控制或公共服务；中央政府用行政技术调整政府内部关系；国家用权力技术构建出微观情境规训个人，用政策的宏观机制引导人们流动和社会交往的模式。但是，问题随之而来。

（1）技术治理研究摆脱不了附庸地位。我们往往强调需要技术做什么，国家出于什么目的设计特定治理技术，它们会带来什么危害，等等。而技术沦为背景，它本身的意涵被遗忘了，技术治理成了国家社会关系和央地关系议题的附庸。因此，原本在实践中相互纠缠的诸多治理技术，被研究者依照各自议题在特定经验场域中先后提炼出来，分割成权力、信息和行政等技术。它们的运行逻辑在理论上难以通约，导致技术治理研究呈现高度碎片化的局面。

（2）技术和治理是分裂的。要么技术被当作治理的权力策略，变成形塑权力关系的工具化手段；要么治理被当作技术应用的领域，变成社会工程师的数学应用题。前者让技术成为权力分析的一个变量，权力关系的每一次生成或强化，台前都是谋划、计算，知识、话语等程序在做技术性展布。后者让技术进步论立于不败之地，技术在治理实践中应用不如意是因为技术还不够发达，或是制度设置存在问题。这种分裂局面同时矮化了技术和治理。

因此，不消除技术治理研究的附庸地位，不理清技术与治理的关系，现有研究局面不会得到质的改变。问题的可能解决办法是用技术来看待国家社会关系。为此，回应问题（1）需要一种整体性技术观，以囊括信息技术、行政技术和权力技术；回应问题（2）需要找到一种融合治理和技术的视角。两项任务把我们的视线同时引向柏拉图和亚里士多德关于技艺和政治技艺的观点。在进行这项困难工作之前，可从词源学中看出些许端倪（见表3-1）。

表 3－1　技术和治理的词源①

<table>
<tr><th>词汇</th><th>拉丁语</th><th>希腊语</th><th>印欧词根</th></tr>
<tr><td rowspan="2">Technique
art</td><td></td><td>technē
技艺、理论系统</td><td>teks －
1. 编织；2. 制作（如用斧子）；3. 泥屋墙上打柳条篱笆</td></tr>
<tr><td>artem
实践技能，技巧</td><td></td><td>ar －
拼接、组合</td></tr>
<tr><td>govern</td><td>gubernare
引导、统治</td><td>kybernan
掌舵</td><td></td></tr>
</table>

注：本表格及全书所用印欧词根及释义均来自 *The American Heritage Dictionary Indo-European Roots Appendix*，具体见 https://www.ahdictionary.com/word/indoeurop.html，在页面直接搜索所需词根即可得。拉丁/希腊语则来自 *Online Etymology Dictionary*，见 https://www.etymonline.com。

二　技术作为观看方法

为了从定义上对智者之技术进行捕捉，爱利亚客人把天底下所有技术（**τέχνην**）② 分为两类：其一是把尚未存在（遮蔽着，concealing）的东西带到它的存在状态（在场，present）从而制造出它的制作术（表 3－1，teks－2）；其二是用言语、动作、货币、礼物等去控制已存在者的控制术（Plato，1997a）。公开的控制术被设定为争斗术，隐蔽的控制术则是捕猎术。虽然福柯未言明自己对权力技术阶段划分的思想来源，但从惩罚、规训到新自由主义治理术的进路可与控制术及其子类型一一对应。不管是公开的惩罚，还是隐蔽的规训和生命政治，权力技术或控制术都用仪式（如砍头）、制度（如监狱、医院、军队）或准自然（市场规律），与治理对象争斗或捕获他们，为其划定生命的可能性区间。亚里士多德则采用第一个类型，将技术/制作术看作灵魂对世界去蔽（revealing）的算计性方式之一（海德格尔，2016）。正如建筑术把

---

① 在后文中，凡首次出现或强调技术、治理的特定含义，均在后面以括号的形式注明该含义的词根/词源。

② 一般翻译为技艺（craft、skill、art、technique），但古希腊技术、技艺、技巧、技能是不区分的，而本书采用整体性的技术观，技术与技艺的使用不作区分。

房子从砖瓦柱石中制造出来、琴师把乐曲从音符中弹奏出来（Aristotle，1995b），技术把被遮蔽、尚未形成的东西呈现为实实在在的某物，是揭开事物面纱的程序（Heidegger，1977）。看，即用心灵的眼睛去观看事物（Plato，1997b；Plato，1997c），是技术如此呈现的前提（海德格尔，2016）。制造者的技术，是有朝向的"看"[①]，它观察、挑选、组合潜在者，通过程序将之呈现成某物的同时，也删减了其他所有未被选中的潜在者，完成复杂性化简过程。一棵大树被建筑师看作并砍削（表3-1，teks-2）成廊柱后，它就失去了成为雾中耸立的风景、投入火炉的劈柴、铺在小溪上的独木桥、挥毫其上的纸张等所有其他可能性。同理，行政技术一步步制作出特定的央地/条块关系的同时，它带来的"制度惯性"也一步步关闭政府间关系的其他形态。对于控制术而言，"治理艺术的目标是把国家带到它应有的状态，并为此确定规则，使其行为合理化"（Foucault，2008）。一项新技术的应用，意味着一套新的社会控制手段或公共服务形式被思考和制作出来。制造者的权力让事物得以以特定方式呈现，却由此划定了其运转的轨道。由此，爱利亚客人划分的两种类型有内在的关联，可归为同一种整体技术观——技术制造事物的同时，也控制它。这种技术观可从"看"的角度分析：通过"看"，技术操作者变为主体，技术对象被制作成图像（Heidegger，1977）。

由此，爱利亚客人划分的两种类型有内在的关联，可归为同一种技术观，即柏拉图-亚里士多德-海德格尔的整体技术观——技术制造事物的同时，也控制它。

三　治理作为照看的技术

如果说政治技艺是治理作为照看的技术，那么主体和图像的

---

① 海德格尔在《柏拉图的〈智者〉》中，详细阐述了技艺与"看"的关系。据其解读，在亚里士多德哲学中，"看"是去蔽而获知事物状态的根本前提，而技艺是去"看"的方法之一，它是算计性的，与知识性的方法一起，都是"仔细地看"（海德格尔，2016：33）。

二分则为政治技艺敞开了空间[1]。人们需要跳出生活本身之外去细查灵魂的内在肌理，这是照看（care for，look after）和关心（concern）自己的技术（Plato，1997d；福柯，2016a）。犬儒主义者认为，每个人都应该成为百眼巨人阿耳戈斯，所有眼睛指向自己的同时，也要承担起监护（supervision、watch over）其他人的责任（福柯，2016b）。除治理自我和他人之外，还有无数其他照看的技术——舵手照看水手、牧人照看羊群、医生照看病人、神照看世人、治邦者照看城邦……（Plato，1997c；Plato，1997e）照看，是不断发现照看对象的问题，并去解决它的过程。医生会观察病人的身体状况并对症治疗；摩西会清点羊群数量，不顾一切去寻找迷失的羊羔（Foucault，2009）；牧人会甄别、剔除病羊，以防传染病的蔓延（Plato，1997f）。治理作为照看的技术，是对事物的正确安排，把后者导向合适目的（表3-1，gubernare），它关心的是人和东西（things）的复合体（ensembles）（Foucault，2009）。当需要照看的是一个群体时，照看技术到底是关心群体本身还是单个的个体呢？柏拉图给出的答案是照看城邦（群体），医生、农人、面包师、酿酒师、鞋匠本可通过各自技术来相互照看，但当城邦陷入对外战争和内部争斗时，治邦者的技术就负责把人们的关系理顺并“编织”（weave）（表3-1，teks-1）起来，分门别类、各司其职，让城邦成为一件紧密的织物（表3-1，teks-3），外御强敌、内解纷争（Plato，1997c；Plato，1997e）。福柯考据出另一种照看方式，即对个体的治理——照看复杂和运动中的羊群通过照看每一只羊实现，牧人带领每一只羊脱离险境并寻找草场（大致对应基督教的拯救承诺或公共管理国家的经济增长），牧人晨昏清点数量、保持队伍行进方向并监察每只羊的情况（牧师职责或社会稳定），并有一系列的知识去随时医治它们的疾病（灵魂治愈或社会福利）（Foucault，2009；福柯，2016c）。在公共管理国家（police state），治理技术演变成一套保证和提高个体生活质量的技术，个人的幸福被转化成国家力量，进而维持社会稳定，构成

---

① 具体可参见图3-1对“看”的词源演变的总结。

一个通过许诺人们幸福来让统治更牢固的循环（Foucault，2009）。由此，把人们编织成静态编织物的纺织技术（textile technology），与对每个人进行动态引导的牧领技术（pastoral technology）相峙而立，构成政治技艺的景观。

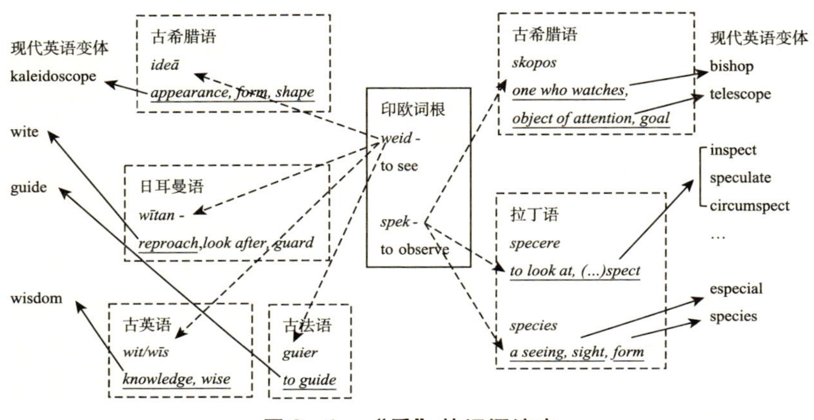

图 3－1　“看”的词源演变

治理作为照看的技术，制造出（照看者认定的）被照看者最好状态的同时，也在对其施加权力。当一个以现代化为使命的国家使用形形色色的治理技术制造出它理想中的社会形态时，技术治理的时代来临了。照看社会的技术原理是什么？它在识别并解决社会问题时，又如何限制塑造了社会的可能性？国家社会关系如何在技术治理的引导下诞生？被限制塑造可能性的复杂社会又如何进行福柯所言的“反引导”？遵循着上述问题的指引，本章构建一个思想模型，试图为目前技术治理实践提供一个整体解释框架，并重新诠释和勾连现有理论。

本章余下部分的安排如下：首先，用一部重编的希腊神话作为序曲，简洁而形象地阐明技术治理的运转原理，并提出命题和推论；其次，构建出技术治理制造国家社会关系的思想模型，应用序曲中的命题和推论；最后，根据理论推导的过程和结论给出本书的经验研究方向。行文会穿插治理实践和代表性研究，以解释模型的各个逻辑链条，或重释现有理论。

第二节　基本命题

一　神话[①]

造物主（the god/craftsman）希望万物完美至善。然而，祂放眼望去，一切事物皆横冲直撞、毫无定规，遂决心将秩序带入这无序运动之中。一个拥有最完美的理性灵魂，包含一切生命形式的唯一生命体——宇宙，开始被创造。神从混沌中挑选出不可见的材料，将（不）可变/分、同/异两组相对立的事物样态（being）依照比例混合，调配成灵魂的构造。又挑选出可见的火和可感的土，以及黏合它们的气和水，依照比例调配成形状。可见的物与不可见的灵魂结合，一个圆球形的统一体被制造出来。它没有视觉、听觉，不需要呼吸和排泄，因为一切所知所感皆在内部，自我作用，自我满足，朝着球心，自我旋转。接下来日月星辰、诸神凡灵的制造，皆分享宇宙的灵魂。

在各个世代，万物绕着轴心正反交替旋转（revolution），周而复始。起初，造物主及诸守护神照看世人。到了约定之期，造物主松开操纵万物之舵，宇宙骤然倒转。新秩序（cosmos）下，宇宙需照看自身。与鸟兽相比，人类一无所有。普罗米修斯盗来技术的智慧和搭配它使用的火。技术，让人们有了语言、衣服、住所、熟食，等等，赖以生存。然而，为了抵御猛兽，人们必须聚居，却因内部争斗和群体战争分崩离析。见人类有毁灭之虞，宙斯命赫尔墨斯将治邦术转达给世人。

---

① 本小节所编撰神话故事的素材均来自柏拉图作品，逻辑未作改动，只将零散链条联结起来。造物主制造宇宙的神话来自《蒂迈欧篇》（Plato，1997g：1235－1247），其语境是蒂迈欧为苏格拉底讲述宇宙本性和起源。宇宙旋转的神话和编织城邦的比喻来自《政治家篇》（Plato，1997e：311－358），其语境是爱利亚客人对小苏格拉底讲述神照看人的技艺与治邦者技艺的区别。普罗米修斯盗火与技术以及赫尔墨斯传达治邦术的神话来自《普罗塔戈拉》（Plato，1997h：755－758），是智者普罗塔戈拉证明治邦术可教时讲述的故事。

治邦术把人们作为一个共同体来照看，是专属于治邦者（statesman）之技艺。正如把羊毛编织为长袍可保暖御寒、遮风挡雪，把人们编织为城邦可让他们和谐有序、抵御强敌。编织技术的要义，是先拆分（separation）再接合（combination）。编织长袍，要预先把纠缠的线头拆散，把毛梳整齐，然后根据硬度分为经纬线，将它们按适合的比例缠绕在一起。编织城邦，要预先拆散原有社会结构，用教育调节人们的性情，然后将刚烈好战之人作为经线，审慎柔弱之人为纬线，把所有人如自由人、奴隶都编绕在一起，使城邦成为一件平滑却结实的织物。治邦者照看城邦无定规可循，他随时发现问题，随时对所有相关事务进行事无巨细的统治和指导。

二　命题

命题一：技术的逻辑，是一个封闭的自我解释循环。

自我满足的圆球，是神之技术的作品。技术是一个自我维持、自我解释的装置。比如，社区网格把问题呈报上去，但呈报问题的渠道和方式又是网格机制决定的；信访局是解决上访人问题的，但解决的方式又是设定好的。事物要被呈现，必须进入技术设定好的轨道。由此得到：

推论一：社会要被治理技术呈现，必须进入它设定好的轨道。

命题二：技术制造事物的过程，是复杂性化简。

神造宇宙，一切秩序都由从混沌中摘取的有限元素配置而成，万物在自我封闭的圆球（即宇宙）之内，混沌则被排除在外。在神离开舵手之位后，斗转星移，宇宙中的无序逐渐增多，直至要跌入无垠的复杂性之海（Plato，1997e）。由此得到：

推论二：治理技术设定好的化简轨道会受到社会复杂性

的侵蚀。

命题三：技术的运转建立在转译的基础上。

技术智慧是被普罗米修斯盗来的，治邦术是赫尔墨斯从宙斯处传达的。技术从神到人传递，经过了转译。技术把事物从潜在状态转译到实在状态，治邦术把聚居的人们转译成城邦，治理技术把社会转译成待解决的社会问题。简化的秩序替代了复杂性本身，紧密团结的城邦替代了松散的聚居，社会问题替代了社会本身。由此得到：

推论三：治理技术将社会转译成社会问题后，制造出来的是社会图像而非社会本身。

第三节　理论展开

为反驳智者色拉叙马霍斯宣称正义是强者之利益的观点，苏格拉底提出了治理作为照看技术的三段论（Plato，1997c）：

（1）任何技术都是治者对被治者的照看手段；

（2）任何照看都需要对被治者的利益不停地审视、察看；

（3）因此，技术是治者对被治者利益的照看。

当我们悬置他们对正义的争论后，这个三段论可以修改成如下的判断形式：

（1）任何技术都是治者对被治者的照看手段；

（2）任何照看都需要对被治者不停地审视、查看；

（3）因此，技术将被治者的状态呈现在治者眼前，进而操作它。

因此，国家治理的本质，是国家变成一种思考方式，将社会变成一整套“清晰化图解（schema of intelligibility）”（Foucault，2009）。由此，能否看清社会是技术治理的使命。对这个问题的追寻，指引着我们对技术治理如何制造国家社会关系的一步步论证。

一 技术秩序的化简程序如何确立？

照看航行中的船只是舵手的技术。为此，他要管理好水手。“我们叫他舵手，并不是因为他在船上实行航行，而是因为他有自己的技术，能管理水手们。”（柏拉图，1986）因此，舵手要对水手、货物、船负责，要考虑目的地及途中的风、浪、礁石，并与以上一切因素建立关系（Foucault，2009）。航行时，船、水手和周边环境交互作用形成的航行状态被舵手的命令制作出来。一个浪头过来，舵手命令水手们一起朝右边划水，保持船身平衡。把这个镜头定格，则航行呈现出风浪向左、船桨向右、船身笔直向前的特定状态，此为舵手制作出来的图像/秩序。放开定格镜头，随着另一个浪头的过来，新的图像/秩序随即涌现。在掌舵技术的目光下，空气运动被简化成风向、风速，海水运动被简化成流向、流速，水手运动被简化成有方向的整齐划一。唯有如此，航行才得以持续进行。

随着天气、水流、人数、食物淡水储备、体力和船体状况的变化，舵手一一调整策略，一个个掌舵/治理技术出现。舵手不断观察航行状态的变化，不断用命令制作出新的航行状态，这一连串的过程，是掌舵技术的运转原理。

每一个治理技术的出现，就意味着在该维度上国家和社会形成特定关系。出于税收目的，一个乡镇干部向村民收公粮的时候，他们的关系被限定为“收税人 - 纳税人”，其行为方式被限定为围绕着“收税 - 纳税”所进行的一系列策略和行为（吴毅，2018）。出于扶贫目的，村支部书记上报贫困户信息的时候，他与村民之间的关系、交互行为、彼此策略和话语又围绕扶贫而进行（王雨磊，2017）。以对人的称呼为例，围绕国家这个中心点，不同的治理技术把人看作公民、纳税人、扶贫对象、党员、创新者、兵源、病人、思想载体、购房者，等等，虽然这些身份可能对应的是同一个人。

因此，国家的思维就是一连串的治理技术，在技术目光下，社会变成一连串的制作品，即一幅幅特定的社会图像（见推论三）。技术解决社会问题（化简复杂性）的方式，是把未知、杂乱无章、难以预测的无序放入由技术自我解释闭环所形成的加工轨道之中，处理成可知、稳定、可预测的有序。

一个个此起彼伏、变动不居的治理技术让国家社会关系变成形态各异的图像，每个图像预设了它独有的对国家社会关系的定义，各个图像之间是断裂的，无法通约。这会带来以下两个后果。

（1）从静态来看，“图像”间不能换算，结构无法形成。多个治理技术制造出来的“图像”，各自构建出不可通约的国家社会关系。

（2）从动态来看，“图像”不能流动，线性时间无法成立。特定情境下形成的治理技术，因情境改变而随时调整，无规律可言。

国家虽然通过治理技术把自己与社会分离，但它无法区分各个治理技术的差别，因为产生衡量差别的标准需要更高的秩序出现。更高秩序的目标就是建立静态结构和动态变化来实现治理技术间的通约，进而将各个社会图像拼装并流动起来。

经纬度的发明为航行确立了独一无二的坐标系统，所有其他影响航行的因素都可以换算到该坐标系上。由此，舵手眼前呈现出巨大屏幕，一切影响航行的因素都可以通过呈现到屏幕上而实现相互换算，整个海洋变成一幅图画，围绕船铺展开来。航行的笛卡尔坐标系确立了，地图、指北针、卫星定位系统、海洋地理信息系统、远洋气象导航等工具都基于它得以施行。

当各个社会图像能够相互通约时，技术治理作为国家的整体观看方式才能诞生。从国家的目光出发，为所有观察到的社会事物安排秩序，当秩序超越图像内部，建立在图像与图像之间时，它们就是可以比较、度量了。如何得到这种技术秩序呢？笛卡尔（1991）建立空间坐标系时给出了维度限定的秘诀——在所有图像中抽取出共同的维度，其他不可比较或不想比较的维度则全部剔除（见命题二）。类似地，不管各种治理技术的原理有何不同，它们的策略目标以及所施加的影响都会落在某类人群之上。因此，被治者的生存状态成为所有治理技术共有的维度。为了让人们的行为有律可循，经济学思维将人的意志简化成欲望，欲望又被简化成个体效用/偏好，偏好加总变成社会偏好/福利（Foucault，2008）。为了让偏好可以一一对应到人，作为个体的人必须清晰可辨，国民统计技术则将拥有复杂特性的个人简化成独有却标准的姓名、身份编号和户籍（Scott，1998）。简言之，个人的意志被简化成效用分析以提供统一的计算方式。个人的情境经历被简化成身份信息以提供统一的计算对象。两者交织，构成技术治理坐标系的两轴。在此，个人被定位，社会事实被加总。

身份信息让人无论身处何种社会事实之中，都能被国家的目光捕捉到，并换算成标准格式如身份证号，作为出生、上学、通信、出行、上班、买房、贷款甚至通缉的基础信息。个体可被精准识别——如人脸识别技术让抓捕逃犯的工作从素描、照片辨认和视频人工比对等肉眼技术，发展到就算他混迹于人声鼎沸的演唱会现场，只要过安检，视频摄像、智能抓取和自动比对等一系列程序就会立马锁定的程度。人群的动态变化可被加总计算——如根据实名制的手机定位系统，可以计算人群集聚和分散规律，算出交通拥堵点和时段，布置救灾物质放置点、垃圾回收点，预测突发群体性事件等。基于标准的身份基础信息，人们的生命经历被纳入动态数据库，以供随时抽取。

效用分析让人们的社会行为被捕捉，社会事件和组织被统一核算。偏好/效用分析让个人变成可随时进行成本收益核算的会计师。各大城市出台落户、补贴、住房折扣等人才引进政策以吸引未来的中产阶级，后者努力获得学历、职称、就读名校和紧缺急需专业、取得相应证书以成为符合要求的人才，人才到底落户哪个城市还要考虑薪资水平、房价、结婚和生育成本、教育质量、医疗资源等一系列因素。会计师化的个人在组织和社会事件中穿梭，让后者也变得可统一核算。一次举世瞩目的公共安全事故、一宗旷日持久的环境侵权诉讼案件、一起可随时失控的业主维权运动，人们的复杂诉求可换算成赔偿额度或补偿款。教师为职称费心，尽力发表论文和申请课题；学生为找工作或升学而费心，尽力考证、实习、提高绩点；作为结果，高校也提升了影响力和排名，得到更多的学位点和经费。成本收益的计算法让个人、组织和社会事件沿着特定轨道显现自身，让国家治理有迹可循，为接下来的操作（宏/微观政策等）提供支撑。

动态数据库提供个人、组织和社会事件的动向，成本收益核算把这些动向导入可控的轨道。在二者编织而成的技术秩序之下，各个治理技术得以相互换算。有房产、“五险一金”或与体制相关的中产阶层参与社会运动的概率会显著降低（Tomba，2014）。基于身份信息的“以房控人”和“以单位控人”等治理技术可通过引导个体选择来实现社会治理，如对流动人口的管理，要牵涉计划生育、出租房、工商注册、劳动用工等多项治理技术的相互连通（韩志明，2017b）。

各个社会图像拼接起来，在坐标系大屏幕上显现出社会地图。人们的性质被归置在年龄、性别、政治面貌、教育程度、户籍、工作性质等分类学（档案）上。人们的数量被计量为收入状况、人流量、人均消费水平、生育率、危险系数、浏览转发数。社会实体被计量为结婚/房屋产权/组织登记、注册资本、家庭可支配/主营业务收入、教育/研发投入、离婚/失业率等。社会地图体现在人口普查、舆情咨询报告、基尼系数、房价、GDP、《政府工作报告》等之上。

至此，通过技术秩序确立的结构，相互通约的治理技术及其作用下的社会图像组成了一个“国家 - 技术 - 社会”关系的连续统。因此，

> “不再有……n 只眼睛，而只有一只作为中心计算机的眼睛，它进行着全范围的扫视。”（德勒兹、加塔利，2010）

二　技术秩序怎么解决社会问题？

社会地图的呈现有赖于以国家为原点、身份信息和效用分析

为基准轴的技术治理坐标系。然而，基准轴在形式上必须恒定，现实中却很难保持。身份基础信息的更新很难跟得上时代变化及其影响下的个体运动轨迹。户籍信息和身份证上的户口性质、电话号码、地址、婚姻状况等栏目往往要等到人们重新办身份证或者迁移户口时才能更新。在城市定居的人们，只要不迁户口，可能依然在农村拥有宅基地和集体土地。效用分析也有其前提假定。任何成本和收益函数对变量及其关系的设定都是对当时情境的模拟，而人们的生命历程会跨越无数个情境。一旦情境变化，目标函数和约束条件随之改变，原有的成本收益分析再也无法维持。比如，二胎乃至政策全面放开，生育率并没有出现预期的爆发式增长。房价、怎么照顾小孩的难题、教育成本、对多次产假育龄女性的就业歧视等因素，成为人们生育选择的新约束条件。2000年以后，无论城市农村，中国人普遍不愿多生育子女（侯佳伟等，2014）。人们生育选择的成本收益分析，其变量及其关系早已悄然改变，但在原有分析基础上的叠加运算后得到的计划生育政策、机构和人员，存在着长期的制度惯性。

基准轴无法恒定又必须恒定的困境，让因它而生的数据“悬浮”起来。数据运算的合理性在于满足内部逻辑的自洽（命题一），由身份信息和效用分析确立的过时基础数据，经过内部逻辑链条的多重折射，可能会离社会事实越来越远，但它的合法性却越来越强。扶贫项目收入增长速度，可以根据历年数据估计，实现“合理增长”（王雨磊，2016）。在考核社区“两委”[①] 工作的报告中，年增长率、排名变化、进步空间等指标都可以在不违反统计原则和基本信息的前提下，满足适当平稳增长、进步总比退步多等潜规则（彭亚平，2018；Peng，2020）。层级越多，经过治理技术的折射越多，高行政层级对数据的甄别能力越差，上下级共谋所带来的造假问题越严重（艾云，2011）。然而，正是对社会“问题”的甄别和解决，成为技术秩序运转的抓手。

经纬坐标系将复杂性之海简化的同时，也遮蔽了舵手的眼睛。

① 社区“两委”指社区党支部委员会和社区居民委员会。

舵手不会也不想知道行船经过的一片金边巨云的背后、浸入海水中的船钉、水手体内的维生素含量等与航海无关的因素。然而，一旦积雨云背后风雷隐动、铆钉锈断、水手败血症出现，影响到航行，它们作为航海的面向就会呈现在舵手眼前。航行遇到的问题必须要回到经纬度坐标系确立的航海技术体系中才能得到解决，如根据洋流与风向重新规划航线以避开风暴眼，根据金属腐蚀速度和航程估计维修时间，根据航程计算每人所需维生素量。

同理，网格化管理体系不会知道网格员的职业烦恼、社区某条狗性格暴躁或者消化系统问题等社会事实，因为它们与该治理模式的运行无关。当网格员大批辞职、小区宠物伤人频发或者随地大小便时，它们就呈现在网格化管理体系眼前。翻涌着的复杂性可随时冲到地图之上，让某项数据或指标异常，社会问题出现。当生育率大幅下降、堵塞点和事故点陡然增加、食品和药品安全危机频发时，社会问题就让社会地图有了变化。社会地图动态化的第一步，就是把社会问题定性、分类甚至定量化，如按照问题严峻程度区分为案例（case）、风险（risk）、危险（danger）和危机（crisis）（Foucault，2009），据此为舆情、经济、社会等各项数据设定警报装置。

当社会被简化成社会问题后，技术秩序就是为了解决一个又一个问题而存在。解决问题的关键，是因果机制。拆迁因为修地铁，修地铁因为城市体量增长导致的交通困难，体量增长因为农村人口大量迁入，迁入城市因为农村收入不高……在上述假想的单向和单线因果链条中截取一段，如“迁入城市是因为农村收入不高”，对“农村收入不高”可采取的措施有加强基础设施建设、推行惠农政策、改善农村教育等。措施的拟定，建立在一系列的因果机制之上。无处不在的因果机制，让一个个社会问题连接起来，并通过改变其中某个或某些问题而让特定问题得到改变。具体而言，概率推断为社会问题的出现确立了经验标准；统计学利用均值、方差监测社会事件的变化，找出社会问题所在；实验方法构成对问题的解决方式，在控制其他条件后，改变社会事件的自变量，以期得到因变量的变化。由此，技术治理算无遗策，国家之眼目光如电，实现对全社会的实时观察和操作。

不管上述方法如何作用，技术治理的所有程序都是基于化简原理（见命题二）。社会被国家的技术之眼看成社会的特定状态，社会状态被简化成社会问题，社会问题最终转化为数据。技术秩序不断使用笛卡尔所说的维度限定原则，将社会的维度和可能性进行层层压缩，直至变为一个面向行动的二元编码——是否建地铁，是否贷款，是否拆迁，等等，即一个带数据的点。技术秩序可以随时抽取特定数据，通过社会地图的变化给出解决问题的计算公式。

三　技术秩序自身产生什么问题？

技术秩序确立“社会提出问题，国家解决问题”的治理模式后，其运行是否就达到了理想状态呢？如果我们将思路进一步推进，就会发现其中暗藏了合法性危机。

对古希腊的舵手奥德修斯来说，航行之终极目的是返乡，所有干扰因素都应被克服。海妖之声固然美妙，但使返乡成泡影。奥德修斯的方法是封住水手们的耳朵，把自己捆在桅杆上[①]。自缚的奥德修斯听到了最美妙的自然之声，海妖之声来自航道乃至生活轨道之外，有着无限复杂的美。但通过预先施加的束缚/权力，这种干扰航行的诱惑被理性之绳索控制住了。于是，奥德修斯的两难境地是：

> 一方面，明明感受到了海妖之声的美妙，想奔赴极乐之地，却无法挣脱预先的自我捆绑；
>
> 另一方面，如果不设定感受复杂自然的轨道，不捆绑自己，必定会受诱惑，不仅无法回乡，整艘船都会毁灭。

---

① 对此神话的解读和演绎颇多。本书的解读方式与霍克海默和阿多诺（2006：48－49）相近，具体可见《启蒙辩证法》之附录一，即当权者如何利用理性设置的轨道让自己听到自然的声音，又不至于毁灭原有权力关系，让劳动者埋首手头工作，却接触到不到真实。

同理，社会问题把国家目光引向社会的特定状态，因果机制通过把社会问题连接起来而实施这种引导，它们让整个技术秩序得以维持，却无法改变技术治理的权力本质——国家把握着如何观察社会的权力。不管社会向技术秩序抛出多少形态各异的问题，不管社会向国家显露出多少特定的状态，坐标系设定好的参数决定了国家以什么角度去看待它们。网格化管理承诺对人、物、事、情、组织等基层社会复杂情境进行全天候、实时化、智能化的管理和服务，其运转建立在预先设定好的诸多模块及其参数的基础之上。因此，在专用手机的网格管理 App 的规定下，网格员采集信息时须遵循给定的分类标准和数值区间，上报问题、搜集社情民意时则要转译成给定的话语与格式以对接特定的部门。诸如此类，当问题导向和因果机制进行这种转译/折射之时（见命题三），它就为社会的复杂性化简设定了特有的轨道（见推论一）。

技术秩序运转的合法性来自技术的自我解释循环（见命题一）。它定义社会地图及其变化，社会地图的变化又反过来指导它如何运转。因此，解释问题、解决问题的方式，已经预先设计好了：设置一个指标，就预设了好坏；设定一个因果机制，就预设了什么样是好的趋势；问题与问题的连接方式，因果机制的提出方式，都是设定好的。换言之，国家设置好社会呈现的轨道，又让这个轨道给自己提问题。在技术上，社会问题不可能被坐标系预测，所谓的预测只是推测，要么基于过去的概率（频率算法），要么依靠与其他问题的联系（贝叶斯算法）推导得出，二者的计算基础都是预先给定的社会地图，使之成为循环计算；社会问题甚至不可能被定义，所谓的定义都是坐标系外在给予的化简轨道，经过了层层转译，不是问题本身。国家并不知道问题如何被社会提出，问题的背后是什么，只是依照技术的魔力，将问题按照既有轨道处理成特定形态。算无遗策的国家之眼可以看到社会各个面向，却戴着有色眼镜。此时，问题导向原则呈现出张力——问题的解释者和解决者在于国家，但问题的提出者却是社会。社会问题的呈现轨道被技术秩序限定，社会却自顾自地提问题，二者的张力埋藏了危机。

行踪不定、层出不穷又相互交织的社会问题不断冲刷技术设定的轨道，最终制造出让技术秩序陷入自相矛盾的新问题。为拉动经济，复杂多态的群山被地方政府的经济政策简化成石头的结构体，按合同承包给多个企业主做采石场。转年，城郊旅游土地开发的热潮到来，同样为了拉动经济，政府又将破坏山体和制造噪声、污染的采石场强制关闭（吴毅，2018）。同样的治理目标，制造出自相矛盾的结果，一种新的社会问题出现。技术秩序由于设定社会问题呈现的轨道，遭到社会复杂性的“报复”，其“报复”方式是不断提出新的社会问题（见推论二）。所不同的是，此时的问题不再是技术秩序观察社会的结果，而是它自己制造出来的。当技术秩序着手去解决该问题时，矛盾产生了：

> （1）技术治理的初衷是观察社会，它是悬置在社会之上的，所有的问题都是社会自己的，技术提供解释权和解决方案；
>
> （2）一旦面临自己制造出来的问题，而它又不能观察自己，原有的自我解释循环就被打破了。

此时，技术秩序既有的化简轨道无法解释和处理自己制造出来的社会问题，其问题导向原则和因果机制一齐失效。具体而言，技术秩序制造的问题无法被纳入既有的问题之链中，引发问题之间的相互矛盾。按照土地制度的判定，上访者的要求是无理取闹，但上访制度和维稳机制却承认了其合理性。其后果是，一个偶然的随机冲击，如社会突发事件，可能让整个技术秩序瘫痪。电信诈骗案侦破困难的原因是技术体系的漏洞与自相矛盾：通信业和银行业共用标准的身份信息可锁定所有人，但骗子用伪基站群发器、改号器、虚拟号段、使用他人银行卡等方式逃脱锁定；公安局笔录、收集证据、立案、开户行冻结等各大程序走完至少三个小时，而银行即时转账转移赃款只要几分钟……

四　新技术为何出现及如何落地？

技术秩序自己制造出社会问题，却因无法观察自己失去了解决问题的合法性。国家需要新的治理技术去解决它。失效的因果机制、断裂的问题之链，连同待解决的新问题，一齐被搁置，并在新治理技术的显微镜之下接受观察和分析。当技术秩序被当做观察和操作对象时，新技术已经超出坐标系之外，不仅不受它约束，还反过来去操作它。

科层体制曾确立过对注意力、任务、人员和资源等行政元素的分配，对部门、层级等行政结构的区分，以及对政策目标、群体的行政过程的安排，现在被新治理技术一次次地打散和重组。如为解决单位制的制度局限和财政分权造成的"块块主义"和"诸侯经济"，项目制诞生（渠敬东，2012）；为解决久治不愈的某某问题如城市卫生、电信诈骗、色情交易和公共安全，专项治理、多部门联合办案等运动式治理诞生。针对科层轨道无法处理的社会问题，项目制和运动式治理都跳出现有科层体制，反而把后者当做操作对象，从科层中抽调人员、分配资源、重组任务。

然而，新的治理技术同样依靠自我解释循环运转，同样受问题导向指引，同样构建因果机制。同样，它也会走向旧秩序的老路，在复杂性的冲刷下，自行制造出问题，从而失去观察社会和旧秩序的超然地位。为此，国家又要采用更新的治理技术……"绿色奥运"临近，沙尘暴成为一个问题，进入国家治理的视野；被界定为"京津沙源地"的S旗实施"搬迁工程"围封草场、圈养牲畜，却因遭遇风沙破坏和牲畜死亡等问题而失败；为此，生态移民工程迁移新址、采用新的畜牧品种和圈养模式，却因没有产业依托而得不到牧民积极响应；为此，蒙牛"企业+奶站+农户"的产业模式被推广到S旗，又遭遇圈养草料成本高、干旱让草料价格进一步推高等问题，得不到收益的牧民搬离移民区（荀丽丽、包智明，2007）。新的治理技术不断出现，又不断制造出自己的问题。正如福柯所言，公共管理是对原有政策或定规的"不断政变"（the permanent *coup d'État*）（Foucault，2009）。在新旧治理技术无数次迭代之后，国家变成一种特殊的和不连贯的实在，作为复数形式存在（Foucault，2008）。

一旦技术秩序制造出自己的问题，无法纳入问题之链的新问题就失去了结构的约束，与原有问题产生冲突。社会问题之间的冲突，表现为各自因果机制的冲突，又将各自对症的治理技术间的冲突抛将出来。每一个解决特定问题的治理技术都捕获了组装、操作和被支配的人与物：

（1）组装者（社会工程师）为治理技术设置认知模式和世界观，构成它的大脑；

（2）操作者（官僚）让治理技术的大脑和身体运转，构成它的器官；

（3）被支配者是治理技术的对象世界，构成它的客体。

正如爱利亚客人不厌其烦地解释网鸟、猎兽、叉鱼等捕获的技术，治理技术像一个猎手，有自己的捕获装置。科层体制确立过对注意力、任务、人员和资源等行政元素的分配，对部门、层级等行政结构的区分，以及对政策制定、执行、评估和终结等行政过程的安排。现在却被新治理技术一次次地打散和重组。一个进村项目要经历国家部门“发包”、地方政府“打包”和村庄“抓包”三重机制，国家为实施向下控制把“大盘子”进行“条条”分割，地方为当地整体发展又把“条条”做成“块块”（折晓叶、陈婴婴，2011）。一张扶贫表格需要历经一周，填写好几次，大半个办事处的人都加入进来，村干部们清晨去、晚上回，充当义务工（任超、谢小芹，2018）。一个乡镇机关要实行“三分之一工作法”，三分之一的人员从事信访稳定，三分之一招商引资，三分之一从事日常工作（申端锋，2010）。

然而，每一个意欲解决某个（或某些）社会问题的治理技术，都有独特的因果机制，在落实过程中彼此挤占生存空间。它们都是对人们生活可能性进行限定的专横者，彼此的战争就是捕获人口，以争夺合法性。因此，它们可能在俘获相同的人口，却规定他们不同的可能性，从而发生冲突。基层是国家与社会直接接触的平面，也是各个治理技术短兵相接之处。一个街道干部在评比社区自治项目时，全天候围着制定指标、分类造册等事情转（彭亚平，2018；Peng，2020）；迎接计划生育大检查时，又进入开会、部署、巡视、迎检等模式（吴毅，2018）。“上面千条线，下面一根针”，一个连轴转又无所适从、整天在忙又不知道忙了什么的基层工作人员，似乎是这种局面最好的写照。

新的治理技术如何缓解上述局面呢？现代化进程内置的进步观和实用主义，让冲突解决的方式，是新问题覆盖老问题，新技术又自带光环地让旧技术自惭形秽。然而，问题并不会自己消失，技术也不会自我了结生命，它们都通过俘获人口提供的养料生存。依靠特定治理技术而获得权力或资源的人，不管是组装者、操作者还是被支配者，都不会轻易失去它，进而想方设法宣扬其合法性。街道说服某社区，承接某项基层服务创新工程，但街道绩效评估发现该工程得分不高。此时，街道该怎么做？如果如实计算，那社区配合街道工作、承接任务的积极性会下降（彭亚平，2018；Peng，2020）。有没有一种方式可以调解治理技术之间的冲突呢？现实中，政策落地时的“变通”随处可见（刘玉照、田青，2009），基层政府、社会组织、政策受众等都可能找寻变通之处，既不“违背原则”，又能“恰到好处”。各个治理技术通过某个“后门”联结时，它们原本独立、内循环的自我解释循环也被打破了。

另外，新的治理技术也要嫁接到原有技术秩序之上才能运行。新治理技术为解决某个特定问题而生，解决该问题又必须用到因果机制，因果机制又要把该问题放入问题之链的结构中获得意义才能解决它。由此，新技术只有嫁接到原来的技术秩序才能达到其目的，否则会陷入“不接地气”的“空转”。换言之：

> “技术治理（新技术）实践方案受制于现有治理体系的结构特征，只有技术方案内涵的制度逻辑与现有治理体系相吻合，才有可能有效嵌入后者”（黄晓春，2018）。

不管因运动式治理而成立的委员会、领导小组等特殊机构如何超脱，其成员的级别、待遇都遵从科层的位阶体系，其经费都将计入政府开支中而受到财政支出的约束，其任务也需要其他部门的衔接和配合，其治理成效也要进入工作考核体系。尽管刚开始新技术把整个技术秩序都悬置起来，但一到实施阶段又不得不依托已有的技术秩序。最终，新的治理技术只能在问题之链中增加或替代一环的方式让自己融入旧的治理秩序。原先有政治任务或社会运动目的的非常规信访工作变成了常规的信访条线机关（冯仕政，2012），运动式治理也往往走向常规化（倪星、原超，2014），项目制又有科层化倾向（史普原，2015）。新的治理技术开始是技术秩序的审查者，结果成为它的一部分。

随着技术秩序的运转，新问题以及对症的新技术不断出现，周而复始。经历冲突、嫁接的轮番冲击后，技术秩序变得越来越复杂。最后，我们发现，在国家照看社会的过程中，社会被化简成社会问题后，复杂性并没有消失，而是从社会世界转译到了技术秩序之中（见命题三）。复杂性不会消失，只是被转译了。在技术秩序看来，社会变得越来越简单清晰，但治理技术之间的协调却变得越来越难。

第四节　经验研究方向

上文对技术如何形塑国家社会关系进行了一个理论框架的建构。那么，如何展开后续的研究呢？结合本书的经验素材，我们将围绕城市基层治理来简要讨论技术治理实证研究的方向。

为分析方便，本章理论推导的方式是从理论假设（即苏格拉底的治理三段论）开始，逐步添加分析要素。比如，首先预设了社会问题的产生，然后引出解决该问题的治理技术。随着治理技术越来越多，各个治理技术之间不兼容的问题开始出现，技术秩序由此产生。由于预设了权力关系，技术秩序制造出自己的问题。新技术又出现，把整个技术秩序及其制造出来的问题当做操作对象，却不得不在实践中依托原有技术秩序才能落地……然而，这一连串的逻辑是推导出来的，并遵循单线因果链条的原则。真实世界中，上述分析要素往往不存在先后关系，而是一同出现并相互纠缠在一起。一个社会问题不可能凭空产生，一个治理技术必定在现有技术秩序的母体中生长出来，技术秩序也不停地面临着社会问题和新技术的挑战和融合。理论框架为我们确定了基本的分析要素及其逻辑关系，但实证研究不同于理论研究的一点，就是它面临的是真实世界，因而有另一套分析模式。为此，必须找一个切入点，来联结各个分析要素，并将它们的逻辑关系与经验材料对应。

如果检阅现有对技术治理的经验研究，就会发现一个特点，即它们大多都将分析落脚点放在科层，讨论治理技术与科层之间的关系。现有压力型体制导致技术的应用是自上而下的，即便是地方治理创新，也是上级授权的结果，并维持在可控的范围内。此类技术治理，不同于西方研究技术与社会关系的预设。后者讨论的重点是技术本身对社会的权力，仿佛技术的危害只来自发明、运用技术的人，如弗兰肯斯坦般的科学家、唯利是图的大资本家、阴鸷的技术官僚等。这种思维方式的根源是亚里士多德对技术本质的判断——技术制造什么样的物品来自制造者（匠师）脑海中的蓝图（Aristotle，1995）。由此，公众对人工智能或基因编辑的恐惧、技术对人的异化等，顺理成章成为西方社会关心的主要问题。但在现有的权力格局下，技术的制造物不仅取决于匠师的蓝图，更多来自有权命令匠师的人。如第二章第二节所述，椅子做成什么样，椅子的主人比匠师更有发言权，但主人也不能违背椅子的制作原理。主人命令匠师，匠师使用技艺，技艺制作椅子，椅子被主人坐。主人、匠师、技艺，形成复杂的权力关系。比如，在国家治理的场域中，设计电子政务规划蓝图和实施方案的计算机专家、设计基层民意调查的第三方评估机构等技术人员，一般听从政府的安排而行事。然而，政府又是个更复杂的组织实体，既包括上下级、部门关系，其行为又受到公众需求回应性的约束。因此，相比匠师（社会工程师）的意志、技术本身的权力，如果我们将分析视角放在政府，以此来勾连技术及其操作者，会更丰富且更有张力。简言之，我们在经验场域中应分析技术如何在科层中落地、科层中的各类主体如何围绕技术程序进行权力斗争、他们形成的权力关系如何左右技术的实施、技术的实施重塑各类科层主体的关系等更细致的议题。

如本章分析所述，技术与科层之间的关系，本质上是新技术与现有技术秩序关系的具体表现形式。该结论的理论出发点是：治理技术的解决问题，会陷入一个“既要跳出现有技术秩序以纠正后者，又要依托现有技术秩序才能落地”的两难境地之中。因此，社会问题、治理技术、科层结构（现有技术秩序）形成一个三重递进关系——社会问题必须进入治理技术的程序中才能得到解决，治理技术的程序必须依靠科层结构才能得以实施。科层让治理技术有了实施载体的同时，技术程序也会被科层构件分解。就具体分析场域而言，基层是国家与社会的接触面，也是治理技术处理社会问题的场所。治理技术的程序如问题捕捉、数据采集、人群识别等多来自基层，它的最终操作也要落到基层才能产生效力。基层，正如海底生态群落，既聚合了无数的社会问题，也诞生出各种以问题为生的治理技术。如果说技术治理的合法性在于识别并解决社会问题的能力，那么基层则不断涌现出社会问题并等待它的解决。因此，观察技术治理在基层如何运行，就是观察其技术装置如何开动、社会问题如何被加工。当分析场景放置在城市基层时，我们将主要围绕治理技术的命运和基层生态的变化去讨论，而社会问题的命运作为本书的终极追问，将穿插其间，以暗线的形式埋伏在字里行间。

因此，基于经验材料的范围和经验研究的规律，接下来研究的方向将讨论社会问题、治理技术和科层三者的递进关系，并在第四、第五、第六章中一一实践。

第四章　科层之内：技术治理的组织逻辑

关于技术在科层中的应用，有技术与组织的漫长讨论可资借鉴（Orlikowski, 2010；Leonardi and Barly, 2010；邱泽奇，2017）。当技术成为待解释对象（explanandum）而非解释的前提（explanans）时（Pinch et al., 2012；Bijker, 1995），技术治理的议题就不再是技术是否有用或能否被控制，而被转换成技术如何在治理环境（governance milieu）中落地，不同角色的使用者如何实现特定治理技术与其他已有技术（以科层为代表）之间的信息交换，以及它们如何一同形成特定的技术组合（technical ensembles）。

在技术与组织研究中，技术被分为两种。

一是组织内部技术创新，如“青岛啤酒的发酵技术”或“金川公司冶炼技术”等自己研发的“内源性技术”（邱泽奇，2005）。

二是外生引进或曰“外源定制”的第三方技术，它的技术结构预先给定（邱泽奇，2005；邱泽奇，2017），即互动双方组织与技术“相互独立于对方的先在状态”（张燕和邱泽奇，2010）。

前已述及，本书秉持一种整体性技术观，即将行政技术、新技术和治理术等皆视为治理技术。换言之，它们都是国家观察和操作社会的技术之眼，都是发现和处置社会问题的工具，且在治理实践中相互交织。但为分析方便，我们必须要进行逻辑上的区分。由第三章结论可知，所有治理技术都必须依托现有技术体系（一般指科层）的运转，因而可将治理技术区分为两种。

一是科层内生且能直接应用于现有科层的治理技术。它们的磨合成本较小，一般是行政技术创新，或某些即插即用的工具、设备。

二是科层外生且有独特的技术原理，需与现有科层磨合的治理技术。它们自身即为一套技术体系，作为外来物嫁接在科层时，必须经历显现或隐藏的磨合过程。

对于第一种治理技术，我们只需要直接观察它如何解决社会问题、如何依托科层落地的过程即可；对于第二种治理技术，我们需要仔细分析它的技术原理，从该角度观察它落地时与科层的冲突、融合的过程。前一部分构成本章的内容，后一部分则构成第五、第六章的内容。

就本章而言，有以下问题需要解决：

> 一是基层如何孕育出无穷尽的社会问题；
>
> 二是治理技术如何在基层发现问题并依托科层解决它；
>
> 三是各个治理技术依托科层实施时，如何共享少数几个组织构件；
>
> 四是各个治理技术如何因为共享科层中的组织构件而相互连通。

对以上问题的讨论，将构成本章的主要内容。为全面展现科层内生的各个治理技术如何在基层落地，本章所用经验材料以C街道拆迁、拆违（“无违创建”）为主线，并涉及停车难整治、楼宇增效、环境改造提升、社区节日活动等形形色色的治理事件及其背后的“TXJY”自治建设、网格化管理等基层治理创新。

第一节　基层复杂问题分析

城市是人工设计的结果，其运行产生的社会问题也与人工秩序息息相关。除了人工设计没有覆盖到的领域残存着无序之外，人们对秩序的不服从以及各种秩序之间的冲突构成城市社会问题的主要内容。

一　城市基层的三类问题

城市生活中一切理所应当的活动，背后都依赖精心设计的秩序。某人决定下楼去街对面便利店吃宵夜，这一城市中常见场景的背后，有无数制度、技术和规则在运作。在现代商业小区，电梯让住在高楼的人快速到达地面，草地和林间小道需要物业人员精心维护，小区门禁和安保隔绝外人进入以保证安全。在城市街道，路灯照明设施提供晚间活动的光源，红绿灯和斑马线为穿越马路提供安全保障，营业登记、食品卫生制度和物流系统让便利店的熟食能够即刻食用，街边垃圾桶让废弃物分门别类地集中。上述制度、技术和规则的背后，又有更多的秩序在支撑，构成无穷无尽的技术链条。任举街边矗立的一个垃圾桶为例，它的分布位置、容量、清理时间可能经过精确计算，招聘、管理清理它的环卫工人有一系列制度，垃圾运输和集中处理又有一系列规定，垃圾车采购又遵循政府采购的相关条例……[①]在各种秩序的相互嵌套之下，人工设计的城市就像精密仪器，把大规模集聚的人口及其形成的海量社会交往纳入技术设定好的轨道之中，让城市变得井然有序。

然而，随着人们生活状态的不断变化，发展中的城市也不断把无序状态抛出来。共享单车成为接驳地铁、公交等交通工具，能满足短途需求，解决都市人群“最后一公里”的困难。但是，作为城市出行交通工具，自行车原已逐渐被公共汽车、地铁、出租车、私家车甚至电动摩托车取代。共享单车开始流行时，城市道路规划中不仅没有标准停车位，连自行车停车位也很少。各地政府主推的城市公共自行车，其停车位也无法停靠普通自行车。更为严峻的是，20 世纪 90 年代中期以来，随着汽车保有量不断飙升，城市道路、小区、商场等规划逐渐以小型汽车为重心。以小区为例，根据《城市居住区规划设计规范 GB50180－93》（2016 年）第 8.0.1 条

① 邱泽奇（2018）在对北京公交车从纸质票（人际互动）到电子票（人机互动）的支付技术变革的分析中，也展示出了类似的逻辑：“乘车不再只是司乘之间的双边关系，它还涉及市政交通、市政一卡通应用服务、支付系统、支付转移和结算系统、支付监管系统、移动终端设备、国家税务等众多利益相关行动者。”据此，他认为技术已从单纯的组织内的工具应用迈向了波及全社会的系统应用，从而对治理的属地原则提出了挑战。从我们对便利店、共享单车、社区设施等诸多城市场景的速写中可看到，社会化技术几乎波及到现代城市生活的方方面面。

的规定，小区道路的规划应首先“便于居民汽车的通行”，然后再“保证行人、骑车人的安全便利”（住房和城乡建设部，2016）。[①] 在街面上，有些路段甚至没有非机动车道，还有一些非机动车道被挤占或被划为机动车停车位。可以想象，共享单车在非机动车道的规划和管理不健全的街面上很难长时间连续骑行，也无法找到标准的停车位。共享单车运营商为抢夺市场，往往将单车投放在人流量大的公交车站、地铁站、广场、商场周边，而人流量大的场所又让停靠于此的单车妨碍行人、行车，成为安全隐患。虽然电子围栏可以缓解“乱停乱放”“装私锁”“人为损坏”等问题，但又造成了运行费用增加、管理成本上升等问题，自行车的便捷性大打折扣。

类似的例子还有很多。比如，一座新小区周边的配套设施未跟上时，居民会在购物、出行、休闲等各方面感到不便。再如，随着老龄化社会的到来，以及跨越地区、城乡来照顾孙辈的“老漂”越来越多，对社区步道、座椅、老年人活动中心的需求也越来越大。又如，近年外卖行业的崛起，送餐员为及时送餐，闯红灯、逆行、违停等违反交通秩序的事件屡见不鲜，甚至造成伤亡。人们生活方式的变化，制造出社区、街面上的无序状态，未被技术所纳入的无序又给人们生活造成影响甚至困扰。此种问题是城市运转不可避免递增的熵。

较之无序，城市更常见的问题之一是对人工设计秩序的不服从。任何通过限制人们生活的可能性来实现稳定预期的秩序都有规训功能，它建构起一种真理机制，让人们觉得服从秩序是正确的做法。一栋居民楼的立体空间内，可聚合无数种限制人们可能性的秩序。房屋及其布局，如主卧、次卧、厨房、卫生间、阳台、餐厅等，规定了人们的起居空间和方式；水、电、天然气系统，规定了人们获得生活能源的方式；垃圾桶和下水道，规定了废弃物的处理方式；等等。因此，一切不服从上述人工设计秩序的行

① 根据 2018 年 12 月的新标准（住房和城乡建设部，2018），居住区内道路的规划设计原则已改为“安全便捷、尺度适宜、公交优先、步行友好的基本原则”，淡化了各个交通参与主体之间的权力因素。

为，如违规装修、私拉电线、改装电表、挪天然气表、占用公共走廊、乱搭乱盖、群租、违规晾晒、高空抛物、乱扔垃圾等，或上述几种方式任意组合，如乱搭乱盖违章建筑用于违规出租、擅自更改房屋用途后改装水电，都可被视为楼栋治理的问题域。一个商业小区里，多栋居民楼宇间的空地上，也有各种各样的对小区空间的利用方式。地面停车位或地下停车场，规定了车辆的停放地点和方位；小区宠物饲养管理办法，规定了各类犬和猫与人们共处的方式；花草树木、道路、座椅、广场和健身设施的空间布局和分类，规定了人们在小区活动的路线和场所。因此，乱停车、宠物伤人、到处排便、损坏游乐设施等行为，即为小区管理的对象。一条街面上，流动的人群、车辆穿梭于静态的道路、经营和休闲场所，让多种秩序的聚合变得更加复杂。购物场所，规定了人们日常交易的地点和方式；马路，规定了人们移动的路线和方位；电线杆，规定了人们用电、通信、照明的方式；城市排水系统，规定了降水和生活、工业用水的利用和处理方式。因此，流动摊贩、交通违规、河道污染、窨井盖失窃等问题，都让街面治理变得更复杂。

人工设计秩序之间的逻辑冲突也是城市基层社会问题主要来源之一。既然所有秩序都有限制人们生活可能性的规训功能，那么各种秩序可能会在同一个维度上规定人们不同的可能性，因而造成秩序之间的冲突。在 C 街道 DX 支路上，有一根著名的电线杆，横亘在狭窄的路上，加上围起来的木栅栏和预留空地，留给道路的面积只剩 1 米左右。周边居民戏称为“定海神针”，意指该电线杆就像周边破旧的工人新村一样，永远得不到搬迁。[①] DX 支路上有一个大型农贸市场，两边都是商铺和社区，进货、买菜、出行的人络绎不绝。电线杆让人们苦不堪言。小型汽车只能勉强通过，大多数要绕道。商铺只能用三轮车拉货通过，还容易出现交通堵塞和碰擦。然而，一整条线路的电线杆都在路旁，为何单单这一根矗立路中央呢？原来早在 DX 支路修通之前，电线杆就已

---

① 2015 年 12 月 7 日，YD 社区访谈记录。

经竖起来了。支路连接两个路口，不能拐弯。最终电线与支路呈斜角相交的形式，这根电线杆就显得尤为瞩目。

笔者在田野中还发现另一个秩序冲突的典型现象，即官方文件中常提及的“历史遗留问题”。AM 路上，沿街居民楼一层的整排商铺被判定为违规经营的违章建筑，正在被拆除。这是近年“无违创建”运动如火如荼时 A 市街头常见的场景。由城管、公安等部门组成的安保人员围成一圈，有专人摄像，圈内有施工人员紧张地进行拆违工作。占用道路的商铺被拆除，恢复居民楼原有的结构，把原先破墙开门的门洞又堵起来，糊上水泥。一块块间隔很近、近似均匀分布的黑色水泥，标识着楼栋曾经的故事。在一处拆违过后、来不及处理建筑垃圾的场地内，一位在此踱步的中年男人讲述了他的故事：

> “我家新中国成立前就在 A 市开店了，那时候是我爷爷的房子，父亲手里也开过店。九几年拆迁的时候，不给分店面，（除了住房外）多给几万买能破墙的民房。拆迁办也说，哪里就能买到便宜的（居民楼破墙的店面）？没办法不答应么。过二十年，成历史遗留问题了。这次顶不住了，给关了……你看（对街）就那家没关，人家早先（政策）松的时候搞的‘居改非’，还给上了营业执照。不过，我看也搞不长，政府（会）有办法想的。”①

“历史遗留问题”呈现出的政策冲突，让作为政策对象的人们满腹怨言也无可奈何。

因此，一切社会问题的发生都围绕着秩序，即秩序遗漏、秩序被打乱、秩序之间相互冲突等。城市秩序内置的逻辑，才是社会问题的定义者和评判者。一条设置红路灯、噪声、速度、车道等诸多规定集合体的道路，它内在的规定性，是交通违规这一社会问题的衡量标尺。对于顶层加盖、“滚地龙”、“鼓腰包”、封天

① 2018 年 6 月 16 日，DX 支路现场采访记录。

井、破墙开门等五花八门的违建现象而言，它们好比“螺狮壳里做道场”，为居民增加了计划外的居住空间，但违背了房管局备案的关于土地使用和建筑物形态、区域和功能的规定。

二　棚户区的“复杂性”

既然城市基层的问题跟人工设计的秩序相关，那么秩序背后的“人工”就隐藏了社会关系的复杂性。政策受众群体是被秩序规训的对象；企业、事业单位以及政府相关部门，是秩序的设计和运作者。反过来，政府部门的规章、层级、部门以及任务分配、人员调整，也受到它所运行秩序的制约。不管是秩序设计者、运行者，还是被治理者，都深嵌于他们所处的社会生态之中。因此，城市基层的问题，表面上是欠缺某某秩序、不守规矩或是政策冲突导致的朝令夕改，实则有更深层的社会原因。下面的分析将围绕着 DX 村棚户区改造这个议题进行。

沿着 DX 支路西转然后朝南一直走，会发现成片的低矮房屋鳞次栉比（见图 4－1）。在这里，人们对空间的利用似乎处处跟城市管理者设计好的人工秩序作对，到处是无序或不服从秩序的景象。路不是规规整整的笔直马路，很多时候无法分清拐角窜出来的一个巷道从哪里来，也不能预知任意岔出来的某条羊肠小道的尽头是否为某家门口。房屋的朝向四面八方，门的材质和位置各不相同，妇女们坐在街旁摘菜，生火做饭的灶具摆在屋檐下。有的地方，连社区居委会的工作人员也分不清某间房到底住了多少人，某条街到底有几间房，甚至可能怎么算一间房或怎么算一户人都说不出来。行人、自行车、电动车、小汽车在拥挤的街道闪避、停顿、快行以取得通行空间，路边的泡沫盒子里种着蔬菜、盆栽，上方的电线像蜘蛛网一样爬满屋檐、墙角。有的社区健身设施已被损坏，上面晾着衣服、腊肉，下面散见着几处狗的粪便。任意在这片区域内取景，就会发现街道对人们出行方式的约束，房屋的面积核算、功能分区对人们起居的约束，垃圾清理程序对人们处置废弃物的规制，水电气线路对人们获取能源方式的制约等秩序经常失去效力。

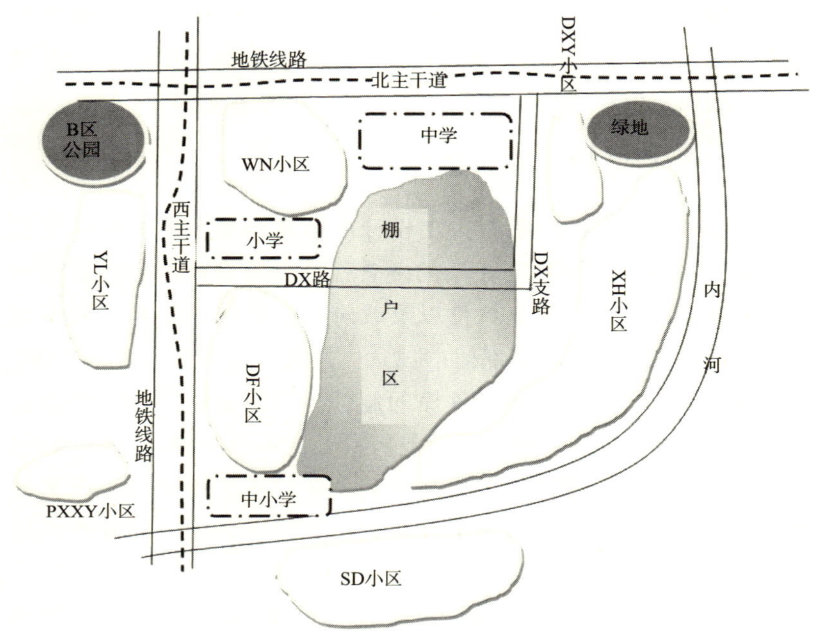

图 4-1　DX 村棚户区及其周边示意图

资料来源：笔者依照地图自制。出于研究伦理，具体地名已作技术处理。

“YD，YD，我们就是永远钉在这里了”，这句夹杂着谐音和双关语的俏皮话，就像 DX 支路上的“定海神针”（横亘马路的电线杆）一样，在 YD 社区人人皆知。YD 社区原属 DX 村，是 A 市有名的大型棚户区（见图 4-1，YD 社区在阴影所示的棚户区内）。20 世纪 20 年代，铁路横穿该区域，纺织、面粉加工等轻工业兴起，人口大量涌入，在此集结，渐渐形成以 DX 村为中心的棚户区。新中国成立后，周边棚户区改为工人新村，处于中心地带的 DX 村没动。90 年代中期以后，工人新村和周边剩余部分棚户区又被拆迁，建成新型商业小区，DX 村依然没动。据官方统计，棚户区占地 400 多亩，居民 8000 多户，是 B 区唯一一个千户以上的棚户区。①在 DX 村抬眼向四周望去，满目皆是高楼大厦，棚户区就像是繁华

① 此处的田野资料来自 2015 年底和 2016 年初。到 2017 年底，棚户区四个地块征收成功，动迁进入实质阶段。

闹市中塌陷了一大块。对此，YD 社区的座谈会上，国企下岗职工老 Z 说：

> “90 年代就说拆迁，2004 年区领导亲口承诺马上动迁。[①] 现在呢，东边拆了，西边拆了，就留了个我们，被高楼包围了。他们嫌我们这里脏乱差，确实是这样嘛，没有办法。但也别说我们，住电梯房的有钱人，素质不高的人也很多，高空抛物永远也解决不了。那就直接丢在我屋顶上嘛。你去看嘛，到处都是。”[②]

参会居民代表 12 名，其中有 9 位反映小区脏、乱、差。综合大家的诉求，可以涉及群租、治安、火灾隐患、供水不足、道路狭窄、卫生、食品安全、邻里纠纷等问题。谈及环境卫生时，一个 50 岁左右的中年妇女说道：

> “我们（社区）书记很好的呀，每周四下午的卫生清扫，做得很好，一直坚持的呢……没办法，光靠人扫，不行的呀。”[③]

YD 社区没有物业公司吗？针对作者的疑问，社区工作者解释说，根据 A 市房屋物业管理的相关规定，所有小区都应配备相应资质的物业公司，本社区为 CF 公司。该妇女接过话头：

> “CF 公司不就是聋子的耳朵——摆设么。那些外地人哪个是愿（意）交物业费的，收个物业费难的不行哦。这点钱，换我也不想做的呀。本来就是脏乱差，那就更脏了。恶性循环！”[④]

现代小区的基础设施维护、安保、卫生等服务，大多通过货

---

① 一年之后，2016 年 12 月，YD 新村的拆迁终于提上日程。
② 2015 年 12 月 7 日，YD 社区访谈记录。
③ 2015 年 12 月 7 日，YD 社区访谈记录。
④ 2015 年 12 月 7 日，YD 社区访谈记录。

币化的形式被集约到物业公司统一提供。在物业公司形同虚设的情况下，社区服务只能由政府代劳或组织居民自行解决。这种现象在A市棚户区广泛存在，处在同一棚户区，仅一路之隔的HD社区和GF社区同样如此。它们大致的模式是：

（1）社区干部带头清扫街面，维持卫生；社区组织居民参加联防队巡逻，提供安保；

（2）社区书记出面，调解因居住空间冲突产生的邻里纠纷；

（3）街道出资翻新水厂，实现二次供水。

“外地人”是座谈会居民经常提及的词。不讲卫生、群租、制造噪声、小偷小摸，等等，在本地居民眼里，不好的事似乎多跟外地人有关。笔者在地处棚户区以东的高档小区XH（见图4－1）访谈时，一位老年退休干部甚至直言，此地“藏污纳垢”。[①] 据街道和社区工作人员介绍，YD社区外地人占大多数。由于棚户区条件恶劣，有门路和经济条件好的基本已搬走，大多将房子租给外地人做生意或居住。留居此地的本地居民，要么经济条件有限要么年纪较大。外地人为什么会聚集在此？如图4－1所示，棚户区位于繁华的A市中心，靠着内河，被两条主干道夹着。主干道对面都是商业广场、写字楼，不远处是大型花鸟市场和农贸市场。河对岸商业小区再过去，就是C街道中心商业区。如此繁华的地段，造就庞大的就业人口。除了周边商品小区因其良好的居住环境能够吸引收入不菲的白领和管理层租住外（见表4－1），更多的服务行业人员、底层白领、小生意人会选择租金便宜的棚户区。对于居住在此的外地人而言，能在市中心找到租金便宜、生活便利、交通便捷的居所，实在不容易。道路状况、水电设施、环境卫生、治安、房屋质量等问题，有可能不成问题，甚至是优势。每到清晨，棚户区里出来的人们就变成外卖员、送水工、清洁工、保安、菜场小贩、白领……这块“塌陷”下去的棚户区是维持周围繁华现代都市的重要养料。除了汉族外来人口之外，内河对岸的清真寺礼拜的教徒以及AM路周五的“巴扎”集市摊主也有不

① 2015年12月9日，XH社区访谈记录。

少在此居住或开清真食品店。例如，紧挨着“定海神针”电线杆的两家店面，就是新疆清真牛羊肉店。生活习俗的差异和语言隔阂，让房东、租客及邻里间常有的矛盾有上升到民族矛盾的风险，经街道、社区、公安机关的介入后，事情的处理结果有时难以令当事人满意。

棚户区与周边繁华地带相伴相生。它吸引外地人涌入的根本原因在于租金低廉、位置优越。周边商业区要高效运转、争取盈利空间，必定需要大量的低工资就业人口。当地居民和外来就业人口要维持低廉生活成本，又需要便利的菜市场、小商店、小饭店、修鞋摊等。棚户区既以低廉的居住成本容纳劳动力，为一墙/路/河之隔的闹市运转的养料。从某种意义来说，正因为棚户区的存在，才让周边变得更繁华。反言之，正因为周边的繁华，才吸引更多就业人口，让棚户区越来越拥挤。棚户区与闹市相生相伴的生态学规律，让前者作为一种违反或缺少人工秩序的生活形态根深蒂固，也制造出难以解决的城市基层管理问题。虽然棚户区二次供水项目进入 C 街道 2016 年十件实事项目，用水困难得到了部分解决，但更多的问题仍如往常一样，一拖再拖，如同 DX 支路上的“定海神针”。外面翻天覆地，制造和追赶城市速度，里面十几年不变。

YD 社区座谈会散后，我找到发言积极、有条理的老 Z，边走边聊。“这里历史遗留问题太多了，违章建筑到处是，整治群租说了这么多年，你看看这哪有什么效果。”① 老 Z 指了指破损花坛旁堆着捆扎好的纸盒废品的三轮车，继续说道——

> “环境卫生万年不变，搞检查的时候就好了，检查一过，照旧……我看里面的道道简单得很，这地方迟早要拆，政府也不会真下力气好好搞，成本太大了嘛，搞了也是外地人得好处。政府做事都是有方向的，一个要考虑影响，再一个么，也要讲成本。整治群租，那是要断人财路，那收租的还是本地人嘛。这都是吃亏不讨好的事，这么多‘滚地龙’、‘鸽子

① 2015 年 12 月 7 日，对老 Z 的街头访谈记录。

> 笼’，你动哪一个是好？动这个不动那个，为什么？总要讲出理由来的呀。”①

问题越拖越多，也越难解决，加上拆迁预期，政府越没有动力去解决，这是老 Z 的结论。

同时，外地人越来越多。2015 年冬天，笔者在访问隔壁 XH 社区后，再次来到一墙之隔的棚户区。在 DX 支路上，笔者在一家沿街破墙而出的小门面湘菜馆吃晚饭，看到一个小学生模样的小孩趴在油腻的饭桌上写作业，门面的后半部有一个小梯子，上方隔空做了个被塑料帘子遮住的“假两层”，是老板住的地方。笔者好奇询问做作业的小孩，没想到老板搭话了，一开口是湖北口音：

> “小孩子没得地方读书啊。我们那里以前每个村都有小学咧，现在都要去镇里、县里。伢太小了，家里爷爷奶奶年纪大了，管不来。现在读书不陪读，就是见鬼。住读就是玩游戏、谈朋友，老师也不管。（学校）又不搞排名，成绩都是好的，实际上鬼晓得。没办法，老婆要（在饭店）帮忙，小孩子必须要来。”②

类似于小饭店，打印店、快递点、洗衣店、衣服摊、菜摊等夫妻店，在棚户区的小巷里到处可见。傍晚时分，可以看到小孩伏在椅子、桌子、缝纫机、床等各种台面上写作业。去外地打工、做生意时把年幼子女带到身边读书的现象在客观上推进着城镇化。举家迁移的外地人通过教育、消费、工作甚至买房建立的社会纽带，把自己扎根在了 A 市。在 A 市最大的本地论坛上，有很多讨论外地人“抢占”医疗、教育和交通等公共资源的主题帖。

棚户区为什么搬迁不了？笔者接触的本地居民、街道工作人员和居委会干部基本都认为，最好的解决方式就是动迁，让棚户

---

① 2015 年 12 月 7 日，对老 Z 的街头访谈记录。

② 2015 年 12 月 2 日，XH 社区周边对饭馆老板的访谈记录。

区消失，彻底改造这里。“藏污纳垢”的棚户区，好像A市光鲜亮丽的身体上必须清洗掉的东西。随着四周全部变成高档公寓、现代小区或商业中心，棚户区被包围了。事实上，棚户区的地理区位优势明显，东与南都邻近风景秀丽的城市内河，西与北都靠主干道和地铁线路，东北与西北各一座公园或绿地，还靠近中小学各两所（见图4－1）。这么好的区位条件，为何迟迟不能搬迁呢？周边土地开发从20世纪90年代初就开始了，PXXY建于1991年，到2000年、2004年左右又各有一波高潮。特别是2003～2004年，拆除了大量的棚户区，形成的三个房地产项目都是千户以上。XH社区的容量更是高达4000户，并盘踞此地大部分内河河岸。仿佛吃蛋糕只吃边一样，周围一圈的土地都开发了，单单剩下中间一团。对此，一位年轻的居委会干部说：

“我们这里大路、公交、地铁什么都有，又哪边都不沾。到北边和西边的地铁站都要十几分钟，DX支路老打不通。别人（别的社区）都靠河、靠公园，地皮就比我们好些，开放商也有动力，现在房价就高了嘛（见表4－1）。”①

表4－1　棚户区紧邻周边社区及楼盘情况

<table>
<tr><th>方位</th><th>社区</th><th>楼盘</th><th>建成时间（年）</th><th>均价（元）</th><th>户数（户）</th><th>是否学区房</th></tr>
<tr><td rowspan="3">东</td><td rowspan="3">XH</td><td>XH－1</td><td>2005</td><td>约8万</td><td>2727</td><td>是</td></tr>
<tr><td>XH－2</td><td>2015</td><td>约9.5万</td><td>1586</td><td>是</td></tr>
<tr><td>XH－3
XH－4</td><td>2023</td><td>约10.5万</td><td>439</td><td>是</td></tr>
<tr><td>东北</td><td>DX</td><td>DXY</td><td>2000</td><td>约8.5万</td><td>216</td><td>是</td></tr>
<tr><td>南（隔内河）</td><td>SD</td><td>SD</td><td>2005</td><td>约9万</td><td>1388</td><td>否</td></tr>
<tr><td rowspan="3">西</td><td rowspan="2">YL</td><td>YL－1</td><td>2003</td><td>约8万</td><td>352</td><td>否</td></tr>
<tr><td>YL－2</td><td>2009</td><td>约8.5万</td><td>659</td><td>否</td></tr>
<tr><td>DF</td><td>DF</td><td>2000</td><td>约9万</td><td>702</td><td>是</td></tr>
</table>

① 2016年12月2日，XHMZ社区访谈记录。

续表

方位	社区	楼盘	建成时间（年）	均价（元）	户数（户）	是否学区房
西南	PX	PXXY	1991	约8万	716	否
西北	WN	WN	1997	约7万	1320	是

资料来源：开盘时间、均价、户数以及是否学区房等信息来自“贝壳找房网”，均价数据为2022年9月挂牌均价。

在停滞十年之后，2014年，DX路以南的棚户区改造终于提上日程。2016年10月，DX路以北的YD也终于摆脱了定海神针的魔咒，动迁的公示贴了出来。根据政府宣传册和媒体报道，DX村8000户的棚户区已成为市中心唯一的千户以上棚户区。这种“唯一”，在如今地方政府竞争激烈的背景下，对当地官员来说，肯定不算好事。2014年后，动迁拉开帷幕。经过漫长的公示、谈判、做工作，到2016年10月，CH社区率先完成部分地块征收工作（见表4-2）。随着居民陆续迁走，CH和HD地块大部分已经被拆平，荒芜的空地成了停车场，无序地停靠着各式车辆。观察表4-2可知，先两年动迁的HD和CH社区，进度反而落后于YD。个中缘由，似乎和2017年的拆违关系密切。看到政府网站的公告后，笔者电话联系老Z，他说：

> “不搬不行啊，如今风向变了，不敢像他们（HD社区和CH社区居民）以前扛了。拆违搞得这么厉害，公房都动手了，你不签约，到时候一扒，得不偿失的。你说哪个不违章？以前的路能走卡车，现在小汽车都通不过。都是搭棚子挤的嘛……现在的拆迁条件，一年比一年差。‘一证一套’[①] 其他地方都施行了，我们要趁旧政策最后一点机会的呀！”[②]

自2017年起，拆违和拆迁同步推进，C街道设立了DX村旧

① A市的拆迁新政，即一本房产证最多只能拿一套房子，房价高于标准的，自己补差价，房价低于标准的，多出来的钱用现金给付。

② 2018年6月8日，对老Z的电话访谈记录。

改基地临时党委，下设南、北[①]和拆违推进组三个临时党支部。根据政府内部资料，HD 社区 2016 年 11 月第一轮征询时，动迁多年的 HD、CH（部分地块）社区都没有达标。到 2017 年 10 月，第二轮征询仅仅 4 天，B 区旧改办就完成了 85% 的签约指标[②]，达到法定房屋征收补偿协议生效标准，意味着土地征收已成功。其中，YD 社区两个地块签约率分别为 94.1% 和 100%，HD 社区签约率为 97.3%，CH 社区签约率为 99.1%。[③] 到 2018 年 6 月，动迁率达到大半以上，年底基本清空。据 A 市土地市场公告，改造好的地块分南北两块，分别于 2022 年 3 月和年底入市，均规划为商品住宅。

表 4-2 棚户区三大社区动迁日程和进度

社区	动迁公示日期	总户数	已搬迁户数	动迁率	区位
YD	2016 年 11 月	2040	1700	83.3%	DX 路以北
HD	2014 年 10 月	1974	1188	60.2%	DX 路以南
CH	2014 年 10 月	1140	891	78.2%	DX 路以南、临近内河

注：截至 2018 年底，动迁工作完成；2022 年，改造好的两个地块进入土地市场。

资料来源：根据政府内部文件整理得来，数据截止日期为 2018 年 6 月。

总之，C 街道的棚户区问题，背后牵扯到房价、地理位置、外来人口就业和教育等多方面的因素，它们错综复杂并相互作用，是棚户区问题生长的土壤，也让其迟迟得不到解决。棚户区最终能够拆迁成功，环境卫生、安全、公共设施等问题可能并非主要原因，其决定因素还在于它是 A 市最后一块大型棚户区，与 A 市的“整体形象”和城市定位不符。另外一个不容忽视的因素是城市土地开放的财政收入对地方政府的吸引力。

如同对棚户区的演示一样，所有基层问题都有其生长的土壤，也即复杂的社会秩序。在 C 街道，高档小区的核心问题是物业费

① 以 DX 路为界，南有 HD 社区和 CH 社区，北有 YD 社区。

② 签约率的计算指标为选房签约率加上全货币签约率。选房一般是按照将拆迁款按房价（一般低于市价）折算成面积进行异地安置，如远郊区县或同区较偏地带；全货币签约是将拆迁款全部折算成现金，一次性给付。

③ 以上数据皆来自政府内部文件。

交纳和业委会成立，居民们可能会关心怎么增加绿化设施、治理乱鸣笛等；棚户区、工人新村的居民则可能最关心怎么增加老人活动中心、健身设施，什么时候改造水电、加装电梯等。基层政府作为解决问题的主体，掌握着定义问题的权力。社会问题必须经历一定的表达渠道才能呈现并解决，它们能否解决或解决的程度、速度也有治理者即基层政府的综合考量。换言之，城市基层的社会问题是由治理技术来识别、定义和处理。

第二节　治理技术的问题化机制

社会问题隐藏在复杂社会背景之中，等待着治理技术将之提炼出来并予以解决。如同《政治家篇》中织羊毛毯的织工必先拆散旧线头一样（柏拉图，2006），问题化的过程，是用治理技术化解复杂性也即拆解和重构社会结构的过程。接下来的分析，试图揭开基层政府如何用治理技术来定义、分类、排序社会问题，并展示在此过程中社会问题如何脱离它所在的社会背景。更重要的是，本节将分析基层政府出于什么样的考虑来实施上述过程，并由此勾勒出基层政府解决社会问题时的行政逻辑。

一　界定问题并排序

复杂的社会背景，让基层社会问题相互纠缠，形成一个复杂的共生关系。违章建筑、治安、外来人口、生活成本都是常见的基层社会问题。然而，这些问题之间存在多重因果关系，甚至同一段因果关系也会变化，如表 4－3 所示。在 A 市大规模拆违行动前，一般认为违章搭建和擅自改变建筑内部格局的原因是业主拓展居住空间或作为房东收取更多租金。平改坡、群租和合租等行为，要么扩宽居住面积，要么增加居住人数，为居民提供更多的居住机会和更低的承租成本。随着外来人口的增多，集聚地的治安问题就凸显出来了。在座谈会上，某位年长居民说道：

“我们二楼一层都是小年轻，住的门挨门，有没有做工，做什么的都不晓得。成天到晚把走道的铁门锁起，你怎么晓得他们在里面干什么。吸毒都有可能的呀。乱糟糟的，小孩子都不敢在外面玩的呀。”①

表 4-3　围绕拆违的因果关系

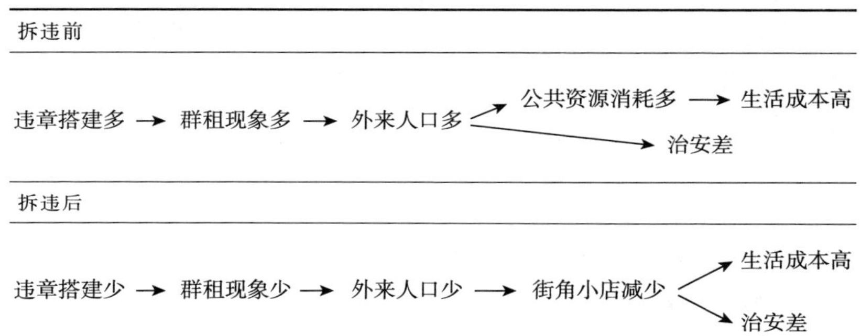

暂且不论这段访问中出现的社区陌生人、“他者想象”、污名化等意象，治安问题确实是外来人口增多的后果之一。各社区（特别是棚户区、工人新村等“人员复杂”的老旧小区）自发组建起来的治安巡逻队即为明证。另外，大量外来人口涌入，对于医疗、交通和教育等公共资源的消耗，也是造成 A 市生活成本提高的重要因素。当地论坛可以见到许多抱怨的帖子，如：

“现在什么都在网上买，送货、外卖（的）电瓶车是越来越多，路面交通环境越来越差……现在滴滴有多少是 A 市人在开？都是包给外地人开的。外地人要交租车费，经常一天开十几个小时。仔细想想都是交通隐患。非要到时候撞死人了，发生悲剧了，才会发现问题。”②

公园里满坑满谷的人，大街上堵塞的汽车和穿梭的电动车，医院里排队就诊的人群，大中小学门口的人流……城市到处涌动

① 2016 年 11 月 22 日，CS 社区居民座谈会记录。

② 2018 年 7 月 2 日，A 市本地论坛回帖。

着人潮。人口剧增带来的工作机会竞争，也侧面加剧了人们的生存困境。

吊诡的是，大规模拆违之后，新的逻辑链条让完全相反的前提指向同一个结果。随着违章搭建和群租现象减少，大量的服务业小老板以及行业从业人员出于成本考虑，迁出A市或向远城区、郊区搬迁。意想不到的结果出现：居民们发现楼下的理发店、修鞋摊、饭馆、小商店消失了，原本习惯的便利生活不再。另一条帖子说道：

> "昨晚画画水彩笔用完了，领着小孩子转了几条街，才找到大超市，东西还贵。原来下楼买个文具很方便的。老板跟我们熟，都用不着我们陪着（小孩）下来买，老板也还帮我们看着（小孩的行踪）。"①

小巷里破墙开店的店门被拆除后，墙面修补、美化还需要一段不短的时间。墙面或被糊上大小不一的水泥，或裸露红色、青色的砖。由于功率更大的路灯还没装上，原本小店的灯光可以照亮的街面和巷道变得昏暗，墙面上的色块在黑暗中显得骇人。在店面关闭后，街巷人流量大为减少，一到夜晚就黑洞洞的没有人影，显得更不安全。为此，C街道各个社区的治安巡逻队或重新组织起来，或改变巡逻路线，将巡逻的重点放在没有路灯的街巷。

通过以上描述可知，问题的复杂社会背景让它们并不会一个个排列好而等待解决，其解决方式也没有固定的、单线条的因果关系等待实施。上面选取的几个常见的基层问题，在场景变化（拆违前后）时，会出现完全不同的因果链条，却指向同一个结果。具体可见表4-3的总结。

解决基层问题的前提是让这些问题进入到技术设定好的程序中，如识别问题、找寻背后的因果关系、给出解决方式等，这就

---

① 2018年7月4日，A市本地论坛回帖。

决定了治理技术在解决问题时是将某个问题从它所属的复杂社会背景中单独提出来。通过从复杂的社会背景中识别问题，从纷繁复杂的因果链条中抽出单线、单向的环节，治理技术开始程序设计的步骤。因此，拆违这项政策之所以发生，表明表 4－3 的上半部分的因果关系得到了官方认定。

在治理技术的问题化机制下，复杂的社会事实在技术程序下挑选、压缩，并被切割成一个个社会问题。问题被定义、分类、排序、建立因果关系时，已经预设了它们的性质、严重性、好坏标准甚至解决方法。此时，如何判定问题的性质，其决定权在于操作治理技术的治理者。于是，我们有如下疑问：

> 一个复杂、相互纠葛、共生关系的问题集合，是如何被线性排序成一个个有先后顺序的待解决问题呢？能被解决的问题集合在总体上呈现出什么样的特质呢？

由于无法直接观察基层政府如何定义、分类和排序问题时的真实想法，我们将采用事后的客观材料，即观察基层政府做了什么事情、解决了什么问题。结合对代表性问题背后的社会背景追踪，本节进而分析各个治理技术的问题形塑机制。具体而言，我们将以街道和社区两级基层组织解决问题的方式来进行分层和对比分析。其中，街道的素材来自历年十大实事项目（参见附录 1），社区的素材来自各社区 2016 年向街道申报的“为民实事”（参见附录 2）[①]。

---

① 在分析之前，有一个疑问需要阐释。观察附录 2 可知，各社区上报的实事既没有固定格式，也无数量标准。那么，存在如下可能性，即某件事情如消防知识讲座，A、B 社区都做过但 A 没有上报。如果横向比较，以此为社区一级组织解决问题的分析素材，就会存在各样本之间数据标准不一致的情况。在此，需要添加一个假设，即假定各个社区上报的“为民实事”是它们最想让上级（C 街道）知道的事情。在街道对辖区内各社区的信息均质的条件下，社区上报的“为民实事”也是该社区最想做、出力最多的事情。从此假设出发，各社区上报的材料就是可比较的了。

表 4-4　C 街道历年十件实事项目分布表

项目类型	2020 年	2019 年	2017 年	2016 年	2015 年	2014 年	合计
水电改造			2	2	2		6
环境改造	2	2	3		1	1	9
旧房改造	1	1	1	1			4
棚户区拆迁	1	1	1	1	1	1	6
居委会建设		1	1	0.5	1	1	4.5
活动中心	1	1			1	4	7
老人服务			1	2.5	2	1	6.5
街容街貌	1			1	2	1	5
治安	1		1	1		1	4
其他	3	2		1			6

注：表中数字的计算方式为加总当年该类型项目出现的次数，若与其他项目合计为一件实事项目，则计其为 0.5 次。

资料来源：根据附录 1 整理得来，其中 2018 年资料欠缺。

对于 C 街道来说，在排序上具有优先权的问题才是街道真正花大力气去解决的。表 4-4 给出的问题排序，说明某些问题如水电、环境、旧房改造、拆迁和社区活动中心建设等是历年的重头戏。同样，表 4-5 列出的各社区主要问题类型与解决方式，显得更为细碎、成本更低。不管街道还是社区层级，问题化机制的共同特点是将问题进行转化。换言之，它们将解决方式限制在自己的职权范围内，使其更易得到解决，过程和成果也更易核算。因此，同一层级如社区解决问题的对策也比较相似，而不管哪个层级，都尽可能地把问题打包，靠在项目上。接下来，我们将在以下 3 个小节中对此详细分析。

表 4-5　C 街道及下辖社区的问题形塑机制

问题	转化	解决方式	性质
生活便利度	楼宇设施	二次供水工程、光明工程、旧房电梯安装	项目化
	健身设施	社区健身步道建设	项目化
	停车问题	清除地锁、“僵尸”车	运动式
	日常便民	修伞、磨刀、医疗咨询、慈善捐赠等	运动式

续表

问题	转化	解决方式	性质
安全状况	高空抛物	治安巡逻队	组织化
	群租	棚户区改造、拆违	项目化
环境状况	绿化养护	环境改造工程	项目化
	街楼卫生	“周四大清扫”活动	运动式
文体娱乐	老年服务	综合为老服务中心、老年人日间服务中心建设	项目化
	群众团体	舞蹈队等、兴趣班、讲座	组织化
	节日活动	迎春团拜会、元宵包汤圆猜灯谜、青少年暑期活动、重阳节敬老活动、中秋活动	运动式/组织化

资料来源：根据附录2整理得来。

二　根据权责范围转化问题

治理技术只要将问题表达出来，就暗示其被解决的可能性。然而，并不是每一种治理技术都有能力将问题身后的复杂社会背景纳入解决程序。如果该问题的合法性诉求依然宣示着被解决的优先性时，基层政府该如何运用相应的治理技术去化解这两者的张力呢？根据第三章所呈现的技术的自我解释循环原理，只要问题被治理技术定义，进入到技术程序之中，那么它背后的社会秩序就可以被隔绝在外。此时，问题转化就有可能发生。简言之，即基层政府运用治理技术将问题形塑成权责范围内可解决的模式。由此，我们需考察治理技术形塑问题背后的基层政府的意志。

以“停车难”问题为例，它不仅仅是停车的问题，更与社区空间、城市道路规划、汽车保有量、车库价格等社会因素相关。2016年6月至7月，XHMZ社区发生了轰动一时的业主抗议物业停车费涨价而在车库堵门甚至拉横幅上街的事件。座谈会上，有居民道出了该小区的“停车难”问题的独特原因——

“物业哪有这个胆子，背后是开发商指使的[①]。我们小区

① 物业公司是开放商的子公司，“指使”的事是涨物业费。

太大了，前后左右都是万丈深渊，要么靠内河，要么靠后面乌七八糟的巷子[①]，（车）不停地下（车库），根本没得地方停的呀……以前内河没整治的时候，还能在河岸找个空停停车，现在都是风景带、人行道了。巷子里更不行了哦，臭水沟哪个敢去。那些个杀鸡的、送货的面包车塞得满满当当，想去也没地方给你。”[②]

XHMZ社区业主维权事件反映出来的停车难问题在C街道广泛存在。维权事件让街道和社区纷纷对此开展整治工作。每个社区停车难的问题都有各自原因，如私装地锁、“僵尸车”等。早期的商业小区，大多将停车位设置在地面，停车位较少。据SLAMY居民向A市网上信访受理中心的投诉，安装私锁是个重要问题。

“SLAMY物业私装地锁、允许外来车辆停小区、消防通道口装地锁，导致小区业主停车超级难问题，我方已经通过多种渠道投诉物业和居委，均未得到满意答复。我们的问题如下：

（1）物权法在2007年10月颁布，目前已有10年。为什么地锁不能拆除？

（2）市民服务热线（给我们的）答复中认为拆地锁会导致管理混乱，为何A市很多小区都成功拆除了地锁？

（3）小区800户业主，只有163个地锁车位。到底是物业和部分业主继续侵权会造成矛盾还是依法维护所有业主的公平利益会造成矛盾？

（4）业委（会）支持维持地锁，请承办部门告知业委（会）7名委员是否有地锁车位，是否涉及其地锁车位的利益？

（5）不断有地锁车位业主搬迁，物业收回地锁车位后继续高价出租，这又作何解释？目前所有地锁车位均处于高价

① 指棚户区。

② 2016年12月2日，XHMZ社区座谈会记录。

出租状态，未有任何渐进解决的措施。

(6) 消防通道停车有照片为证据……

请承办部门书面答复。"[①]

整理上述两个代表性社区的停车难案例，可发现停车难背后深层的社会结构。

首先，是社区在城市中的空间结构。XHMZ 社区的位置见图 4 - 1 右下方 XH 小区。该社区确如座谈会上居民代表所言，“前后左右都是万丈深渊”[②]。它远离主干道，四周被支路、内河、公园和棚户区环绕，且公交车线路少。内河、棚户区隔绝了居民在小区外停车的可能性。超大型小区内庞大的居住人口[③]造成的出行困难，让汽车出行以及小区内停车几乎成了唯一方式。对此，某居民略带嘲讽地说：

“至少北边的主干道可以坐地铁啊，那还蛮好，只要你可以钻篱笆[④]。‘内河边上，尊贵人生’。[⑤] 尊贵的人只开车，不能让尊贵的人步行嘛，坐公交更是不得行的。人家是半岛花园（内河附近另一高档小区），我们也是光绪皇帝住的钓鱼台[⑥]呀。”[⑦]

SLAMY 也有类似的问题，但表现方式不同。该社区三面环内河，有一个码头，一面是大型家居市场和商业广场。众多属于商

① 2017 年 5 月 2 日，A 市网上信访受理中心投诉信。该信的标题为“投诉 AM 路 58 弄 SLAMY 小区物业和所属街道居委不作为”。为便于理解，笔者对有语病的部分进行了少量删改。

② 2016 年 12 月 2 日，XHMZ 社区座谈会记录。

③ 前两期有 4313 户，第三期、第四期也于 2021 年底和 2022 年开盘，预计 2023 年交房。

④ 要穿过封闭的 B 区公园。

⑤ 房产开发商宣传语。

⑥ 应为瀛台。

⑦ 2016 年 12 月 2 日，XHMZ 社区座谈会记录。

户的外部车辆涌入小区。物业公司也可以出租日益上涨的停车位。

其次，是社区规划与汽车保有量的快速增长。一般来说，社区规划的停车位与汽车保有量成正比。然而，社区规划好后停车位就很难增加，汽车保有量则逐年增加。两者之间的结构性矛盾使得停车难的问题愈发严重。HD 等工人新村社区就是典型代表，当时规划的停车位非常少，大多车辆停靠在偏远路（俗称无名路）上。SLAMY 等早期商业小区存在的问题则是停车位都规划在地面上，数量较少，且位置分散、不利于管理。XHMZ 等新型高档小区的问题则是居民经济条件好，一个家庭可能有两辆甚至多辆汽车，人均汽车保有量要大于其他小区，导致停车位相对不足。在 2005 年建第一期时，开放商没有预料到一个家庭拥有多辆汽车的可能性，导致 2013 年第二期虽增加车位，但仍然不能满足需求。

在堵门和业主抗议事件发生后，街道和社区面对停车难问题采取的解决方式如表 4－6 所示。大体而言，可区分出“堵”和“疏”两种类型。“堵”即不让乱停车，具体措施如加装地桩防止汽车乱停，拖走无名道路上的机动车，小区门口设置收费关卡等；“疏”即增加停车位，如与共建单位协调而有偿使用对方停车位，或重新规划小区空地以节省空间、增加车位，或挪走“僵尸车”、拆除私人安装的地锁来增加车位的流动性等。

表 4－6　各社区的如何面对停车难问题

社区	措施	性质
LZHY	加装地桩	堵
SDCX	无名道路上机动车乱停放；“僵尸车”的整治	堵/疏
YJZ	两小区之间无名路整治	堵
WNXC	与共建单位协调等措施着力解决停车难	疏
SQJY	停车位改造	疏
ZHL	整治私装地锁以及“僵尸车”	疏
YD	（非机动车）车棚改造	疏
PX	设置收费关卡	堵

资料来源：根据附录 1 整理得来。

无论“堵”或“疏”，各社区在面对停车难问题时，都选择在有限的权责范围内去运作，即就停车位的数量来解决停车位问题。涉及深层的社会背景，如开发商/物业的定价、社区空间位置、城市规划甚至社区规划等，社区“两委”都无力解决。社区“两委”的应对方式，是将问题背后的社会背景剔除，把停车难问题转化成停车位的数量多少，然后通过“堵”和“疏”的方式引导机动车停放。一旦造成停车难问题的复杂社会背景被居委会的解决措施剔除，解决问题的成本就大大减少。问题转化，是治理技术把问题与它背后的社会背景相区分，随后基层政府（或社区）可依照其权责范围将问题转化为可解决的模式。

三　考量成本收益

由于同一级政府（或社区）的权责范围大致相同，它们转化和解决问题的方向也大致相似。对停车难解决方式的分析可见端倪——各个社区在解决问题时出现惊人的一致，如清除“僵尸车”、改造停车位等。更有代表性的案例是社区便民服务、群众团体组织、节日活动等。大部分社区在小区内摆摊补鞋、磨刀、修雨伞，组织过舞蹈队、书法班、合唱团，进行过春节、元宵节、端午节、建党节、中秋节等活动。为何各个社区在解决特定问题时，其具体方式会如此相似？权责范围固然是重要的解释变量，但基层政府和社区对成本收益的考虑也不容忽视。下面的分析将以图 4-2 的一则居委会通知为例，进行详细说明。

QSYL 社区是高档公寓，环境优雅、容积率低，老年人较多。一年一度的重阳节文艺汇演是 QSYL 的特色。从文艺汇演的节目来看，出演的大多是社区群众团体。云音合唱队、舞蹈队、书法班等居民文艺团队都有参与到汇演之中。该社区居委会书记在访谈中说：

“我们居委会进到小区已经十多年了，现在（跟物业和业委会）都合作得蛮好。这个活动搞了几年了，慢慢也有经验了。你们其实也都知道，组织起来的文艺队，都是老年人

通知

尊敬的业主/住户：

您们好！

为弘扬中华民族尊老、爱老、助老的传统美德，积极营造全社会关爱老年人的良好氛围，QSYL社区居·委会与QSYL物业中心于2016年10月9日起携手开展“夕阳情·岁岁重阳文艺汇演”活动。另物业中心10月10日~11日针对60岁以上老人免费体检。

现活动安排如下：

（略）

注意事项：免费体检惠民服务可在楼栋管家处报名，按照报名先后进行上门服务。

敬邀居民前来参加！

QSYL社区居民委员会（盖章）

2016年10月4日

图 4－2　QSYL 社区张贴的重阳节活动通知[①]

资料来源：QSYL 社区传单。

（组成的）嘛。抓住了老年人，你就抓住了人气，场子才活得起来。（居委会）刚进小区的时候，放电影啊、摆摊子修伞啊，别人都不靠边的，冷冷清清，照片都不好拍。这里是高档小区，放电影、摆便民摊、抽奖啊都不吸引人。怎么办呢？有身份的老同志爱面子，让他们表演，那各个亲戚、朋友都得要拉来的呀。”[②]

一场重阳节文艺汇演，能够达到多重目标：完成节日活动、锻炼群众团队、让普通居民参与进来。前两个目标能够填写在社区工作考核表上，一件事可以填节日活动和群众团队两张表；第

① 通知中“夕阳情·岁岁重阳文艺汇演”名字取自受老年人群体青睐的毛主席诗词《采桑子·重阳》——“人生易老天难老，岁岁重阳。今又重阳，战地黄花分外香。一年一度秋风劲，不似春光。胜似春光，寥廓江天万里霜。”

② 2016 年 11 月 23 日，QSYL 社区书记访谈记录。

三个目标能够让现场照片拍出来更好看。自治、参与等社区团结要素能够在此次活动中得到展现。因此，在C街道的微信公众号上，对这件事报道尤其介绍了现场的热烈程度，并对观众（其中有一位小朋友）进行了采访。

为什么各个社区都进行了类似的节日活动呢？不管是节日主题文艺活动如“文化墙”项目、春节联欢晚会、元宵节猜灯谜、端午节才艺大比拼等，还是节日的走访如“五一”志愿者慰问、“七一”对困难党员走访慰问、“八一”军烈属走访慰问等，它们都具备有特定场地、一次性办完、便于记录等特点。对此的具体分析如下：

（1）特定场地，指社区举办活动时一般利用社区活动室或者小区广场等固定场地。如此安排，除了安全考虑之外，还便于召集居民。如QSYL社区书记所言：

> “一说搞活动，放电影、摆摊、开晚会基本就是（在）室外的喷泉广场了，知识讲座、做工艺品、亲子活动啊就放在社区活动室了。这个大家都知道。”①

就算场地流动，也有固定的选择如敬老院、福利院，或者根据社区信息登记的记录去特定人群的家中。特定人群信息登记也可以通过社区活动获取，如重阳节给老人免费量血压、体检时会登记住址、年龄等个人信息，而独居老人的免费家政服务也需提前在物业中心或居委会登记。相比流动场地，QSYL社区书记显然更青睐固定场地，理由如下：

> “现在各级都在打造品牌，想点子，要有自己的特色。我们的老年人免费体检是C街道最早做的一批，现在好多（社区）都做，也不算什么特色了。我听说还有的社区对独居老人搞免费家政服务……不过我还是觉得体检好，大家喜欢聚

① 2016年11月23日，QSYL社区书记访谈记录。

在一起，呼朋唤友的就都来了，现场气氛热烈，跟我们感情也融洽得很，以后（社区）有什么事也可以帮忙。单独一个个去老同志家里，开展工作难，人家觉得是政府免费项目，是你应该搞的。”①

（2）一次性办完，其优势在于省却了后续的诸多麻烦。不论是街道还是居委会，都害怕事情留个尾巴。“周四扫卫生”是C街道针对物业不作为的老旧型小区②的固定活动，主要指社区书记或居委会主任带领该社区的工作人员、志愿者每周四下午对辖区内沟渠、道路、空地、楼道进行清扫。但实际来看，效果很难维持。对此，HD社区书记解释道：

“我是无所谓，反正为人民服务嘛，应该的。但是呢，实话实话，我也有工作的，打扫卫生就不是（我）该做的事。这个事情是街道倡议的呀，考核算起分来，人家搞个联欢会是一锤子买卖，光鲜亮丽、清清爽爽，我们是灰头土脸、乌眉糟眼。再说了，每周都搞一次，哪个愿意来？大家都忙嘛，要么就推，新招的（社区工作者）都是大学生，要操作电脑、写文章，帮不了忙的。还不是我跟L老师③一起（打扫卫生）。”④

出于同样的原因，事关小区公共安全的“治安巡逻队”也难彻底推行。

（3）便于记录，指解决问题的过程要能清晰记录。每当社区有重要活动或事项，现场拍照、发新闻稿等程序就开始运转。据笔者了解，新到社区的工作人员多被委以写文章以及向街道甚至区里投稿的重任。社区新闻稿要想被区、街道内部网站、官方网

① 2016年11月23日，QSYL社区书记访谈记录。

② C街道称之为现实型社区，见表1－1。

③ “老师”是基层政府和社区对年纪较长的工作人员的尊称。

④ 2015年12月3日，HD社区书记访谈记录。

站或微信公众号刊发，须紧跟时代，还应有社区特色。要满足这一要求，除了写稿人的水平外，最重要的是如何表现出社区解决问题的能力。如HD社区书记所言，“周四扫卫生”太普遍，顶多报道一次，远不如联欢会来得合算。

四　做成项目

从社会背景割裂出来的基层问题，经过类型化的处理并依照成本收益原则拟定解决方式，会不可避免地走向可定量化。可定量原则既是科层内部的目标责任和量化考核两重机制的必然结果，也与问题的形塑机制直接相关。观察附录1所示的C街道历年十件实事列表，可以发现绝大多数实事符合定量化原则。不管是环境改造工程、修敬老院、二次供水工程、“光明工程”[①]、内河贯通，还是邻里分中心建设、棚户区拆迁，都可经历问题转化、成本收益计算后，变成实体工程。对道路、建筑物、河道进行的修建、拆除、疏通等工序，能够被精准核算施工范围、所用材料、人工、耗费资金等。工程完成后，其效果是“实打实”看得见的，投入使用后也可让居民参与其间或直接受益。

以2017年实事项目为例。“CD路环境改造工程”的施工范围在YC路和AY路之间，根据描述——“项目实施人行道、道路两侧的围栏、植坛及围墙等改翻建，城市街角建筑立面提升，路面铺装改建，部分道路设施、小品工程，街头广场及灯光亮化工程等”（见图4－3），可知实事项目对于做哪些事情、每件事项如何做、做到什么程度，都有详细标准。再如，鉴于治安巡逻队等人防措施的不成功，2017年在老旧社区增加了物防方案：

> “将原防盗窗钩物防设施升级为数字高清监控技防设施，以住宅小区综合改造为契机，结合综治（平安建设）‘小微精特’项目，在WN二村、XT地区等14个小区出入口及重要

① 指老旧社区供电设备和线路更新。

关于上报B区CD路环境改造工程初步设计的请示

A市B区建设和管理委员会：

根据A市B区发展和改革委员会《关于B区CD路环境改造工程可行性研究报告的批复》（B发改投[2015]52号）的批示精神，我街道已委托XX园林建设有限公司进行初步设计，现将主要内容报告如下：

一、工程范围

CD路环境改造工程涉及路段范围：北起YC路，南至AY路，全长918米，宽12-24米。

二、工程概况和改造内容

该工程以“都市颂歌、璀璨明珠”为改造设计主题，使CD路段整体形象得到改善。主要改造内容包括：人行道、道路两侧的围栏、植坛及围墙等改翻建；城市街角建筑立面提升；路面铺装改建；部分道路设施、小品工程；街头广场及灯光亮化工程等。

三、工程投资

工程总投资约1795万元，其中建安费用1515万元，工程建设其他费用194万元，预备费86万元，所需资金由区财政统筹解决。

妥否，请批示。

C街道办事处（盖章）

2016年10月31日

图 4-3 C 街道关于上报 B 区 CD 路环境改造工程初步设计的请示

资料来源：B 区政府公开文件。

通道位置安装了 360 个高清摄像监控探头。”①

水电工程等基础设施的改进同样遵循量化原则，如“光明工程”把“把每户居民住宅的表前设施基本容量配置标准提高至 8 千瓦”。截至 2017 年底，C 街道累计完成 59 个小区的水电改造，总改造户数 11639 户。甚至居委会建设达标工程也有类型化解决方式和定量化标准：

① 取自 C 街道政府内部文件。

“复制推广 SHZYY 居委会试点工作经验和做法，按节点、分批次、有步骤在居委会全面推开标准化建设；实施 LZ、DSH、YLGY3 家居委会达标改造工程；新建、改建 SJZM、LZ、XHMZ3 家睦邻点。”①

由此观之，街道的实事都以项目的形式实施和完成。在此之前，问题转化和成本收益机制将治理技术解决问题的关键展示出来了，即对人、财、物、场所、任务等组织元素。社区开一场文艺汇演需要物业提供场地，也需要把人拉过来表演、观看，还要布景、申请资金。而项目可以详细规定问题是什么、怎么去做、谁去做、给多少钱做等要素。以 CD 路的环境改造工程为例，从 C 街道上报 B 区的请示中（见图 4－3）可看出：环境改造工程已经过 B 区发改委批示，有正式批文；工程设计单位以市场外包的形式招标；工程范围有明确标识，长度和宽度皆明确；工程具体细节如围栏、植坛、街立面甚至灯光都有规定；工程总投资由区财政解决，具体金额及构成都有核算。通过项目的申请、审批、立项、外包、结项等程序，基层政府将解决问题的治理技术融合到科层体系之中。

一条街道的环境问题，跟店面、人口构成、交通流量、道路宽度等街道生态息息相关，街道生态的背后又有就业引导、产业结构甚至街区布局、城市规划等更深层、宏大的因素。较之它们，环境改造工程最好做。它看得见、摸得着，快速、省时又经济。干净的街面、漂亮的灯饰、青绿的植坛、整齐划一的店面招牌，耗时不到一年的改造工程在解决环境问题方面有立竿见影的效果。然而，街头的采访却展现出不一样的景象：

“现在是中午，你看街面上还很干净吧。一到晚上，做生意的就把摊子摆出来了。辅路上停的都是车，水泄不通，走路都不通的。街后面住的都是人，白天上班，晚上都出来了

---

① 取自 C 街道政府内部文件。

呀。到YX广场宵夜啊、逛街啊、唱K啊，人多的是。主路倒是修得蛮好，人不准进、车不准停，那么都涌到支路、空地上去了，如今更挤了。”①

形形色色的治理技术将问题集进行线性排序，使之变成一个个等待解决的问题，再依照上述程序一步步的“精细加工”。问题界定机制是切断其社会背景，问题转化机制是标准化加工，成本收益机制是让它纵向可比，最后通过项目化机制让它融入组织结构之中。从上述一步步的问题处理程序可以看出，问题的解决方式一旦脱离了其复杂社会背景，就会陷入治理技术的内部程序之中。表面上，治理技术进行的定义、分类、排序等环环相扣的问题化机制，暗里却成为基层政府层级和部门互动的会计账本和数字游戏。由此，我们进入下一节，即治理技术的组织流程。

第三节　治理技术的组织流程

一个社会问题得到解决，无论用到什么样的治理技术，最终都会通过行政过程来实施。本书所使用的基层治理创新案例，不论是本章的社区改造、“无违创建”、便民活动等（科层内生的行政技术），还是后两章的基层政府民调（科层外生的技术），它们的应用都必须依赖对科层要素的利用、重组。逻辑上，治理技术的运行在组织过程中都要经历如下几个阶段——发布文件政策、成立领导小组、形成包干制、锚定对象、明确目标责任并按照量化标准考核。

表4－7列出了自2014年以来发生在C街道的几件大事。在爬梳各件大事的背景资料、事态进展之后，依据组织过程的顺序，笔者将它们分解成各个组织构件，如表4－8所示。需要说明的有3点。首先，笔者并不能判断街道对各件事项的重视程度，比如对拆违、创建文明城区的动力和执行力，极有可能大于现场办公会

① 2018年6月17日，CD路访谈记录。

议制度或创建诚信计量示范社区。其次，表 4－7 对各个事项的分类中，运动－项目－日常工作为粗略划分，部分事项经历了运动式治理常态化的过程。比如，对扬尘污染的防治工作，开始阶段是作为一项运动来开展，如成立领导小组、制定任务、划分属地、多部门联合执法等手段。这是一种被动防止的方式。随着网格化综合管理服务西片区（中心）投入使用，城区扬尘污染防治开始常态化，有专门环保联络员负责宣传、督促工程项目的标准化操作，还有网格员定期定点走访、检测扬尘数据。此时，它又变成了一种主动管理的方式。最后，无法排除的可能性是，相比日常工作，运动式治理和各类项目一般更受政府重视。地方政府受上级压力或出于地方政策创新的需要，会主动公开资料并在网络、纸质和自媒体上宣传。因此，笔者收集到的街道大事并不完全，且在资料上有一定的偏向性。换言之，它们充其量是街道办事处和党工委所重视的大事。以上 3 点对经验材料的质疑，并不影响接下来的分析。尽管这些大事可能是有所挑选的样本，但其种类基本涵盖 C 街道的日常政治生活。与分层抽样的原理不同，笔者无意

表 4－7　C 街道近年大事记

运动	项目	日常工作
无违建居村（街镇）创建 街道河长制会议制度 楼宇（园区）提能增效 DY 苑小区地下空间整治 C 社区（街道）创建第二轮 A 市文明城区领导小组 建设市民满意的食品安全城区 创建 A 市“诚信计量示范社区” 电动自行车消防安全综合治理	“TXJY”网格化综合管理服务东片区（中心）建设项目 旧住房成套改造工作 XT 地区旧住房综合改造 “C 街道 SJZM 老年活动室标准化建设”项目 “C 路街道 XHMZ 老年活动室标准化建设”项目 XS 综合为老服务中心装修改造工程 白领幸福港提升改造工程项目 “社区服务群众能力评估”项目 “自治家园”建设 XK 路环境改造工程项目 CD 路环境改造工程 DS 小区环境提升改造项目 C 街道敬老院大修项目	居民委员会换届选举 现场办公会议制度 扬尘污染防治工作

资料来源：根据政府内部资料和政府网站公开资料整理。

比较哪类治理技术在实践中更广泛①，而是把关注点放在它们共有的特点即在实践过程中共享组织构件之上。具体可见表 4 –8。

表 4 –8　C 街道近年大事背后的组织构件

治理事件	性质	文件	小组	机制	任务	对象	目标	考核
无违创建		√	√	√	√	√	√	√
治理河道		√	√	√	√	√	√	√
楼宇增效		√	√	√	√	√	√	√
地下空间整治	运动	√	√	√	√	√	√	√
创文明城区		√	√	√	√	√	√	√
创食安城区		√	√	√	√	√	√	√
创诚信城区		√	√	√	√	√	√	√
电动车整治		√	√	√	√	√	√	√
建网格中心		√		√	√	√	√	√
旧房改造			√	√	√	√	√	√
建老年活动室		√			√	√	√	√
建白领幸福港	项目	√			√	√	√	√
社区能力评估		√	√	√	√	√	√	√
自治家园		√		√	√	√	√	√
环境改造工程		√			√	√	√	√
居委换届		√	√	√	√	√		
现场办公制	日常工作	√	√	√	√	√	√	√
扬尘污染治理		√	√	√	√	√	√	√

资料来源：根据表 4 –7，结合政府内部资料、政府网站公开资料以及媒体报道整理得来。

在具体分析之前，我们可以 C 街道楼宇增效工作为例，初步讲解各个组织构件如何架构起治理技术的运转基础，也更好地诠释表 4 –8 的内容。楼宇增效工作的组织流程及其具体说明如下②：

① 如环境改造工程项目就比较多，DY 苑小区地下空间整治就可能是一次性的。

② C 街道楼宇增效的资料和数据，皆来自政府内部资料。

（1）文件政策：《C街道“楼长制”的实施意见》。

（2）领导小组：企业走访服务制度；领导小组半月召开例会；街道机关、行政组织、社会力量和地区企业之间联动协作。

（3）工作机制：“联络走访－问题发现－协调解决－跟踪服务”闭合管理机制；“一口式”受理、“一条龙”对接，为企业提供“管家式”贴身服务；市场、税务、公安、商务等多部门联动机制，推进菜单式主题服务；“午间一小时”“红色护照”等白领服务项目；楼宇园区物业党建联盟。

（4）任务分解：楼宇（园区）划片包干，推行“一长四员”服务机制，党政主要领导牵头抓总，分管领导责任包干，牵头党建联络员、企业服务员、市场监督员、安全保障员，挂牌上岗组团服务。

（5）锚定对象：建立《企业信息变动表》、《问题需求登记表》等6项表格及规范流程；开展“扫楼”行动，动态掌握企业经营、发展、需求等各类信息，建立“一楼一册、一企一档”。

（6）目标责任和量化考核：汇集行政审批类、人才服务类等10大类需求清单，梳理汇总健康服务、文化休闲等10大类32项服务清单，将区级“3＋5＋X产业政策体系”以及街道层面可统筹的党建、工会、妇联、团委、公共服务等五大类104项政策目录汇编成册。

对于楼宇增效而言，它的合法性需要文件政策来赋予；运作的权力被赋予了领导小组；工作机制搭建起治理的技术程序；数据采集程序锚定问题及其对象；任务分解将工作机制搭建起来的技术程序与问题及对象相结合，交付给操作人员（街道、社区工作者，志愿者等）准备实施；目标责任和量化考核则对程序、操作人员的约束，保证治理技术的运转。

简要介绍几种组织构件与治理技术的关系后，下面将以C街道乃至整个A市2017～2018年的大事——“无违创建”（拆违）

为例，详细阐述组织构件如何在拆违过程中起到关键作用。

就技术程序而言，拆违很简单。它解决问题的方式，是以土地、房屋使用法规和城市规划方案为标准，拆除与标准背离的各种建筑物，废止与标准相悖的土地、建筑物使用方式。为此，找到土地、建筑物使用方式的标准即相关法律法规，聘用专业的建筑工程或城市规划团队，一一拆除或恢复原貌即可。显然，问题不会如此简单地被解决。拆违，表面上是拆除建筑物、纠正土地使用方式，实际上会调解每一个地区的人口结构、就业方式、产业结构、土地使用方式甚至财税构成。一个废弃钢材加工厂的拆除，空置出来的土地可能用来建设生态公园，吸引更多中产阶级入住该地段；一个棚户区或者花鸟市场的拆除，会让更多的劳动力、小老板随着“低端产业”搬迁到远城区甚至其他省份……作为一项治理技术，拆违的巧妙之处在于，以“无违创建”为问题之纽，将错综复杂的人口、产业、土地利用等社会问题及其背景简化成一个拥有明确目标的行政手段。此时，技术程序得以运行的组织构件的重要性就凸显出来了。

一　文件政策

文件政策赋予治理技术的合法性，是它的“准生证”。按照任敏（2017）对技术与科层关系的分析框架，可归之为任务合法性，即“代表科层组织权力将技术应用定义为必须的组织活动的组织命令，它规定了技术可以在多大程度上占用组织资源，使得技术强制组织成员配合具有正当性。”对于基层政府来说，凡是牵涉到众多利益主体的大型整治，一般都有来自上级的压力或者授权。C街道的拆违显然不是单独的行动，而与市、区的步伐保持高度一致。A市的“无违创建”运动始于2015年7月，主要工作内容可以用“五违四必”来概括：

> 五违：违法用地、违法建设、违法排污、违法经营、违法居住；
>
> 四必：违法建筑必须拆除、违法经营必须取缔、安全隐

患必须消除、极度脏乱差现象必须整治。

借此机会，在全市范围内开展“‘补短板、拆违建，治环境、惠民生，促转型、谋发展’的环境综合治理”①。“无违创建”在老百姓以及街道、社区基层工作人员口中，俗称拆违，即拆除“滚地龙”、“鸽子棚”、天井等违章建筑，破门开店的违法经营门面，以及违法用地的大型市场。对于中心城区的C街道来说，此地商业集聚，工厂排污现象较少，跟居民切身利益相关一般是违章建筑、违法经营。

在C街道，拆违几乎涉及每一条路、街口。常见的景象是一条街原有的店面几乎全部拆光。② 众所周知，文件并不能保证政策执行的力度和效果，下级“会议落实会议”“文件落实文件”的现象比比皆是，拥有一定自由裁量权的各级、各部门官员基于地方性知识考虑而采取政策变通、选择性执行的现象也不少见。正如PX社区的居民老ZH所说：

> “违章建筑问题说了多少年了，年年吓我们，雷声大雨点小，没想到现在来真的了。”③

拆违牵涉到如此多人的利益，阻力很大，C街道为何必须且能够推行下去？换言之，文件政策的背后有着什么样的故事，让此次政策执行能够顺利进行呢？

涉及C街道拆违的文件（见表4－10）下达之前，A市实际上已经历了两年多的“试点”（见表4－9）。梳理事件史可知，拆违是在上级领导介入下，边拆边总结经验，以点带面、从易到难逐步推进的。

第一步：上级领导直接、持久的介入。从2015年1月两会接

---

① 来自《A市年鉴3·2017》。

② 从政策标准来看，拆除违法经营是对沿街房屋房产证上标注为居住性质的，予以恢复原貌。

③ 2018年6月22日，对老ZH的电话采访记录。

见人大代表到2017年6月拆违工作现场会发言，A市拆违重要会议都由市委书记、市长亲自主持。A市主要领导的相关工作如暗访、接见拆违先进典型、总结经验等，从各个方面对各层级施加影响。

第二步：工作方式的层层推进。从地点来看，拆违是从远到近，从郊区到远城区再到城区，步步推进。从难易程度来看，则是从易到难。一般来说，郊区的土地性质明确、单位面积的产权关系相对简单或土地租金较低等情况，比较容易开展工作。在郊区和远城区造势后，拆违工作会形成"包围"的态度，再慢慢推进到主城区。

表4-9　文件政策背后的拆违事件史

时间	人物	场合	事件
2015年1月	市委书记、人大代表	市"两会"	郊区HQ镇
2015年7月	市委书记、村支书	远城区XP村	暗访
2015年9月	市委、市政府	郊区HQ镇某村委会	第一次"五违四必"整治现场会
2015年10月		10个区域	第一批环境综合治理重点整治区域
2016年6月	市委书记、村支书	城区某村	第三次"五违四必"整治现场会
2017年6月	市委书记、市长		"长效机制"、后续土地开发配套

资料来源：根据相关媒体资料整理得出。

表4-10　市—区—街道三级的拆违文件

单位/层级	时间	文件名
A市市委办公厅、市人民政府办公厅	2017年9月21日	《关于开展无违建居村（街镇）创建工作的实施意见》
B区人民政府	2017年11月6日	《B区关于开展无违建居村（街镇）创建工作的实施意见》
C街道办事处	2017年11月30日	《C街道无违建居村（街镇）创建工作实施方案》

资料来源：政府官方网站。

第三步：树立各种典型，总结和推广经验。在拆违工作逐步推广的过程中，“HQ 速度”“XP 速度”“JT 速度”分别被当做郊区、远城区和城区的典型代表，突出了 A 市对拆违工作速度的重视，为各级、各部门营造出一种紧迫感。针对基层干部的疑惑，B 区着重推广某村支部书记“想干事，就能想出很多办法；不想干事，就会找出很多理由”的决心，对基层干部持续施加压力。针对老百姓对公家违章、老板违章等问题的疑惑，B 区采取首先拆除企业和涉公违章建筑的举措。

第四步：作为上述过程的结果，C 街道出台了《C 街道无违建居村（街镇）创建工作实施方案》。文件以围绕区委、区政府“五违四必”和“无违建居村（街镇）”创建的工作部署，全面推进“无违创建”，并定下目标——2018 年底完成全部社区的拆违及创建工作，完成辖区内 215 处“居改非”店铺整治工作，申报创建“无违建街道”。

二 领导小组

领导小组是治理技术在组织中运行的权力保障，也是后者沉入到相应科层结构中的关键一步。什么样的行政级别组成领导小组？小组覆盖哪些部门？如何分工等？都涉及治理技术如何落实、由哪些人落实的关键问题。为了落实拆违，A 市成立“联席办”①，由城建委、城管局、房管局和国土局派人组建。相应地，B 区也设立了“拆违办”②。随后，C 街道设立了相应层级的领导小组——“无违建居村（街镇）”创建工作领导小组，并进行了具体的分组（具体见表 4-11）。

具体而言，“无违建居村（街镇）”创建工作领导小组的人员构成如下。

（1）块：组长和常务副组长两名，分别由街道党政“一把手”和常务副职担任；组员由各职能科办正职领导担任。

---

① 全称：拆除违法建筑工作联席会议办公室。

② 全称：拆除违法建筑领导小组办公室。

（2）条：副组长由市场监管所、（2 个）派出所、（2 个）物业公司领导担任；组员有城管中队、房管办、市容所、街道网格中心领导。

（3）社区：35 个社区书记任组员。其中，35 个社区被划分为东、西、北三个片区，分别管辖 11、11 和 13 个社区。各片区分别配备 1～2 名组长，由领导小组的（常务）副组长兼任，副组长由社区书记担任，组员由居委会主任担任。另外，每个社区都配备 2～3名机关联络员，由街道工作人员担任。

表 4－11　C 街道“无违建居村（街镇）”创建工作领导小组的分组情况

分组	领导	职责
综合协调组	社区管理办主任 平安办副主任	制订拆除计划、出台标准、负责牵头、统筹各部门 制订并统筹消防和安全生产隐患整治计划 整治现场的执法 整治无证经营，配合其他部门 整治违法建筑、违法经营 垃圾清运 认定房屋原始结构和性质
自治共建组	党建办主任 自治办主任	搭建议事协商平台；争取民意
宣传引导组	党群办主任	宣传拆违政策、营造氛围、推送工作动态、报道典型案例
民生保障组	社区服务办主任	对条件困难的居民进行托底、帮扶、救助
信访维稳组	平安办主任	围绕整治工作进行治安稳控、信访协调
资产管理组	党政办主任	街道资产评估；清退占用公共绿地、通道等违法建筑承租户（由街道相关职能科办出租）
整治督导组	纪工委副书记、监察室主任	监督整治进度；召开会议，通报进度，分析难点；督导推进

资料来源：根据政府内部资料，结合政府网站公开资料整理得来。

由此可知，领导小组几乎囊括了街道所有职能科办和所有社区的工作人员。也就是说，围绕着拆违，领导小组动员了整个科层体系。其中，“块”负责统筹、计划和实施，“条”和社区负责配合。他们的具体分工可见表 4－11。由表 4－11 可知，拆违所涉及的技术程序有制订计划（平安办负责）、出台标准（社区管理办负责）、垃圾清运（市容所负责）、认定房屋性质和结构（房管办负责）、资产评估（党政办负责）；法律保障有现场执法（派出所、城管中队负责）；组织协调过程有统筹（社区管理办负责）、督导/会议（纪工委、监察室负责）；社会引导有争取民意（党建办、自治办负责）、舆论造势（党群办负责）、维稳（平安办负责）、扶贫（服务办负责）……涉及一项治理技术实施的所有事项都被考虑进来了，只不过在拆违的语境中，科层的条与块的工作内容都被重新定义。在领导小组分工和人员构成的作用下，拆违作为一项治理技术，其技术程序被一一分解，与条块一一对应、衔接。

三　工作机制与任务分解

领导小组把技术程序分解到组织后，形成了技术程序与组织构件相吻合的静态结构。工作机制和任务分解则让此结构流动起来。换言之，领导小组的部门构成和职责分工将拆违任务分解后，工作机制真正决定被分解的任务是否可以落实。那么，是什么因素阻碍着拆违的落实呢？

前已述及，拆违远不止一项建筑技术，更关涉无数人的利益。在错综复杂的利益关系中，至少可根据拆违的内容理出以下几种。

（1）破墙开店，涉及本地下岗工人和承租人的利益。20 世纪 90 年代中期，为安置下岗工人，街道出台临时性政策让其自主创业。具体方法是将临街社区居住性质的房屋破墙，充作商业店铺如餐馆、五金店、理发店等。同一时间，外地务工人员涌入 A 市，租用低廉的临街店面做生意。随着房租快速上涨，越来越多本地人将店面出租。本章第一节中湘菜馆老板即为承租人。

（2）违规出租和“滚地龙”，涉及困难居民、房东和租客的利益。“滚地龙”一般出现在棚户区、石库门或工人新村，是家庭人口较多且经济困难的居民为改善居住环境如增加空间而变更房屋结构的行为。违规出租为了招揽更多租客，同样会变更房屋结构、增加居住空间。对租客来说，尽管居住质量难以保证，但低廉租金也是立足 A 市的资本。

（3）大型农贸市场、花鸟市场、商业街等，涉及政府相关部门/国企和承租商贩的利益。随着城市更新、规划重调，原本在城区的农贸市场、商业街、厂房等被拆除。土地被重新利用，建成生态公园、大型商业中心、复合商圈等。这些被拆除的设施及土地产权大多属于国家、集体所有。

（4）被更改用途的农地，涉及出租土地的村集体和承租厂商的利益。持续多年的土地开发热潮让地方政府致力于发展经济、提升税收水平。村级组织虽没有权力开发土地，但可支配属于村民所有的集体土地。远城区、郊区村集体被租用的土地，一般用作建设小型厂房、“小产权房”，有些租种土地的外地人也会在此盖房居住。

除上述四种类型给出的利益相关者外，还隐藏着更复杂的社会关系。有些违章违建的“合法性”来自基层政府或村集体，因为相关工作人员或部门更有机会介入有利可图的“两违”之中。比如，村干部私自扩建自家房屋，甚至某处违章建筑可能就是政府、事业单位或国企某部门的公房……这些事实屡见报道拆违先进典型和经验推广的新闻稿之中，用于描述政府部门或干部如何带头拆除自己的违章，显示出“一把尺子量到底”的决心，“让老百姓吃定心丸”。

对此，工作机制的作用是破除利益关系的迷雾，探索一条政策执行的路。几乎各个街道都创建了自己的工作机制，如CQ街道的“领导下基层工作法”，SY镇的“三小工作法”，C街道的“五环工作法”，DN街道、SQ街道的“八步工作法”等。“领导下沉基层工作法”的主要方式是召开联席会议、开展联合执法，采取的是动员“条”与“块”集中完成某件大事的传统做法。“三小工作法”即用“小喇叭”比喻在流动时空不间断地宣传，用“小板凳”比喻工作人员坐下来耐心对拆违重点对象讲解政策、分析利弊，用“小黑板”比喻面向政府和居民公开拆违目标和进度的信息。“小喇叭”“小板凳”和“小黑板”更多是展现一线工作人员的工作方法。更具代表性、使用更多的还是八步工作法和以C街道为代表的五环工作法，具体见图4-4和图4-5。

小区拆违“八步工作法”

第1步：广泛发动、组建队伍。进小区前，先成立小区拆违群众工作组，除街道干部外，派出所、城管中队、居委会、物业公司、业委会等参与，分工协作，责任到人。

第2步：加强宣传、营造氛围。利用横幅、告居民书、小区广播、宣传板报等载体，“铺天盖地”在小区开展拆违宣传，营造浓厚工作态势和工作氛围。

第3步：摸清底数、一户一策。全面排摸梳理小区违建情况，做到“一户一表”。同时，关注中、大病、特困、低保、残疾等特殊人群，制定“一户一表”及风险评估，形成具体拆违方案。

第4步：提前告知、程序合规。根据相关法规，城管队员、社区民警、居委会干部一起向违建家庭送达《违法建筑拆除告知书》，同时宣传拆违政策，争取他们理解配合。

第5步：党建引领、自治协商。社区党组织积极搭建平台，召集违建家庭、楼组长、党员骨干、居委会、物业公司、业委会、“两代表一委员”、房管办组成自治协调会，将拆违工作放在台面上协商，增进共识。

第6步：集中力量、攻坚拆违。前期工作到位后，整合派出所、城管、市容服务队、居委会、物业公司、业委会、楼组长、志愿者、施工队等力量到达现场，以强有力的态势攻坚拆违，先难后易，先公后私，确保达到最佳效果。

第7步：帮扶救助、托底保障。按照“一手硬，一手软”的工作原则，在强有力拆违的同时，对确实有困难的违建家庭开展帮扶救助，做好托底保障，形成刚性拆违、柔性托底的人性化拆违格局。

第8步：美化环境、改善民生。拆违前大力宣传小区拆违后的改造效果，拆违后及时实施环境优化整治行动，实现小区环境的整体提升，让居民有实实在在的获得感。对于完成全部违建拆除的小区和居委会，接受居民监督，确保不回潮，实施长效管理。

图4－4　拆违“八步工作法”

资料来源：拆违内部文件。

“八步工作法”按照时序和流程将技术程序分解，即成立队伍、营造氛围、摸清拆违对象、提前告知、协调、帮扶救助、美化环境，形成一整套缜密的逻辑链条。五环工作法内容与八步工作法基本相似。不同的是，它添加了一个对拆违对象的排序机制，比如先从主干道、公共区域拆起（区域的先后排序），先从公字头拆起（利益相关人的排序），先从经营性建筑拆迁（类别的排序）。

不管是八步还是五环，工作法都预想了拆违将要遇到的困难，并根据文件政策提供的合法性以及领导小组提供的权力和人员分工制定出应对措施，保证被分解的拆违程序深入各类社会情境。不管是公字头的违章建筑，还是困难户的搭腰包，抑或下岗工人的破墙店面，工作法都必须根据情境的不同想出特定的应对之策，确保拆违进行。

小区拆违“五环工作法”

一是摸清底数，分类建档。全面排摸违建点位信息，做到“六清”，即违法事实清、土地属性清、违建面积清、个人信息清、社会关系清、承租关系清，对重点对象建立“一户一档”。

二是宣传造势，引导自改。以拉横幅、贴海报等形式，向居民群众宣传整治政策、目标。在约谈违建居民时，多一声招呼、拉一阵家常、讲一下政策，使当事人通过“了解”实现“理解”，引导违建居民签订“主动拆违承诺书”。

三是党建引领，居民自治。发挥党组织的引领作用，发动楼组长、党员骨干、居委会、物业、业委会等力量参与，使群众成为拆违的主体力量，依靠居民自治、柔性管理，解决拆违难题。

四是把握节奏，分类推进。把握好区域节奏，将主干道、公共部位成片违建作为首拆对象，带动零星违建拆除。把握好类别节奏，优先拆除“公字头”、经营性等重点类型违建，实现“重点突破，全面推进”。

五是依法整治，从实救助。执法有力度、更有温度，拆除违建做到统一标准、一视同仁、不留盲区，整合公安、城管、市场、市容、房办、居委、物业、业委会、楼组长、居民志愿者等力量，强势推进整治。同时统筹考虑困难群众的救助，真心诚意帮助确实有困难的群众解决实际困难。

图 4－5　拆违“五环工作法”

资料来源：拆违内部文件。

四　锚定对象

不管领导小组如何分工，任务如何分解，工作机制如何让技术程序流动，它们要在特定拆违情境中取得成功，必须充分收集拆违对象如利益主体、建筑、土地的信息。此即为锚定对象的过程。如第三章分析所示，只要有治理需要，技术就应该锚定情境中的个人、组织，从各个维度抽取想要的信息，并转化成数据，进入到技术程序中运算，求得对问题的有限解。同样，技术治理运转的基础，也是对各类信息的获取。国家必须掌握区划、面积、土地形态等地理信息，人数、年龄结构、姓名、住址、就业状况等人口信息，农田面积、店铺数量、工厂规模、产权、产值等产业信息……当基层政府要解决特定社会问题时，必须要获取相应的信息，以便将待解决问题及政策对象描摹出来。

我们的讨论随着一段对CH社区书记访谈整理开始：

> “社区工作为什么难做？小区里的事，按理说我们应该是最清楚的了。但说实话吧，有时候只知道个大概。老说要我们深入基层，真的很难。陌生人社会嘛，流动人口太多了，大房东二房东，层层转租，（我们）完全不清楚什么人又住进来了，到底住了几个。”①

收集拆违信息的重要性体现在：如果不掌握产权关系、利益主体的社会和家庭背景、建筑物或土地的基本信息，拆违将难上加难。建筑物或土地的基本信息是最容易开展的技术程序，B区国土局、城规局、房管局一般都有土地/房屋的原始图纸，包含有面积、用途、性质、结构等方面的详细信息，工商局也有每一个商户的经营证照。然而，拆违工作要做到宣传口号上的“不讲困难，不讲故事，不问原因，只要是违建，一律拆除”，必须直面复杂社会关系以及政策的相互矛盾之处。在第三章，我们阐发了福柯的命题——公共管理的本质是对旧有政策的不断政变（Foucault，2009），并说明其原因是原有技术体系不断制造出自己的问题，从而丧失解决问题的合法性，召唤新的治理技术出现。同样，违章建筑、违法经营在很大程度上是以往政策的产物。破墙开店是为安置下岗工人的产物，农贸市场、花鸟市场当年是为繁荣当地经济或者方便居民而开设的。由于2000年左右村级财务状况困难，

① 2015年12月3日，HD社区书记访谈记录。

政府对村集体违规租用土地也是睁一只眼闭一只眼。甚至违规出租，客观上也有利于吸引外来廉价劳动力。因此，“一把尺子量到底”的客观标准的背后，是一户一策的信息收集和甄别过程。有家庭困难的解决困难，公字头、党员干部违建违规要首先拆除。剩下的就耐心做工作、“慢慢磨”。

由于材料受限，我们只能收集到拆违对象（以建筑物为主，而非利益主体）的基本信息。以小区拆违为例，表4－12详细描绘出违章建筑物的编号、利益主体、标的地址、场所、面积、形态。通过区分自住、经营、出租等违章建筑物的类型以及更具体的情况说明，违章信息登记表可勾勒出建筑物背后利益主体简要的家庭、社会关系。最为关键的是，违章建筑物以照片这一具象的方式，直接为锚定了地理空间结构、利益结构中位置的违章建筑物贴上唯一的身份标识。如第三章所述，技术秩序得以建立的两轴是身份信息和效用分析。为了让拆违有的放矢，“一户一档”在锚定地理空间位置（建筑物的身份信息）的同时，也通过搭建形态和情况描述两栏给出了利益关系（建筑物背后利益主体的效用分析）的线索。

表4－12　××社区存量违章建筑物（构筑物）基本情况表

<table>
<tr><td>编号</td><td>姓名</td><td colspan="3">地址</td><td>搭建场所（如天井、绿地、消防通道、楼顶）</td><td>平方米（m^2）</td><td>搭建形态（如简易房、内插层、阳光房、钢结构等）</td></tr>
<tr><td></td><td></td><td colspan="3"></td><td></td><td></td><td></td></tr>
<tr><td rowspan="2">情况简述</td><td>自住</td><td>经营</td><td>出租</td><td>其他</td><td colspan="3">违章建筑物（构筑物）照片</td></tr>
<tr><td></td><td></td><td></td><td></td><td colspan="3"></td></tr>
<tr><td colspan="3">小区“三位一体”会议意见</td><td colspan="5">小区“三位一体”召集人：
日期：</td></tr>
<tr><td></td><td></td><td></td><td></td><td></td><td></td><td></td><td></td></tr>
</table>

填表人：　　　　　　　　　　　　　　填表日期：

资料来源：政府内部资料。

五　目标责任与量化考核

当工作机制将被分解到组织中的拆违程序流动起来后，目标责任和量化考核将给予它时间约束；当拆违对象的基本信息被搜集后，目标责任和量化考核将设定拆违的方向、节奏和完成程度。所有程序的终极目标，是创建无违建居村（街镇），即在规定时间内按照特定标准通过上级的验收工作。具体如下：

（1）规定时间。表4－13给出了C街道的拆违计划表，大致分为四个阶段，每个阶段各有工作内容以及达标率的规定。就技术程序而言，考虑到违章存量、比例等工作对象的异质性，各个街道进度理应很难保持一致。然而，在搜寻主城区代表性街道的拆违计划表后，笔者发现它们的进度、截止时间高度相似。科层内生的上级期待、同级竞争等结构性因素，让各街道在制定拆违计划表时，遵循了同样的进度。

表4－13　C街道拆违计划表

阶段	工作内容	时间	达标
阶段一： 全面启动	前期准备： 创建实施方案、组建领导小组、任务分解、工作机制；执法告知、宣传；完善违建数据库的录入。	2017年10月～2017年12月	完成10%社区
阶段二： 全面攻坚	集中区域： 违建严重的老小区，尚有残留的文明小区； 集中类型： 违建，天井“四统一”（统一高度、改窗、封门、美化），沿街破墙开店。	2017年12月～2018年5月	完成50%社区
阶段三： 全面冲刺	补缺： 余下老小区、沿街破墙开店。	2018年5月～2018年8月	完成30%社区
阶段三： 巩固提升	收尾： 对照任务清单查漏；进行旧住房综合改造工程、外环境提升工程。	2018年9月～2018年12月	完成任务

资料来源：根据政府内部资料，结合政府网站公开资料整理得来。

（2）特定标准。从指导方向来看，C街道的无违建居村（街镇）创建标准大致包括“公字头”违建带头拆、新增违建“零容忍”、存量违建六必拆[①]、小区与沿街“破墙开店”同步整治、整治标准统一等基本原则。将这些基本原则细化，就形成量化考核的标准。由于资料受限，笔者只能找到同样处于主城区的另一街道的拆违考核量化标准，见表4－14。表4－14的结构式考核表，共分为组织机构、基础工作、防控体系、存量违建处置和一票否决等6大类，基本涉及拆违的技术程序、组织构件以及两者结合的范围。由于表格采取百分制，各类的分数占比就决定了保障拆违工作的各项内容在科层中的重要性。值得注意的是，一票否决这个门类不计入分数，但可以直接宣判该单位（社区、街道）能否建成无违建居村（街镇）。否决的那一票，除了新增违建外，还有上级督办的重点案件无法完成（上级压力）、发生重大社会/安全事故（维稳压力）等。在压力性和回应性体制的双重约束下，上级和维稳压力超越一切技术或组织要素，直接决定了某个层级或部门的工作考核的命运，继而影响相应官员的仕途。

表4－14　A市某街道拆违量化考核表

居委（盖章）

考核项目	考核内容及要求	分值	具体考核内容	计分方法	得分
组织机构（10分）	组织机构建立	5	设立居委层面创建的领导工作小组和联络员	达到要求的满分；未达到要求的扣分	
	各项制度	5	宣传、教育、协调制度	1分	
			违建信息登记制	1分	
			日常巡查发现制	1分	
			配合执法部门取证及文书送达工作制	1分	
			与物业、城管联动制	1分	

① 具体包括：违法用地、违法经营、违法排污、违法居住等五种违法建筑必拆；存在安全隐患的违法建筑必拆；侵占公共空间的违法建筑必拆；影响重大工程建设的违法建筑必拆；造成邻里矛盾的违法建筑必拆；群众反映、政府督办、媒体曝光的违法建筑必拆。

续表

<table>
<tr><th>考核项目</th><th>考核内容及要求</th><th>分值</th><th>具体考核内容</th><th>计分方法</th><th>得分</th></tr>
<tr><td rowspan="6">基础工作
（10分）</td><td rowspan="2">存量违法建筑台账资料齐全，“一户一档”制作规范</td><td rowspan="2">3</td><td>存量违法建筑台账资料齐全</td><td>1.5分</td><td></td></tr>
<tr><td>违建“一户一档”制作规范</td><td>1.5分</td><td></td></tr>
<tr><td>存量违法建筑底数清楚、数据准确</td><td>3</td><td>存量违法建筑底数汇总表（盖章、签字版）</td><td>3分</td><td></td></tr>
<tr><td rowspan="3">基础数据报送及时准确</td><td rowspan="3">4</td><td>加入街道“无违创建”QQ联络群</td><td>1分</td><td></td></tr>
<tr><td>数据报送及时准确</td><td>2分</td><td></td></tr>
<tr><td>专职干部负责</td><td>1分</td><td></td></tr>
<tr><td rowspan="5">防控体系
（15分）</td><td rowspan="3">开展创建宣传和正面舆论引导</td><td rowspan="3">6</td><td>召开创建动员大会</td><td>2分</td><td></td></tr>
<tr><td>有固定宣传专栏</td><td>2分</td><td></td></tr>
<tr><td>定期有创建宣传的信息报道</td><td>2分</td><td></td></tr>
<tr><td>建立居村违法建筑防控和治理体系和动态巡查机制</td><td>5</td><td>有每日巡查记录</td><td>5分</td><td></td></tr>
<tr><td>建立社会承诺机制，承诺不违建</td><td>4</td><td>有居民代表签订不违建承诺书</td><td>4分</td><td></td></tr>
<tr><td rowspan="3">存量违建处置
（65分）</td><td>存量违法建筑得到依法、有效、公开处置</td><td>55</td><td>存在信访投诉的</td><td>发现一处扣2分，扣完为止</td><td></td></tr>
<tr><td rowspan="2">拆后管理</td><td rowspan="2">10</td><td>拆后存在回潮现象</td><td>5分</td><td></td></tr>
<tr><td>拆后督促建筑垃圾清运不及时</td><td>5分</td><td></td></tr>
<tr><td rowspan="3">一票否决</td><td>市区两级督办的重点案件未完全整治到位</td><td></td><td></td><td></td><td></td></tr>
<tr><td>新增违法建筑未处置到位的</td><td></td><td></td><td></td><td></td></tr>
<tr><td>因处置不当发生重大安全事故、群体性事件或社会事件的</td><td></td><td></td><td></td><td></td></tr>
</table>

续表

考核项目	考核内容及要求	分值	具体考核内容	计分方法	得分
				总得分	

居委书记确认签字：　　　　街道“五违”办确认盖章

日期：　年　月　日

注：考核验收总分达 90 分以上的为考核验收合格；发生一件“一票否决”问题的考核验收为不合格。

资料来源：政府内部文件。

（3）上级验收。B 区设置了一个专题网站①来记录各街道的拆违进度，并宣传先进典型、总结拆违经验以督促其他街道加快进程。根据该网站显示，SQ、CY、WL、ZR 四个街道在 2018 年 7 月中旬的 B 区第一批无违建先进街镇验收工作率先通过，并被大幅宣传。根据历次 B 区公布的辖区内所有社区通过验收的公告，表 4－15给出了 C 街道完成任务的社区数量及与 B 区其他街道的对比。由表可知，C 街道的拆违进度落后于 B 区其他 8 个街道，与 TP 街道一样，成为最后一批完成任务的街道。

表 4－15　C 街道及 B 区拆违完成进度（2018 年）

B 区无违先进居村公告	公示日期	C 街道当期完成社区数量	C 街道未完成社区数量	当期完成任务街道数量	任务尚未完成街道数量
第一批	4 月 20 日	9	26	0	10
第二批	7 月 2 日	4	22	3	7
第三批	7 月 16 日	3	19	1	6
第四批	8 月 10 日	14	5	3	3
第五批	8 月 14 日	1	4	1	2
第六批	10 月 23 日			0	2
年终	12 月 31 日			2	0

注：据 2018 年 8 月 4 日的区政府公示文件，C 街道达到“无违建先进街镇”创建初审验收标准。

资料来源：根据政府内部资料，并结合政府网站公开资料整理得来。

① 同样的专题网站还有 TXJY 自治项目、河长制等。

第四节 诸治理技术的相互赋权

与拆违类似，几乎所有与解决社会问题的治理技术都要借助科层实体才能运转。不管是河道治理、旧房改造、居委会换届等实际事务，还是“TXJY”自治等大型项目，甚至是网格化管理、精细化管理等治理体系或理念，它们的合法性也要来自上级的文件政策，也组建领导小组来负责实施，也确立工作机制来分解任务，也要收集治理对象的相关信息，也通过目标责任和量化考核来把控节奏、明确效果。如第三章所言，每一类治理技术都试图重组科层元素，又不得不依托科层的实体运转，即以拼接的组织构件为基础来施展技术程序。与其他的技术形态不同，治理技术注定与科层制相连，并由其赋形。换言之，科层同时承载着各类治理技术。那么，吊诡之处产生了：

各个治理技术在设计上是独立的逻辑闭环，却在实际运转中共用了同一个科层实体。

既然所有治理技术都不可避免地要调用组织构件，并依托科层的实体或变体而施展，那就意味着它们共享同一个实体。于是，逻辑上就存在着如下可能性：各个治理技术因为共享科层中的组织构件而相互连通。如此一来，治理技术的两面性表现出来。

（1）设计上，它是一个逻辑自洽的自我解释圆环，独立而封闭；

（2）实践中，它又因共用科层的组织构件而相互连通。[①]

① 在此，应与奥利科夫斯基（Orlikowski，2000）的“实践中的技术”（technology - in - practice）这一概念区分开来，后者指技术使用者与技术的相互影响，即当人们在使用技术时会因身处的社会情境、突发情况和社会角色而建构出对技术特有的理解，从而重塑出技术的结构。

治理技术的独立性体现在它们定义的社会问题、规定的因果关系各不相同，其解决问题的技术程序也彼此独立。比如，拆违想要解决违章建筑和违法用地的问题，其规定的因果关系是“两违”现象导致环境卫生问题、社会主体矛盾、安全隐患等后果，解决问题的方式是根据原始建筑图纸、土地规划方案和工商局营业证照来判定建筑物、土地及其生活、营业方式是否合法，并拆除或改建之。治理高空抛物则要解决高层住宅高空抛物的问题，其规定的因果关系是高空抛物会导致环境卫生、危害人身安全等后果，解决问题的方式根据相关法律法规来处罚，并安装摄像头监控确定抛物主体……类似的治理技术还有无数个。然而，在实践中，所有治理技术又必须共用相同的组织构件。参加治理高空抛物、无违创建、居委换届等不同事项的可能是同一批工作人员，可能用到同一套宣传文稿的模板，工作方式也大同小异……

设计和实施的分离，让诸多治理技术通过它们共用的科层构件而相互通约，最终相互赋权。尽管各个治理技术在设计上无损其逻辑，但在实际操作中，它们都相互连通了。连通的方式有很多种：工作人员共享、财政资金共享、项目共享、数据共享、工作场所共享、时间共享等等。下面将根据笔者掌握的经验材料，择其要点进行说明。

一　工作人员共享

“上面千条线，下面一根针”，基层工作负荷重是事件导向的结果。今天忙迎检、明天忙宣传、后天造名册，每一项治理事件的发生都要调动各部门的工作人员为之而转动。行政编制和工作时间的硬约束，让基层工作人员马不停蹄地投入到接二连三的治理事件之中。因此，极有可能各项事件所调动的是同一批人。

表 4－16、表 4－17 分别给出了 C 街道为历次治理事件所成立的领导小组及其下属办公室的情况，具体衡量方式是观察它们动员街道层级的“条”“块”情况。其中，表 4－16 按分数统计领导小组在各部门动员的官员级别及人数，表 4－17 按人头统计下属办公室在相应部门动员的人数。观察两表可知，历次治理事件几乎调

表 4－16　C 街道历次领导小组在科层中的分布

		扫黑除恶	高空抛物	旧房改造	居委换届	无违创建	食品安全	环境综治	卫生迎检	内控规范	TXJY 建设	社会组织预警	小计
发文年月		2018 年 9 月	2018 年 9 月	2018 年 6 月	2018 年 5 月	2017 年 11 月	2017 年 5 月	2017 年 3 月	2017 年 3 月	2016 年 8 月	2016 年 4 月	2015 年 6 月	
机关	党工委	6	2.5	1.5	5	6	2	4.5	4.5		4.5		36.5
	办事处	6	8.5	4.5	9	10.5	9	9	9	4.5	7.5	1.5	79
	纪工委	2			2	2	2	2	2	2	3	3	20
	人大工委				2	1.5							3.5
	团工委	1	1		1					1	2		6
	调研员	3.5	3.5		3.5	3.5	1.5	1.5	3.5				20.5
块	武装部	2.5	2.5		2.5	2	2	2	2.5	0.5			16.5
	党政办	1	1	1	1	1	1		1.5	1	3		11.5
	党建办	1	1		1	1	1		1	1			7
	党群办	1	1	1	1	1							5
	事业办						1	1	1.5	1	3	1	8.5
	管理办	1	1	1	1	1	1	1	1.5	1	3		12.5
	服务办	1	1	1	1	1	1	1	1	1	3		12
	平安办	1	1.5	1	1	1	1	1		1	3	1	12.5

续表

		扫黑除恶	高空抛物	旧房改造	居委换届	无违创建	食品安全	环境综治	卫生迎检	内控规范	TXJY 建设	社会组织预警	小计
发文年月		2018 年 9 月	2018 年 9 月	2018 年 6 月	2018 年 5 月	2017 年 11 月	2017 年 5 月	2017 年 3 月	2017 年 3 月	2016 年 8 月	2016 年 4 月	2015 年 6 月	
块	自治办	1	1	1	1	1		1	1	1	3	1.5	12.5
	协作办									1			1
	发展办	1	1		1	1							4
	监察室	1	1						1	1			4
	工会	0.5	0.5		0.5		0.5			0.5			2.5
	妇联	1	1		1		0.5		1	1	2		7.5
	信访办	1	1										2
条	司法所	1	0.5							1			2.5
	派出所	2.5	2.5	1	2	2	0.5	0.5	0.5		1.5	0.5	13.5
	工商所			1									1
	市监所	1	1			2	1	1	1		2		9
	城管中队	1	1	1		1	1	1			2		8
	交警中队	1	1										2
	房管办	1	1	1		1	1	1	1		2		9
	市容所	1	1	1		1	1	1.5	1.5		2		10
	消防中队		2										2

续表

		扫黑除恶	高空抛物	旧房改造	居委换届	无违创建	食品安全	环境综治	卫生迎检	内控规范	TXJY 建设	社会组织预警	小计
发文年月		2018 年 9 月	2018 年 9 月	2018 年 6 月	2018 年 5 月	2017 年 11 月	2017 年 5 月	2017 年 3 月	2017 年 3 月	2016 年 8 月	2016 年 4 月	2015 年 6 月	
条	物业			1		2		0.5	0.5				4
	社卫中心	1	1				2		1				5
	网格中心		1			1	1	1					4
总计		42	42	18	36.5	43.5	31	30.5	36.5	19.5	46.5	8.5	354.5

注：组长计 3 分（常务副组长按组长计分），副组长计 2 分，组员计 1 分。本部门有多人的，累加分数。如有兼职，按其所任正职部门计分。副职领导扣除 0.5 分，实际主持工作的副职领导不扣分，既有正职又有副职仍按正职部门计分。辖区内有两个派出所，按一个计算。

为保证统计口径一致，本表起始日期为 2015 年 6 月，即从 C 街道调整职能科办开始。

资料来源：根据政府内部资料，并结合政府网站公开资料整理、计算而得。

表 4－17　C 街道历次领导小组办公室在科层中的分布

	扫黑除恶	高空抛物	旧房改造	居委换届	无违创建	食品安全	环境综治	内控规范	TXJY 建设	社会组织预警
发文年月	2018 年 9 月	2018 年 9 月	2018 年 6 月	2018 年 5 月	2017 年 11 月	2017 年 5 月	2017 年 3 月	2016 年 8 月	2016 年 4 月	2015 年 6 月
党工委	1		1	1						
办事处			1			2		1		
武装部			1							
党政办				1	1			6	6	
党建办				1	1					
党群办				1	1					
事业办									1	
管理办		2	1		7	1	3		1	
服务办					1				1	
平安办	7	7		1	2	1	1		1	
自治办				6	1				1	5
监察室								1		
信访办	1									
团工委				1						
派出所	1		1			1				
工商所						2				

续表

	扫黑除恶	高空抛物	旧房改造	居委换届	无违创建	食品安全	环境综治	内控规范	TXJY 建设	社会组织预警
发文年月	2018 年 9 月	2018 年 9 月	2018 年 6 月	2018 年 5 月	2017 年 11 月	2017 年 5 月	2017 年 3 月	2016 年 8 月	2016 年 4 月	2015 年 6 月
市监所		1	1				1			
城管中队		1	1			1	1			
房管办		1	1				1			
市容所		1				1				
物业			1				1			
社卫中心						1				
网格中心		1								
总计	10	14	9	12	14	10	8	8	11	5

资料来源：搜集、整理政府公开资料，自行计算而得。

注：所有人员，无论职位，按人头计数到相应科办。辖区内有两个派出所，按一个计算。为保证统计口径一致，本表起始日期为 2015 年 6 月，即从 C 街道调整职能科办开始。

动了C街道“条”与“块”的所有部门，且几乎每次都有街道党政正职领导牵头任组长。

两张表最后一栏代表每次治理事件所能调动科层元素的能量数值，说明C街道对每次事件的重视程度。以表4－16为例，总分超过40的事件有扫黑除恶、高空抛物、“无违创建”和“TXJY”建设，计数结果与笔者了解的街道的重点事项基本一致。其中，扫黑除恶运动在2018年开始在全国范围内宣传和开展，遍及城乡各地；“无违创建”是A市近年来的重头戏；“TXJY”建设是B区近年主打的自治建设项目。只有治理高空抛物没有上级的强大压力，而是C街道混杂的居住环境内生出来的政策。另外，统计表4－16街道层级各部门或条线派出机关的得分可知，分数超过9分的有属于“块”的武装部、党政办、管理办、服务办、平安办、自治办，以及属于“条”的派出所、市容所它们是历次治理事件中被调动得最多的核心部门。

观察两表历次治理事件一栏可知，无论是扫黑除恶、治理高空抛物，还是“无违创建”“TXJY”建设等，五花八门的治理事件无论用到什么样的技术程序，都有同一套组织构件在背后支撑，它们都在不同程度上动用了街道党政机关、党政办、自治办、平安办等“块块”上的部门，以及派出所、市容所、房管办等“条线”上的派出机构。

二　功能、场所共享

基层做每件事，都要考虑钱从哪里来，以及该事能带来什么实际收益。如果甲治理技术的内容能够嫁接到乙治理技术之上，那么它们的资金、项目、场所就能实现共享，继而在考核要求上也能相互“通融”。

我们从一则政府公文开始分析。公文的标题是——“关于报送《C街道“TXJY”网格化综合管理服务东片区（中心）建设项目可行性研究报告》的请示”（2018年5月11日）。其中，“TXJY”（自治）和“网格化综合管理”两个词语似乎是相互矛盾的。不仅如此，它们在治理实践中，其政策缘起、性质、愿景、工作机制和工作内容都截然不同，见表4－18。网格化管理的上级压力来自中央，是全国推广的社区治理创新模式，目的是重塑一套收集社会信息、发现并解决社会问题的新模式。“TXJY”自治建设的上级压力来自A市和B区，是B区主打的自治品牌，目的是通过小微项目的形式来解决基层群众“急难愁盼”问题。按理说，一个是嫁接在科层之上的实体化信息收集和问题解决机构；另一个则是非实体的，以项目形成、征集和运行为形式的社会问题解决机制。因此，网格化管理的形式一般以现有秩序为准绳，如查看公共设施是否运行良好、社会秩序是否井然有序，一旦发现问题则上报并交由科层中的对应单位去处置。而“TXJY”自治建设则以解决群众困难为准绳，如基础设施改建，用专项资金的方式项目化运作。

表4－18　C街道网格中心与“TXJY”自治建设比较

	网格中心	“TXJY”自治建设
缘起	十八届三中全会《中共中央关于全面深化改革若干重大问题的决定》：“创新社会治理体制，以网格化管理、社会化服务为方向，健全基层综合服务管理平台。”	A市市委“1＋6”文件：“聚焦重点难点突破，全力抓推进、抓落实、补短板、出实效。”社区治理文件
性质	全国推广的社区治理创新模式	B区自治品牌
愿景	条块联动、资源整合、重心下移、实时监督	以社区为单位，提升自治共治水平，条服务块、机关服务基层，解决群众“急难愁盼”问题
工作机制	“一支队伍”：网络监督员队伍；“一张网格”：将辖区划分为若干个网格；“两类对象”：事件、部件（公共设施）；“三大功能”：发现（问题）、分派（案件）、监督（处置）	自下而上征集项目，经过四道程序：“征集需求－形成议题－讨论协商－确定项目。”
内容	网格员：巡查辖区事件、部件；发现问题送至网格中心。网格中心：接收监督员、志愿者巡查、“12345”市民服务热线、市民投诉中反映的问题；派单到各处置部门；在处置过程中协调；回访和评价已处置案件	首轮确定4类102个“TXJY”项目。 基础建设类：加装电梯、停车场改造、旧住房综合修缮改造、积水点改造、二次供水改造、供电设施维护更新改造等； 民生服务类：为老服务站点、“邻里节”等； 平安建设类：防盗门改造、监控探头加装等； 文明创建类：社区健身步道建设等

资料来源：网格中心的资料由A市公开文件整理得来；“TXJY”资料由B区政府内部资料和“TXJY”建设专题网站整理得来。

那么，如此不同的两种治理技术，为何会在一个政府正式文件标题中被混用呢？一个可能的解释是它们共用了场所和时间。据时隔两个月之后的B区发改委批复文件（2018年7月16日）所示，该中心总装修建筑面积约1034平方米，工程主要建设内容包括：社区多功能大舞台、社区展示厅、培训教室、老年日托室、阅览室、书画活动室等。根据这些内容，难以区分它们到底属于网格中心还是"TXJY"建设的内容。据该中心的媒体宣传稿件[①]所称，这种综合服务体有"健全工作机制"，能够"让广大居民享受到有温暖、有品质的公共服务"，并"有效发挥区域化党建集合效应和辐射作用"。它具体有八大功能，见图4－6。

党群工作：以大党建引领社区共治共享，设党群联合接待室、组织生活室、领誓人工作室、户外工作者驿站；

健康咨询：打造"健康共同体"（由市、区、街道等7家医院组成），提供优质医疗资源，宣传健康理念。

为老服务：委托第三方专业社会组织运作"失智老人日间照护中心及前期干预项目服务""失智早期干预项目基地"。

政务咨询：设立"事务受理中心咨询受理点"，专人接待，办理业务、解释政策。

创客鸟巢：为社区内年轻人、微小企业提供创业场地、培训和指导。

流动凤巢：通过"社会组织公益性项目实践基地和活动交流平台"，以政府购买服务的形式，引进流动的公益项目，如针对白领的"午间一小时"公益项目。

社区家庭服务：为社区居民提供家政、维修、婚庆等一站式家庭综合服务，以及老年护理、家政(初、中级)、月嫂等家庭服务培训。

健康家庭课堂：提供生育、家庭保健、科学育儿、养老照护、家庭文化等方面的讲座、指导。

图4－6 "TXJY"网格化综合管理服务中心的八大功能

资料来源：政府宣传文稿。

从"B区TXJY网格化综合管理C街道东片区"的八大功能可以看出，虽然它宣称要通过"精细、精心、精准"的规划布局

① 资料来源：C街道"TXJY"网格化综合管理服务东片区建成后的宣传稿。

（网格化管理的理念），来推进“TXJY”建设，但其工作内容已远远超过网格化管理和“TXJY”自治项目的范围，而是覆盖到区域化党建、民生服务、业务办理、公益活动、创业孵化等内容。奇特的是，它们混合在一起。出于打造一个“15 分钟生活圈”的理念（也是“TXJY”的口号），网格中心变成一个“壳”，党建、自治、民生，街道将各种元素装在里面。

然而，在技术原理上，该中心并没有违背每一项治理技术的逻辑闭环。“TXJY”建设可以从中抽取楼宇党建、区域化党建资源地图、“孝亲公益”、“午间一小时”、为老服务、志愿者活动等内容做成项目，打造成街道或社区层面的自治品牌。网格化管理也可以从群众反映、投诉的事项上报中，从居委会标准化建设和老年活动室达标建设等公共设施维护中，维持其功能的运转。“区域化党建资源地图”也可以从“TXJY”建设中抽取党建方面的便民利民服务项目，整合各类企业、事业单位、街面商户、学校和社会组织等单位的服务资源，形成枢纽型志愿服务平台。

三　数据共享

作为社区的放大镜和显微镜，治理技术要锚定对象，仔细观察后者并获取所需信息。设计上，每一项治理技术根据其特定的逻辑，获取社会主体（居民、企业或其他单位）在不同维度上的信息。在操作过程中，采集信息的可能是同一批人（基层工作人员），调查的可能是同一个对象，调查方式可能采用同一套程序。因此，各个治理技术之间的数据就存在着连通乃至共享的可能性。换言之，各个治理技术所制造出来的数据如能对接，或口径一致以实现共享，不仅能节约采集和运算成本，还能实现交互运算、彼此支撑、互为决策依据。

拆违中的“一户一档”“一企一档”很好地体现了以上逻辑。如表 4 - 11 违建信息登记表显示，基层政府需要了解每一栋违章建筑、违规用地、违法经营的地理位置、空间结构、原始图纸、产权关系、利益人家庭背景甚至邻里关系等方面的详细信息。涉及企业两违的情况，还要查看注册资本、营业状况、税务缴纳、工商登记、员工构成、产能、排污、与企业可能的政府背景或官员的私人关系等情况。那么，这些复杂的信息从何而来呢？换言之，在如此短的时间内[①]，收集到如此复杂的信息，街道/社区工作人员如何办到？

在对PX社区居民老Z的电话采访中，笔者提出了一个疑问，即拆违工作队的人如何知道他家改造了厨房。老Z说：

> “你跑不掉的，人家搞得清清楚楚。之前搞楼长制嘛。他们积极分子就到处跑了呀，了解各家困不困难。我老婆就反映情况，说自己家里几口人，没地住，人家就要进来看的……别说我，谁都跑不掉。出租的房东，一家隔成好多房间。租客晚上闹，邻居有意见，就要偷偷告发的呀。（就算）没人告，社区的人[②]也要上门服务、开展活动啊，登记信息啊。不可能不知道的。家里几口人，都是干什么的，租客几个，是什么身份，一清二楚。”[③]

街道以往的治理创新，比如楼宇党建、党建资源地图、网格化管理，都搜集到了种种信息。比如，楼宇党建在服务两新组织、企业、商铺的同时，也承担了搜集社会信息的功能。根据《C街道“楼长制”实施意见》，C街道实施了企业走访服务制度，让每个企业填写《企业信息变动表》《问题需求登记表》等。此举措可通过市场、工商、税务联动机制，获取企业各项信息，制成数据。另外，社区、企事业单位也遍布党建联络员、企业服务员、市场监督员、安全保障员，这些岗位由等基层工作人员兼任，分网格片区实行包干制。他们在提供公共服务的同时，也获取了企事业单位和居民的各类信息。如图4－7所示，党建服务站（点）、“党建大数据”平台搜集了企业对服务资源、场地资源、信息资源的

---

① 从街道拆违正式文件到通过验收，共耗时9个多月。

② 一般是社区志愿者或网格员。

③ 2018年6月22日，对老ZH的电话访谈记录。

需求，汇集了行政审批类、人才服务类等 10 大类需求清单以及一系列服务清单。清单的搜集，以及将清单与党委、工会、妇联、团委等 104 项政策目录一一对应的过程，实际上也能实现对企业各维度信息的汇总，并描摹出各个企业特有的图像，被街道精准识别。一言以蔽之，特殊化、个性化的公共服务，建立在对了解服务对象的基础上，也促进国家力量对基层的清晰化描摹。截至 2018 年 3 月底，C 街道累计调研企业、社会组织、社区 60 多次，走访各类对象 76 家、承办各类问题 96 件。[①] 作为结果，一楼一册、一企一档、一户一档等数据库建立，留待拆违、拆迁等其他治理事件随时抽取。

> 前略
>
> （3）彰显“引领力”，多举措强化，推动提能增效。发挥好“家门口”活动阵地，推动党建服务站（点）覆盖计划，开设“午间一小时”“红色护照”等服务项目，为白领群众提供“家门口”服务体验；对接好“精准化”服务需求，发挥楼宇园区物业公司、产权单位等市场主体作用，建立楼宇园区物业党建联盟，实现服务资源、场地资源、信息资源与企业需求精准对接；运用好“大数据”智能平台，汇集行政审批类、人才服务类等10大类需求清单，梳理汇总健康服务、文化休闲等10大类32项服务清单，将区级“3+5+X产业政策体系”以及街道层面可统筹的党建、工会、妇联、团委、公共服务等五大类104项政策目录汇编成册，采取线上线下同步推广的方式进行发布。

图 4－7　C 街道楼宇党建新闻宣传稿摘抄

资料来源：C 街道政府网站公开信息。

作为上述过程的必然结果，被共享的信息还能实现各个治理技术之间的交互运算。A 市 BS 区某街道对拆违对象提出了逾期不拆的 9 条措施，如记录诚信档案、不允许出国旅游、不得贷款买房、小孩不能上学等。此时，信息共享的功能不仅是节约治理成本，更作为公共数据库的一部分，与其他治理技术联动。这些措施在客观上成为与拆违对象的谈判资本，促使其更快地拆除违章建筑，完成政策目标。

① 资料来源：C 街道政府网站公开信息。

第五节 本章小结

本章讨论技术治理的组织逻辑，以科层内生的行政技术为例，分析其如何解决社会问题，并嵌入到现有治理体系之中。经验材料取自 C 街道 2015～2018 年发生的重大治理事件，主线是棚户区拆迁和全范围拆违。内容如下。

1. 基层问题的产生背景是复杂的社会秩序

城市基层的问题与人工设计的秩序相关，不管是秩序设计者、运行者，还是被治理者，都深嵌于他们所处的社会结构之中。DX 村棚户区问题，背后牵扯到房价、地理位置、外来人口就业和教育等多方面的因素，它们错综复杂并相互作用，是棚户区问题的社会背景，也让其迟迟得不到解决。本质上，棚户区与周边的现代都市相伴相生。棚户区以低廉的居住成本容纳劳动力，成为一墙/路/河之隔的闹市运转的养料。而棚户区最终能够拆迁成功，环境卫生、安全、公共设施等问题并不是主要原因，其决定因素除了它与 A 市“整体形象”和城市定位不符外，更多是出于地方政府土地开发的考虑。

2. 治理技术的问题化机制是将基层问题从其社会背景中切割，然后嵌入技术程序的闭环之中

问题化机制遵循成本收益原则，并大致分为几个阶段：问题界定阶段切断其社会背景，问题转化阶段进行标准化加工，最后通过项目化让它融入科层之中。具体而言，问题化机制让各个社区解决停车难等问题的措施有惊人的一致性，也会举办差不多的节日活动，并优先做能够一次性办完且能留下清晰记录的事情。C 街道历年治理实事绝大多数符合定量化原则，甚至干脆转化成一个实体工程，追求“实打实”、看得见的效果。不管是街道还是社区，都将项目视为解决问题的最好方式，因其详细规定了问题是什么、怎么去做、谁去做、给多少钱做等要素。通过项目的申请、审批、立项、外包、结项等程序，基层政府将解决问题的治理技术融入科层之中。

3. 基层各类治理技术的实施依赖少数几个组织构件的拼接

一个社会问题得到解决，无论用到什么样的治理技术，最终都会通过行政过程来实施。治理技术的运行，在组织过程中都要经历相似的几个阶段，即发布文件政策、成立领导小组、形成工作机制、锚定对象、明确目标责任并按照量化标准考核。2017～2018 年轰轰烈烈的 C 街道拆违即为明证。

（1）文件政策赋予治理技术的合法性，是其“准生证”。在其作用下，C 街道的拆违与市、区的步伐保持高度一致。

（2）领导小组是治理技术在组织中运行的权力保障。什么行政级别来组成领导小组、小组覆盖哪些部门、如何分工等现实考量，涉及治理技术如何落实、由哪些人落实等关节。在领导小组分工和人员构成的作用下，拆违作为一项治理技术，技术程序一一分解，与条块一一对应、衔接。

（3）工作机制让技术程序与组织构件相吻合的结构流动起来，让被分解的任务落实。为了让拆违破除利益关系的迷雾，几乎各个街道都创建了自己的工作机制，如“领导下基层工作法”“三小工作法”“五环工作法”“八步工作法”等。

（4）锚定对象即收集拆违对象的基本信息。“一户一档”在锚定地理空间位置（建筑物的身份信息）的同时，也通过搭建形态和情况描述给出了利益关系（建筑物背后利益主体的效用分析）的线索。

（5）目标责任和量化考核设定拆违的方向、节奏和完成程度。科层内生的上级期待、同级竞争等结构性因素，让各街道在制订和落实拆违计划时，遵循了同样的进度和标准。

4. 各个治理技术通过共享的组织构件而相互通约

各个治理技术可能使用相同的组织构件，使原本封闭、独立的技术程序所形成的逻辑闭环在实践中相互连通。比如，参加治理高空抛物、“无违创建”、居委换届等不同事项的可能是同一批工作人员，它们可能用到同一套宣传文稿的模板，工作方式大同小异……设计和实践的分离，让城市基层诸治理技术通过共用的组织构件而相互通约，最终相互赋权。通约的方式有很多种，如工作人员共享、财政资金共享、项目共享、数据共享、工作场所共享、时间共享等。

在本章的分析中，我们发现治理技术的两阶段分裂：一是设计时，它是一个逻辑自洽的自我解释圆环，独立而封闭；二是实践中，它又因共用科层的组织构件而相互连通。

换言之，治理技术的独立性体现在它们定义的社会问题、规定的因果关系各不相同，其解决问题的技术程序也彼此独立。然而，在实践中，所有治理技术又必须共用相同的组织构件。以往诸多分析已充分表明，上下级、领导人意志、政治因素、政绩考量等科层特有的权威结构和制度环境会影响技术是否开展、朝那个方向开展以及开展到什么程度（谭海波等，2015；黄晓春，2010；彭亚平，2018）。

不管是拆违、网格化管理、楼宇党建还是棚户区改造，本章所分析的城市基层治理创新皆为科层内生。众所周知，作为科层的产物，它们并不与科层的技术特点相斥，更容易嫁接在旧有治理体系之上。更有甚者，上下级关系、科与层之间协调等科层因素反而会减少技术落地的阻力。

那么，对于科层外生的技术而言，设计和实施的两阶段分裂会有不一样的影响吗？它们外生的、成体系的、严格的技术原理会不会成为融入科层的阻碍呢？此即为第五章要回答的问题。

第五章　科层之外：技术治理的社会建构逻辑

尽管第四章已经列出了形形色色的治理技术及其操作过程，但它们在技术原理上并没有严格的方法论或数学原理作为保障。它们并非严格的技术，又由于是科层内生的，与科层的技术原理并无冲突。那么，如果外生技术有独立的、严格的、成体系的技术要求呢？它们落入科层时，如何既保证严格性，又能解决社会问题？此问题的关键性在于，只有保证治理技术的科学性、严格性，它才具备解决社会问题的合法性。换言之，只有它识别的社会问题是真实的，它确定的因果关系是科学的，它得到的数据是无误的，它给出的解决措施是对症的……它才可能真正地解决社会问题。

为了验证此困惑，我们必须详细论证被科层分解的技术程序是否能保证其严格性。形态各异的技术治理素材分布在日新月异的治理实践中，我们无法对此有效抽样或掌握大量样本。因此，可行的方式是取材极端案例[①]，即选定一个符合要求的治理技术来详细考察。2014～2016 年，C 街道以项目的形式成立民调工作小组，对辖区内 35 个社区进行连续三年的民意调查，内容涉及社区安全、卫生、环境、邻里关系、民生设施、居委会工作等基层治理的各个层面，并编制成各社区排名指标体系，用于街道各部门对社区“两委”的考核、街道行政决策的参考。作为科层外生技术，民意调查的特点与第四章诸多治理创新的区别如下。

（1）方法论的严格性和成熟度。由于统计学的支撑，民调有

---

① 对极端案例法及其适用性的简要介绍，参见第一章的研究方法部分。

固定格式和标准可以（且必须）遵守，是为其严格性。成熟度则表现在民调的各个程序之间可相互提供技术支撑，由此衔接在一起。如问卷的信度和效度体现在问卷设计时议题的选择上，且能在数据采集后再次提供检验。至于科层内生的治理技术，基层政府对程式和标准的设计有较大自由度。

（2）程序的独立性。问卷设计、抽样、问卷填充、数据加工等阶段都可在名义上独立运行，变成一个纯技术的过程。科层内生的治理技术则难以做到。拆违、党建、棚户区改造、“TXJY”自治项目等毕竟是建立在分类学、初等代数、线性计算等“初级”技术之上，技术之间相互分割。

技术治理的使命是通过识别、处理源源不断的问题而把社会清晰地呈现在国家面前。个体偏好如何反映到公共偏好之中，成为基层治理的关键问题所在。在大数定律/中心极限定理、线性最优等数学原理的基础上，抽样随机性、问卷设计的信度和效度指标等设定了化简的标准，它们携手处理异方差、共线性和自相关等问题的技术工具，一起写就了民意调查的科学保证书。由此，我们的理论分析和经验观察将沿着以下路线进行：

> 一是民意调查技术能否既保证技术严格性，又与另一技术体系（科层）融合？
>
> 二是如果是，其秘诀在哪里？

在分析前，我们须重申第三章所揭示的技术的复杂性化简原理。民调说出民意的同时，就把它从含混、模糊和复杂的“潜在”状态带到了“实在”状态。被民调说出的民意，也是其复杂性被化简了的民意。因此，基层政府民意调查展现了“社会情境－问题－数字”的化简过程，具体分为问卷设计、问卷填充和指标体系三个技术阶段。

本章的安排如下：第一、第二节中，我们分别用思辨和数学两种方式具体阐述民调技术的复杂性化简原理；第三节则取材 C 街道夜市整治事件，设计一个民意调查的社会实验，讨论民调技术在设计和实施的两阶段分裂中如何保持严格性；在此基础上，第四节通过解读C街道两年民调的建构过程，证明各利益主体对技术程序解释权的争夺不仅无损于技术严格性，反而有利于民调各程序在基层的落地。

第一节　民调技术的化简程序

民调到底依靠什么方式设置特定情境让主体表达出它所需要的意见呢？或者说，民调在设置问卷、采集数据并运算的过程中，对主体表达出来的意见做了什么样的处理呢？答案在于技术的化简原理，即民调技术制作民意，也是对复杂民意的化简过程（见第三章的命题二）。其中，主体、情境、意见构成民意生成的三个基本原则，民调矩阵、数据采集、数据运算是民意生成的三个阶段。经由民调化简程序，原本无结构、无序、变动不居的意见，被放置在特定的社会情境中，由特定的人表达，并一一对应、相互关联。

一　民意生成的原则与阶段

根据奥尔波特（Allport，1937）的经典定义，意见是社会主体对其所处情境（situation）做出的评判。情境只有经人们的反思即被意识到且被表达时才有意义。表达情境的人，会依据一定的规则，定义情境、确定性质、读取信息，将情境加工成有目标、结构和层次的信息集，进而压缩成目标序列，并在该序列上确定刻度，最终作出行为或价值上的判断（彭亚平，2018；Peng，2020）。因此，情境表达的主体视角被凸显出来。在情境转变为信息的过程中，主体所携带的阶级、文化和社会基因决定了对维度、度量单位（刻度）的定义（Hall，1980），以及对维度向量方向、初始点位置的确立等。

在城市基层社会，可从社区的边界特性观察情境和主体交互的多种可能性。社区的边界性，指本社区独有的内部情境，可以防止同一情境中涉及多个社区，保证样本的独立性。社区的无边界特性，让居民的关系可以通过各个维度延展到各个情境之中，保证了情境种类的丰富性。根据现有研究可知，常见的跨社区情境有：常住居民与外来务工人员背后的宗族-经济关系（项飚，2000）、住在体制内公房的人们参与社会抗争的概率（Tomba，2014）、驻区单位建筑设计院与社区之间的交换关系（张振洋、王哲，2017）、环保或邻避运动背后的抗争逻辑等（黄晓星，2012）。

情境和主体交互及其加总，成为民意诞生的基础。大众（public）和意见（opinion）组合到一起作为复合概念时预设了民主倾向（Price，1992），暗含加总的可能。根据奥尔波特经典定义给出的情境和主体两要素（Allport，1937），民意的形成至少有两种不同的原则。

（1）主体原则，即大家就社区某个设定的情境发表看法，然后数人头。方法论个体主义传达民意的方法，是将所有社会成员的个人偏好加总，形成社会偏好，即用统计平均数的方式得到民意。主体原则承认每一主体表达意见的权力，将其视为均质；又为某一主题设定诸多相关主体，在计算中设定主题的权重。前者通过设定某一场景下的个体选择得到公共偏好的加总值，将人们在情境中的选择作为意见的表达。因此，主体必须身处该情境中。后者通过个体对某一情境的评判，将人们对此情境的评价作为意见的表达。此时，主体不必身处情境中。

然而，人们对设定好的情境表态，除了投票过程是否民主外，关键还在于被投票的情境已被设定。无论哪种情境，都是截取公众生活的某个面向，它既非公众生活全部，也不大可能人人都经历。因此，情境被选定后，民意的生成就变成了自我生产和自我循环的过程。它们大致包括：议题的自我循环——在琐碎而无关紧要的问题上长期争论不休（Page and Shapiro，1983）；程序的自我循环——任何问题放在该程序下都会形成类似的结果（向玉琼，2016）；合法性的自我循环——某个对情境的定义会扩展到不合适的情境，变成所谓的“政治正确”（任剑涛，2011）。由此，我们来到第二种原则，即情境原则。

（2）情境原则，即每个情境通过身处其中的人，表达被选中的合法性。现实生活中，许多重要问题或因为被隐藏而在情境排序中处于后位，或因为人们无法识别出自己在情境中的位置而被忽视。民意调查的实质，正是筛选应被筛选的情境。换言之，是使用理性系统来甄别和筛选情境，将日常生活的截面加工成结构化的信息集。

由此观之，情境、主体和意见，构成民调理论的基本要素：

(1) 民意的表达者是社会主体；

(2) 表达针对一定情境，是对自己身处该情境的一种判断或态度；

(3) 民意调查就是设定各个情境，统计各个社会主体对其处境的意见表达。

民调欲采集数据，要先完成调查设计程序，即规定好复杂民意的测量方式，抽取情境的特性、将主体均质化等，进而抽象成一套程序。以本书的经验对象为例，政府作为调查者悬置在社区之上，是观察社区情境和主体的全景观察者。因此，基层政府民调可具体分为三阶段。

阶段一：民调矩阵的设置（一般为问卷设计、抽样库的设置）。对政府而言，情境的分布情况为 $\{x_1, x_2, x_3, \ldots, x_N\}, N \in \mathbb{N}*$，社区居民的分布情况是 $\{i_1, i_2, i_3, \ldots, i_M\}, M \in \mathbb{N}*$，见式（1a）。情境和居民的分布情况都无法确定，即 N 和 M 的大小皆未知。民意调查是受到目标和成本双重约束的理性系统，主题、方向为其确定目标，时段、经费、人手等为其划定的成本。因此，目标和成本的双重约束决定了民意调查对情境和主体的双重筛选，以形成情境样本集 $\{x_1, x_2, x_3, \ldots, x_n\}, n \in \mathbb{N}*$，和主体样本集 $\{i_1, i_2, i_3, \ldots, i_m\}, m \in \mathbb{N}*$，见式（1b）。情境样本集是民调设置的各个问题，被放置在结构化问卷之中；主体样本集是依照一定抽样原则被抽样的各个样本，以作为填写问卷的人。

$$(a)\ \begin{array}{c|l} & x_1\ x_2\ x_3\ \dots\ x_N \\ \hline i_1 & \\ i_2 & \\ i_3 & \\ \cdots & \\ i_M & \end{array} \qquad (b)\ \begin{array}{c|c|} & x_1\ x_2\ x_3\ \dots\ x_n \\ i_1 & \\ i_2 & \\ i_3 & \\ \cdots & \\ i_m & \end{array}\ ;\ \forall M \geqslant m,\ N \geqslant n. \tag{1}$$

阶段二：民调数据采集（一般为抽样、问卷填写）。在情境和主体集合组成的 $m \times n$ 矩阵中，民意调查的目标是为之赋值。各个情境都会被表达为一个问题，并有若干选项，分别赋值以组成定序数列。这些数列作为该主体对该情境的评价供样本主体选择，如第 j 个居民在第 k 个情境中的评价，记为 $i_j x_k$。民调的数据采集结果则表现为被全部赋值的民调矩阵，见式（2）。

$$x_j = \{x_{j1};x_{j2};\cdots x_{jk}\},k \geqslant 2 \text{ 且 } k \in \mathbb{N}*. \tag{2}$$

阶段三：民调数据运算（一般为指标设计、数据运算）。为得到民调结果，必须进行矩阵的行、列以及行列间的运算。行运算是比较身处结构之中的主体，见式（3a）；列运算是对情境结构化的方式，见式（3b）；行列间的运算是探索主体和情境之间的关系，见式（3c）。前两者是描述性统计，后者是回归分析。

$$\begin{aligned} &(a)\begin{bmatrix} I_{1,\dots,i} \\ I_{i+1,\dots,j} \\ \cdots \\ I_{\dots,m} \end{bmatrix}; \\ &(b)\left[X_{1,\dots,j} \quad X_{j+1,\dots,k} \quad X_{\dots,n}\right]; \\ &(c)X_j = \sum \beta_{1,\dots j-1,j+1,\cdots,n} x_{1,\dots j-1,j+1,\cdots,n}, \beta \in \mathbb{R}. \end{aligned} \tag{3}$$

由此，民意调查的过程是：社会主体对所处情境发表意见，民调统计并运算这些意见，构成民意数据体系。社区民意调查可以被定义为基层政府以社区为单位，主动筛选情境的一种方式，其初衷是依据设定的规则，从社区生活中提取部分情境，并依照一定的程序和标准加工成由问题组成的问卷，组成特定指标体系。在一系列统计程序及其数学原理打造的“标尺”、“天平”和“扫描仪”等工具之下，民意调查方法将无形且不可捉摸的社区民意放在科学坐标系之下，转化成有形状、大小和重量的意义结构。

二 民调的复杂性化简原理

在将民意一步步呈现为有意义的数据结构时，民调也为民意设定了呈现自身的技术轨道。换言之，在C街道民调的语境中，民意只有被放置在政府设置的民调框架中才能被表达出来。主体、情境，必须经历以下化简程序：

（1）对主体的化简，被分割的主体作为独立的个体，被抽样的概率应该均等；

（2）对情境的化简，由情境经过标准压缩而成的议题对于每一个体来说都是一致的；

（3）主体与情境关系的化简，主体与情境应该有一一对应关系。

自19世纪中后期在西欧和北美诞生以来，民调就预示了理性主义信念。该信念让民调为了追求化简的准确性，与彼时兴起滋繁的统计技术相结合，变成一套技术精确且逻辑严格的化简民意程序。民意调查方法论学者并不反感它的化简原理。但从他们的反思①来看，更多是对程序内部逻辑及技术精密程度的追求，而非放弃复杂性化简原理。时至今日，从公共决策时的民意测评、商业产品发布的市场调查到媒体对热点话题的追踪等，民调已由原有的预测选举结果的功能扩展到社会生活的方方面面。

事实上，复杂性化简几乎是人类所有技术性、工具性思维或实践的基本特性。法国哲学家埃德加·莫兰在《复杂性思想导论》中声称：“我们生活在分离的、还原的和抽象的原则的统治下，我把这些原则的整体称为‘简单化范式’”（莫兰，2008）。“任何认识都通过选取有意义的材料和抛弃无意义的材料进行，因而有以下的操

① 相关研究可参见第二章第四节基层政府民调及其技术的文献评价。

作：分开（区别或分离）和联合（结合、同一化），等级化（区别主要的东西和次要的东西）和中心化（根据由主导概念构成的核心进行组织）。”（莫兰，2008）鲍曼（2013）在《现代性与矛盾性》中对现代治理技术下过一个论断——“分类学、类别系统、清点目录、分类目录和统计学是现代实践的至高无上的策略”。几乎所有治理技术在化简社会复杂性时，都是以下几种程序的拼接：

(1) 命名术、分类学等语言和概念技术把复杂、模糊的社会情境简化成犯罪、贫富差距、瘟疫、外敌入侵等一个个涌现出来亟待国家解决的议题；

(2) 治安、税收、公共卫生、国防、法律体系等制度技术把人（主体）的可能性简化，制造出守法者/违法者、纳税人/逃税者、感染者/健康者、士兵/平民等身份；

(3) 计数法、会计制度、统计学、几何学等定量技术把社会和人简化成户籍、人口、土地面积、税银数等数据。

从情境到议题再到数据，社会和人的可能性维度一步步被化简，信息量一步步被压缩，直至形成一个数，即某个维度上敞开的定量标尺上的一点。因此，情境、议题、数据，是技术程序化简社会复杂性的三个步骤。

民调技术作为观察对象的好处是，它可以完整地表现以上过程。我们将以 C 街道的民意调查为经验对象，观察民调如何将社会情境一步步压制成指标和数据。具体如下（亦可见表 5－1）。

(1) 怎么识别情境？

· 情境筛选：街道依照一定的原则去筛选代表情境，即居民生活场景，组成问卷中各个问题的原型。

(2) 怎么问问题？

· 问题定义：将代表情境表述成问卷中的一个问题时，该情境本来拥有的无数个可能的维度被街道限制成有限个，以便表达成一个叙事逻辑。

- 问题定量：每个问题，街道都会设置对应的选项供居民勾选。被定义好的问题预示了其选择域，选项就是对选择域的刻度设置。

（3）怎么抽样？

- 问题表达者确定：街道和居委会相互配合，挑选并确定填写问卷的居民。

（4）怎么生成数字？

- 数字生成：居民作为表达者，按照选择域刻度的规定，选定选项。
- 数字加总：街道以社区为单位，统计并加总刻度值。规定"如何加总"的是各种指标，一个指标就是一个社区排名的标尺。在排名的基础上，街道会将各社区分档次。

至此，街道得到民调想要的结果。

表 5－1　C 街道民意调查过程

阶段	民调过程	主体	工序
问卷设计	问题量与类型	街道	情境筛选：情境样本框的形成
	如何问问题		问题定义：问题就是一个叙事逻辑的诞生
问卷填写	居民抽样	街道、居委会	问题填充者确定：居民样本库的形成
	问卷填写	居民	数字生成：居民确定定量问题的刻度值
指标体系生成	指标设置	街道	数字加总：各个刻度值置换到不同标尺上
	排名		加总结果：总标尺刻度值的确定

资料来源：笔者自制。

注：事实上，作为一个项目，整个民意调查还有包括事前财政拨付、项目设计和事后项目总结等阶段。在此，仅仅讨论民意调查的实施阶段。

因此，民意调查的理性主义信念和实用取向，让街道为了得出一个结论，如是否在某社区增加"TXJY"自治项目、是否在老旧小区组建夜间治安巡逻队，而将民意化简成二值判断的集合。其科学取向，让民调为了追求化简的准确性而与统计技术相结合，变成一套技术精确且逻辑严格的化简民意程序。

三　命题与假设

斯科特在《国家的视角》中有个经典隐喻（Scott，1998）：在农业大生产的过程中，土地的几何形状、土壤条件、杂草生长情况、地势高低、含水量等复杂的参数被化简，只采纳面积、肥沃程度等少量参数；土地被大型机械耕作成规则的几何图形，统一种植一种或几种作物。现代化农业由农业资本家、大型机械以及农场工人共同决定，就像民调化简的方向、程序由民意调查者以及他掌握的技术共同决定。最“真实”的民意，如同最大农业产出，是目标和成本双重约束下计算的结果。计算背后的一系列程序，如样本框的形成、问卷的设计、选项的设置以及统计分析，都基于特定的假设。

根据上述分析，我们可以提出关于民调技术的基本假设：

> 假设一：复杂民意假设，即每个主体就某个社会情境表达出的意见是不可加总的。

意见是主体对情境进行判断并化简的过程。尽管实践中往往是一瞬间发生的，但理论上主体是通过一步步的选择将情境的维度逐步化简，最终表现为二值逻辑上的选择值。然而，被化简的维度并没有被消除，而是作为背景，沉淀在最终被说出来的意见之下，并支撑它。每个人形态各异的生活背景造成它们的化简方式和过程是不一样的，意见也就不一样。复杂民意的根源，在于每个主体都拥有化简复杂情境的权力。每个人对同一个情境不一定有相同层面的意见，每个人的意见相互交织，每个意见形成又有其特殊背景。当一个意见被说出的时候，烘托出它的背景被隐藏；当一个人表达意见时，其他人的影响可以不被看见。这些因素构成了民意复杂性，都不能被轻易忽视。因此，就算各个主体化简其所处的情境，也不能说他们的意见是同质的、可累加的。

> 假设二：民调化简假设，即民调通过设置主体、情境的

化简程序和一一对应关系，为所有异质的个人意见确立一个单中心的坐标系，并加总它们，形成民意。

民意调查化简复杂民意的手段就是将每个主体手中的权力收归己有。要想破解意见不可加总的困境，必须让意见从异质变为同质，从相互牵连到互为独立。那么，唯一的解决办法就是把所有意见放置在一个体系内，让多中心的意见说出方式变为单中心的。民意调查应运而生！与多中心的主体在“内部”化简情境得到意见不同，民调是作为一个巨大的单中心站在“外面”化简民意。民调拥有对民意支配的绝对权力，成了“操作”民意的“独裁者”。标准的化简情境能将每个主体化简情境的方向设定为一致，最终变为带有二值逻辑的标准意见格式。所有主体对此作出选择，表达出可加总的均质意见。在具体操作上，每项民意调查有其特定目的和意义结构，在抽样范围、议题、备择选项、场景设置等方面都有特殊规定，旨在消除民意的复杂性，让其变得可科学地描述。所以，它要去规定谁来说出、就什么说出、在什么维度上说出、在什么范围内以及在什么场景下说出等。单中心化简民意的方式，是将所有主体的视角、进入情境的方式等要件规定成统一形式。在随机性、代表性、信度和效度等经验指标的“监督”下，民调的统一形式构成一个逻辑自洽且环环相扣的意义结构，完成方法论的合法性论证。

假设三：民调的两阶段假设，即民调设计阶段是化简复杂民意的过程，民调实施阶段是复杂民意回归的过程。

民调欲采集数据，要先完成调查设计程序，即规定好复杂民意的测量方式，抽取情境的特性、将主体均质化等，进而抽象成一套程序。在此过程中，复杂民意的维度大大压缩，主体在情境中活生生、动态且无法相互通约的经验被压平、修剪、打磨，变成一个可测量的实体。民调采集数据时，这一套抽象程序必须由身处情境中的主体（受访者）表达出来。尽管标准意见格式背后隐藏着民调设计者“情境—议题—问题—选项”等一系列化简过程，但受访者面对的只是由问题和选项构成的问卷本身。为了简明扼要、逻辑清晰，问题的设置通常只包括很少几个维度。如问题“在小区东门有一排夜间营业的烧烤摊，你觉得是否对你的正常生活造成困扰?”，包含的维度仅有地理位置、时间、对象等少数几个，情境中的其他维度在化简过程中被删减了。然而，民调设计的意见格式要被理解，必须要放置到受访者经历的情境中才是可能的。在此过程中，受访者会添加自己独有的信息以理解该问题。被化简的复杂性又回来了！简言之，民调设计阶段不断化简复杂性，对情境进行有方向的维度压缩，直至将之表达成二值逻辑；数据采集阶段则与此相反，标准二值逻辑背后的社会情境又被受访者进行复杂性还原。

在以上三个呈递进关系的假设的基础上，我们可提出以下可供检验的命题：

命题：民调的民意简化过程不可逆，造成民调实施阶段无法精准还原被删除的复杂性。

上述貌似无懈可击的信息压缩和解压过程中，信息要保证没有丢失。然而，作为高度压缩后的标准意义结构，问卷中的问题、选项等如何被受访者理解，是关键问题所在。当问“烧烤摊是否影响到正常生活”时，只要理解“烧烤摊”“正常生活”“影响”等诸多词汇的意义，并将其组成一个逻辑命题，受访者就能从逻辑上能够理解。但是，意见并不是逻辑推断，必须建基于主体对所处情境的意义理解。民意调查要求受访者就该问题说出自己的意见，如果不放置到自己独有的“烧烤摊”情境中，上述过程将是不可能的。受访者想要针对问卷说出意见时，需要对表达的二值逻辑进行解压缩，执行维度增加、添加背景、维度结构化等信息补充程序，以理解它到底对应自己生活中的哪个片段。受访者可能在摊上吃过烧烤、可能跟老板很熟、可能晚上休息受到打扰等。一系列与受访者相关的情境叠加到一起，构成了他对该问题的答案。

这些相叠加的情境，将问卷化简后设定的标准情境打破——受访者在填写问卷时，并不能遵从民调设计阶段所打造的轨道。民调程序无法提供标准化，全部由受访者自己决定。什么是扰民？噪音、油烟、吃宵夜的人群带来的社区安全问题、摊位摆放占道甚至摆摊有碍观瞻，都可能被不同居民认定为扰民。正常生活是指什么？睡眠、走路抑或吃饭的便利？更有甚者，如果有居民之前一直没有发现夜宵摊位，某天因为加班深夜回家而发现楼下到处都是摊位，她会不会就认为扰民现象更严重了呢？当标准问题及统一选项被理解时，受访者将它们浸润到自己独有的情境中还原，随之再各自进行化简，得到规定二值逻辑上的选择，即说出意见。那么，如何保证受访者补充的信息与民调设计问题时被化简的信息一致呢？又如何保证居民之间补充的信息一致呢？换言之，民调只能控制人们在该标准问题及其选项做出选择，却无法控制他们在什么背景下得到这个二值逻辑的选择。

以上三个假设和命题涉及技术哲学“经验转向”的经典问题——技术设计与实施的两阶段分裂（Brey，2010；Franssen et al.，2016）。简言之，技术无论如何都无法摆脱黑箱的诅咒：在设计阶段，技术的结构可以做到明确，但它在实践中的功能是无法预知的，这是第一个黑箱；在实施阶段，技术的功能已然明确，但它已设计好的结构又变得暧昧不清，是为第二个黑箱（Kroes and Meijers，2006）。因此，经工程师设计后的技术是个抽象的结构，使用者会根据既定用途将技术工具化、情境化（Orlikowski，1992；芬伯格，2015）。基于此，我们可以得到：

推论：民调设计和实施的两阶段分裂，为民调参与者提供了灵活解释的空间。

第二节　民调技术的社会实验

为了证明技术的复杂性化简过程以及设计和实施的两阶段分

裂，我们可设计一个关于民意形成的社会实验。实验取材于C街道CS路YX广场周边的夜市，通过询问周边居民夜市是否扰民这一议题，来呈现民意如何被化简，并追问该化简过程存在什么问题。

一 社会实验设计

第一节的理论推演为社会实验设定了一个目标，即观察民调的技术程序如何把不同的故事加工成同样的意见。为了讨论简便，实验中的民调只涉及一个问题、四个主体，即四个意见的加总。此举目的是省却与本书无关的对统计假设、数学原理的无休止讨论，又无损民意调查的技术逻辑。

我们设计的实验基本情况如下。

（1）实验背景：YX广场属于B区核心商圈，面临主干道，背后及其周边都是居民楼和临街店面。这里的夜市已有五六个年头。每到凌晨，12点过后，避开城管工作时间的夜市自发聚集起来，无证商贩在街面、人行道密密麻麻摆摊，包括服装、小商品、烧烤、夜宵等各式各样的门类。消费群体多为附近商圈上夜班的年轻人，也有当地居民。摆摊的商贩和消费的人群，绵延400多米，将这里挤得水泄不通，直到天亮才慢慢散去。2013年前，夜市从晚上9点多就开始，大约凌晨4点左右结束，消费人群更为广泛。经过城管部门整治，上半夜已没有摆摊，而是改到凌晨。随着A市打击乱摆摊设摊，其他夜市逐渐凋敝，也有部分商贩“转战”此处。

（2）实验素材：调查问题为“您是否赞同，YX广场夜市已经干扰到您的正常生活?”备择选项为二分变量，即“赞同”“不赞同”。

（3）实验时间和过程：笔者于2015年10月11日和14日，街头随机采访十多位周边居民，随后又通过手机通话和微信进行语音和文字访谈。根据感兴趣的对象，结合采访对象意愿和访谈条件，挑选出四位不同生活背景的居民。具体分以下几个步骤。

①通过不同场合的多次询问，从多个方面勾勒出他们围绕着夜市的生活史。

②询问每个实验对象夜市扰民的问题——“您认为 YX 广场夜市是否干扰到您的正常生活?”

③询问实验对象对题目的理解以及选择特定选项的理由，并记录下其情绪、答题环境等因素。

④记录下实验对象给出的关于夜市扰民问题的答案。

(4) 实验对象：四位不同生活背景的居民——L1、X、S、L2。

①L1：24 岁，男，外地人，公司职员，独居，租客。L1 的下班时间不定，从晚上 9 点到凌晨 1 点不等，其住宅距离 CS 路隔着两栋楼。

②X：63 岁，女，本地人，退休，家庭主妇，有一个 8 岁的孙女。X 的住宅为 YX 广场旁边居民楼，临街低层。

③S：72 岁，男，本地人，有神经衰弱、心脏病史。S 的住宅为 YX 广场旁边居民楼，临街中层。

④L2：39 岁，外地人，女，租客。L2 有一家重庆面馆（兼营盖浇饭、小炒等），在 YX 广场后面居民楼一层临街，吃住在店里。

(5) 实验组、参照组：四位居民围绕着夜市的生活史、面对题目时的反应以及最终答案等组成的个人意见形成和加总过程，互为实验组和参照组。

需要说明的是，访谈对象并非随机取样。他们来自笔者随机街头采访中得到的十多个样本，但根据被访谈者意愿和笔者意志进行了挑选。因此，他们呈现出来的年龄、性别、家庭背景、住址、籍贯等个体特征以及围绕着夜市的生活史都经过了有意识地挑选和比对，放置在实验组和参照组之中。

二　实验准备：不同的故事

在民调之前，笔者就夜市的相关话题，分别详细询问了四位被访者（实验对象），并用手机录音、微信聊天的方式记录下访谈过程。[①] 在访谈过程中，他们的个人信息和生活历程随着话题的变化而自然浮现、流动。由于是无结构式的访谈，对每个实验对象的问题、提问方式、场景都可能不一致，笔者的提问都被删去。[②] 下面整理出来的个人生活史，尽可能呈现出每个实验对象有关夜市扰民话题提供的相关信息。

第一个访谈对象 L1 的基本信息：

外地某知名大学本科毕业后，L1 于 2012 年开始在 A 市工作，从事新媒体行业，收入尚可。他在 A 市朋友较少，独身，平时工作忙，加班多，交际圈窄，租住在 CH 社区的某单身公寓内。由于房子比较破旧，租金对于市中心来说不算高。他的近期目标是尽快多挣点钱，在父母的帮助下在 A 市买房子[③]。

他围绕着夜市的生活史被整理如下。

> “我觉得（夜市）摊子挺好的，回来吃点夜宵。（我）不逛别的，那都是地摊货，淘宝爆款嘛，小女生爱逛。我还是下班晚了，公司那一片都没什么好吃的。（我）一般是打包，方便，回去吃吃喝喝，洗澡、玩会手机就睡了。自己做多麻烦啊，一个人住嘛，厨房就没怎么用过。便利店的东西吃太多了，没意思。去馆子麻烦，又要点菜、结账，一个人坐一桌。以前夜市出得早，现在不知什么原因，一般都没有了。有几次（我）加班到很迟，才发现（夜市）还在那里。”[④]

---

① 由于访谈对象的异质性，访谈形式和时间皆未结构化，而采取了便利性原则，如对 L1 的访谈皆以微信聊天的方式进行，对 L2 的访谈都在其店面内进行，S 和 X 的访谈则既有面谈也有电话访谈。

② 涉及对笔者的称呼、无意义的重复、过渡以及过多的语气助词，都被省略。另外，由于笔者不懂 A 市方言，与实验对象交谈一律使用普通话，访谈过程中仍不可避免出现一些俚语（老年人更普遍），出于研究伦理，不泄露其地域信息，都做了一定的处理。

③ 2017 年初，L1 在远城区买了房子后搬走。

④ 2015 年 10 月 14 日、19 日，对 L1 的微信访谈记录。

第二个访谈对象 X 的基本信息：

X 是老 A 市人，中学毕业后去了内陆某省下乡插队做知青，20 世纪 70 年代末回城结婚并在某国有企业参加工作。现与老伴跟儿、媳、孙女住在临街高层公寓的二楼，另有一处老公房在出租。退休后，主要工作是做饭、做家务、接送小孩上学等，休闲时间较少。

她围绕着夜市的生活史被整理如下。

> "一到晚上，（商贩们）就把桌子摆出来了。都是外乡人在那里嘛。摆摊的、买衣裳的、吃东西的，小姑娘、后生一个个的哟，挤得是满满当当。哎哟，你是不晓得。那个 YX 广场什么 KTV、饭馆、服装店的服务员一下班，就来这里了，吃了喝了玩了再走，留下一堆垃圾。人员复杂呀，喝酒了打架的，怕得不得了，把便道都占了啊，（行）人都要走到大马路了，危险得哟。别人家以为我们住的好地方，哪晓得这种样子。我家孙女同学都不敢来玩。我们靠着大马路，那个油烟熏得，我的窗户还是油油的……吵肯定是吵的呀，我孙女晚上做作业，很受影响的。之前我是很愤怒的，投诉过好几次了。现在倒好，上半夜不搞了，下半夜开始了。（我们）早上送小孩上学，路上的油这里一块那里一块，老年人、小孩子走在上面也不安全。"①

第三个访谈对象 S 的基本信息。

S 是 A 市人，退休前为某事业单位职工，子女皆在国外，与老伴二人居住在 YX 广场旁边高层公寓的中层，住宅临街。S 的老伴善交际，是社区腰鼓队的骨干，也经常参加社区活动。S 由于身体原因，一般不出现在社区或集体活动之中。他早上去买菜，上午一般会在主干道对面的街道公园下棋、散步，有固定玩伴棋友老 T，中午以后不出门，在家看电视、做饭。

---

① 2015 年 10 月 11 日，对 X 的访谈记录；2015 年 10 月 19 日，对 X 的电话访谈记录。

他围绕着夜市的生活史被整理如下。

“住在这里，我也是没办法，年纪大了，没能力搬。晚上车水马龙，就像在大马路边上睡觉。小车还好，半夜三更的大车‘呜’的开过去，房子都在抖。那我是经常被吵醒了，醒了后心口疼啊，发慌、胸闷，难受嘛。口干了又起床去喝水，又睡不着了。房子就不大，床在窗户边上，也没什么看，街上空空的，看这么多年，厌烦了吧。你说这个夜市吧，很多人都讨厌。说句良心话，我个人是喜欢的。我倒不是为吃喝，老年人受不起这个。晚上听这个声音，我睡得踏实，炒菜的、讲价的、喝了酒说话的……为什么呢？声音不大、不突然，不是东一榔头西一棒子的、一惊一乍。各个声音混起来，就是催眠嘛。说起来，你们年轻人也不理解。有时候声音也突然起来了，要么是城管赶人，要么是喝酒打架的。醒了也没关系的，看看新鲜事，坐山观虎斗嘛，看人间百态，比电视好看。事情完了，我就再睡。现在前半夜（夜市）没有了，说实在的，我有点不习惯。”①

第四个访谈对象 L2 的基本信息。

L2 来自西南某省农村，初中肄业南下广东打工，后回乡结婚。两个孩子都上寄宿制小学后，被交付给公婆照应。之后，L2 与丈夫一起来到后者打工的 A 市。二人刚开始进厂，后来 A 市工厂外迁，遂做服务员、送水工。因收入太低，做起小生意。因丈夫有厨师学习经历，两人在城区另一著名夜市开了流动食品摊，经营麻辣烫、凉面等。由于该市场被城管整顿，加之几年来积累的资金，夫妻俩在 YX 广场后面的社区巷子里租了个门面，做家乡特色面食、简餐和小炒。

她围绕着夜市的生活史被整理如下。

---

① 2015 年 10 月 11 日，对 S 的访谈记录；2015 年 10 月 20 日，对 S 的电话访谈记录。

"那（夜市）有啥子好的，不卫生的嘛。我们是正规门面，有手续，要盖公章的。我们主要是做社区生意，大路上门面大，租不起。以前八九点就开始了，别人都去那里（夜市）消费的嘛，那里热闹。小区里的人去那里，只（有）几步路远。本来想叫我老公推个车子去卖盒饭，（但）人手不够。别人也不得吃你的盒饭嘛，出来玩，都不得吃饭的，都吃麻辣烫、烧烤，喝啤酒。（我们）有了店面，钱反倒不好赚了。我老公那时候灰心得很，为啥子，赚不到钱嘛。他自己倒是跑到那里去喝酒，我们有几个老乡在这边的嘛，约到一起。最近好了不少，晚上的生意还可以。有人管了，有秩序了嘛。YX 广场的人，也有好多来我们这里吃。"[①]

三　实验过程：异质的意见

为反映被调查样本的个人特征、背景、社会关系，民意调查会设置一些年龄、性别、职业、收入、距离远近等变量，并在设定统计模型时充当工具变量。从受访者不同的故事中可看出，除了距离远近外，其他的因素很难说与扰民有多大关系。甚至，年龄较大的 S 因为有神经衰弱和心脏病史，需要在夜市的喧闹中才能安稳入睡。每个人的生命史中与夜市相关的特征，对其他人来说可能全不相干。直观地说，对某个人关系重大的因素，可能对其他人意义不大。

为此，我们设置一个二次提问的机制，即根据前几轮的访谈信息，提取每个人与夜市最相关的因素，再询问其他三人。结果如下所示。

（1）L1 与其他三人。L1 关注的是如何在特定的时间和地点获取快捷、便宜的食物。另外三人皆无此需求。他们的代表性意见如下。

---

① 2015 年 10 月 14 日、16 日，对 L2 的访谈记录。

X：“没想过这个问题。小孩子不得吃瞎七搭八的东西，也不爱吃。她们要吃麦当劳、西餐的呀……你说那么晚了，老人家还要去看花花绿绿的衣服呀？”①

S：“晚上不出门，看看电视就行了。”②

L2：“我老公以前去，他不是爱吃爱喝的人。（他现在）心情不好嘛，理解。”③

小结：三人皆没有经历过 L1 的情形。他们不仅无此需求，更可能是没考虑过这个问题。

（2）X 与其他三人。X 关注的是噪音和油烟、清除地上垃圾和油斑。另外三人情况不一。他们的代表性意见如下。

L1：“垃圾清理我支持啊。国际化大都市怎么能允许垃圾存在……哦，你问对我的影响啊。垃圾早一点晚一点，总会清理的。我九点才出门，根本看不到啊……噪音很大，房东搞的嘛，都是隔断，板子薄，隔音差。（夜市）隔那么远，又不是葫芦娃（的顺风耳），这里的声音都听不够。”④

S：“有点声音是好的，压压大马路上的车（声）。”⑤

L2：“没门面的就是那样的嘛，没得人管。我们有城管、市容管起，网格员也来转，各人门前卫生搞好，就不存在这个事了。”⑥

小结：三人都经历过此情形。但是，除了 S 与 X 在一个维度上考虑此问题外，另外二人在此场景中的想法完全不同，不能放在一起比较。

① 2015 年 10 月 22 日，对 X 的访谈记录。
② 2015 年 10 月 22 日，对 S 的访谈记录。
③ 2015 年 10 月 23 日，对 L2 的访谈记录。
④ 2015 年 10 月 23 日，对 L1 的微信访谈记录。
⑤ 2015 年 10 月 23 日，对 S 的电话访谈记录。
⑥ 2015 年 10 月 23 日，对 L2 的访谈记录。

（3）S 与其他三人。S 关注的是 CS 路上的车辆噪音。另外三人情况不一。他们的代表性意见如下。

L1：“车水马龙夜都市。要是我下班走在大路上，没有车开过，没有声音，想想也是怪吓人的。”①

X：“车子多，我们家里人都习惯了。摆摊子的不可能习惯的呀，我孙女有课业，要聚精会神才可以的。”②

L2：“没在乎这个问题。我们在外打工，什么环境都生活过。这点声音算啥嘛。”③

小结：X 与 S 在一个维度上考虑此问题。L1 考虑该问题的出发点是黑夜里车流带给行人的安全感。L2 通过出身和经历的对立，建构起自己的身份，无意间回避了此问题。

（4）L2 与其他三人。L2 关注的是夜市与自己店的生意竞争。另外三人皆未有此忧。他们的代表性意见如下。

L1：“那个重庆小面（L2 的店铺），我也经常去的。基本是周末，白天下去吃个饭。晚上没去过，不知道生意怎么样。”④

X：“应该是有。”⑤

S：“没听说过，我也不关心这个事。”⑥

小结：L1 的思考维度与 L2 一致。由于信息量不够，X 对此含糊其辞，S 在主观上也没有思考过此问题。

上述机制设定某个实验对象为实验组，则其他三个对象为参照组，依此类推，即四个实验对象互为实验组和参照组。通过整

---

① 2015 年 10 月 23 日，对 L1 的微信访谈记录。

② 2015 年 10 月 22 日，对 X 的访谈记录。

③ 2015 年 10 月 23 日，对 L2 的访谈记录。

④ 2015 年 10 月 23 日，对 L1 的微信访谈记录。

⑤ 2015 年 10 月 23 日，对 X 的访谈记录。

⑥ 2015 年 10 月 23 日，对 S 的访谈记录。

理实验组的问题，对参照组的二次提问，可发现如下规律。

实验对象 A 在乎的某一社会情境，其他对象要么不知情、要么不关心、要么理解与 A 有偏差。

换言之，在不施加影响（如使用民调框架）的条件下，他们异质的生活历程导致其对夜市的相关意见是异质的。个体意见的得出不在一个轨道上，也没有相同的维度，因而无法被加总。由此，第一节的假设一得以证明。

四　实验结果：民调的建构性

在实验的最后一个阶段，笔者设定统一的问题框架，分别询问四个实验对象以下问题："您是否赞同，YX 广场夜市已经干扰到您的正常生活?"这个统一的问题，正是第一节假设二所揭示的内容。在对方给出答案后，询问他/她的理由，以及当时的情绪、环境等相关信息。如有需要，笔者也会就某个自认为重要的信息进行追问。

L1 的答案：赞同。他的理由及相关信息如下：

"要说扰民，夜市真的没打扰到我，还给我不少便利。夜市现在（上半夜）没有了，晚上只能吃泡面。太晚了，外卖都叫不到。不过你要说（是否）扰民，那肯定的，周边居民被打扰到了。噪音扰民，人群混乱，也不安全……你的标准答案是不是扰民？我答对了吧？……（你问）我自己的意见啊？那也还是扰民，违背社会主义公序良俗，不好。我吃泡面也没什么，还省钱。"①

X 的答案：赞同。理由如下：

① 2015 年 10 月 25 日，对 L1 的微信访谈记录。

“那肯定扰民了的呀，明摆着的事体。这帮人好生的营生不做，到处流窜。我投诉了好多次。投诉一次麻烦得（很），根本没效。城管一来，他们就跑到J区躲起来[①]，城管一下班，又跑过来了。精得不得了。A市这点事情都做不好，口号喊得震天响。我研究了好久，依我看，就要学别人，搞隔离带、种花坛，效果最好。”[②]

S的答案：赞同。理由如下：

“你一定要我说个答案，真不好说。我刚才讲明了，这里有人气，对我的身体好。城市城市，有城有市。市场经济，不就讲个自由贸易呀？这是一点私心。小区里人人都说流动摊贩不好，不卫生、不安全、扰民。我爱人在社区里跑，也在忙这个事，求政府帮忙。这是好事情嘛，你说对吧？我是闲人，白天睡午觉的，大家不同的呀，晚上休息好，白天才清爽。要我表态，还是觉得扰民。”[③]

L2的答案：不赞同。理由如下：

“你这个调查有没得用哦。我都想选赞同，把他们赶走……开玩笑的。凭良心说，我说那么多（夜市的不好），其实没得意思。摆摊子的也有我老乡，我们先前也推车子[④]……扰个啥子民哦，我们在老家的时候，龙门阵摆起，麻将摆起，瓜子嗑得咯咯响。旁边屋里娃还不是（照样）做作业、睡觉。（我们）出来做生意，天天做活累了，床上一倒，啥子都听不见，第二天清早上还要起来生炉子、备菜。又不是敲起锣鼓放鞭炮，也不把你从楼房里赶走，哪里是扰民哟。这里的人就是

---

① J区位在YX广场附近，与B区交界，不属于B区城管管辖范围。

② 2015年10月25日，对X的电话访谈记录。

③ 2015年10月25日，对S的电话访谈记录。

④ 指流动食品摊。

太安逸了，闲得发慌。”①

面对相同的问题，四位实验对象给出意见是，赞同与不赞同分占3个和1个。从直观上看，上述民调结果与前面对生活史、背景的交代有不少相悖之处。接下来对民调过程和结果的比较分析，就从二者的相悖之处入手，比较四位实验对象围绕夜市的生活史与他们最终给出的意见。

在对生活史的访谈中，由于笔者有意的设计，实验对象并没有明确表示出对夜市是否扰民的意见。但是，根据他们有意或无意的话语，大致能够推断出其倾向。比如，L1在说明夜市对其生活便利的好处，并声明自己住得远的时候，大致可以推断出他的倾向是夜市不扰民。具体比较结果可见表5－2。从表中可发现，除了X外，其他三人生活史中的意见倾向与民调答案差距很大。其中，L1和S的意见前后矛盾。但二人理由稍有差别，前者似乎并不在乎是否扰民的问题，对此也没有很深的体会，以一句轻飘飘的“公序良俗”替代了自己的意见；后者为了支持老伴工作，以社区利益替代了自己的意见。L2给出答案的理由也值得注意。她刚开始在是否赞同扰民的答案中徘徊时，其理由是能否将生意竞争对手赶走，而非扰民话题本身。当她回到话题本身时，她的回答的出发点是对扰民性质的认定，与其他三人皆不同。这也提醒调查者，对“扰民”这一问题的意见收集，背后预设了中产阶级的生活方式②。

表5－2　生活史的意见倾向与民调答案比较

人物	结果	生活史中的意见倾向	民调标准问题下的答案
L1	矛盾	不扰民 理由：生活便利，住得远	扰民 理由：“公序良俗”

① 2015年10月25日，对L2的访谈记录。

② “扰民”之义，在农业社会是滋扰百姓，意指官府税负、徭役或匪患对农民正常生活的干扰，即外来不可控力量让大家饿肚子。如《辞海》：「苛政扰民」；《大宋宣和遗事·元集》：「当有银台司范镇上疏，奏言青苗钱扰民不便。」见辞海在线查询：http://www.cihai123.com/cidian/1039557.html。

续表

人物	结果	生活史中的意见倾向	民调标准问题下的答案
X	一致	扰民 理由：影响孙女学习、社交，环境污染，安全隐患	扰民 理由：影响孙女学习、社交，环境污染，安全隐患
S	矛盾	不扰民 理由：利于入眠，醒时可解闷，住得较高无油烟污染	扰民 理由：支持爱人工作、为社区利益
L2	无法判断	无意见 理由：无相关理由	不扰民 理由：城市人矫情

资料来源：笔者根据访谈材料自行编制。

另外，对调查者身份的预期，也影响了实验对象的答案。不管笔者如何表明中立身份，并声称调查只是学术研究所需，都没有实质作用。除 L1 以外，其他三人不能完全消除疑虑。尽管他们相信笔者不是政府工作人员，但还是觉得调查和访问会带来公共权力和舆论的效力，如至少可作为决策参考或成为媒体报道的一部分。不然，很难想象有人会在特定的场所，围绕着一个特定的事件去深入访问。

社会实验的结果如第一节假设二、假设三所言，民调所设定的单一坐标系，制造出设计阶段和实施阶段的分裂。通过个体特征、标准问题和选项，民调问题预设了表达意见的统一轨道，意图简化被调查样本的生活背景。然而，当我们实验对象面对关于夜市扰民的标准问题时，他们必须要补充被简化或省略的各种意义维度。换言之，他们把问题放置在自己的生命历程中，使之形成一个意义结构，才可能做出回答。比如，L1 考虑的是公序良俗，L2 考虑的是城市人矫情，S 考虑的是支持爱人工作等。至于实验对象如何补充维度，如何放置到自己的生活历程，如何形成一个意义结构，民意调查的技术程序没有规定，也无法规定。民调技术能保证的是程序正确，如问题和选项从逻辑上有效，抽样、问题框架设置满足统计原理，控制答题的标准环境等。然而，一系列程序呈现在意见表达者面前时，只能保留问题和选项。之前设置从情境到议题等化简过程，都在问卷中消失不见。调查者为何设置这些问题？这些问题对受访者意味着什么？为什么某情境要按此方向压缩成某议题？为什么某议题要如此问？这些问题对于合格的设计者来说，是明确的。但对于受访者，却被删减了。因此，民意调查的化简只存在技术框架内，一旦到了实施环节，又会被陷入复杂性之中。由此，第一节的假设三得到证明。

正如科学哲学家加斯东·巴什拉（Gaston Bachelard）所言：

> "简单的东西是不存在的，只存在着被简化的东西。科学建构它的对象是通过把后者从其所处的复杂环境中抽取出来，将其放置到非复杂的实验的形势下。科学不是对于一个本来简单的宇宙的形容，它是为着获得某些性质或某些规律的需要而深度采取的简单化的操作。"（转引自莫兰，2008）

事实上，技术的诠释弹性（the interpretive flexibility of technology）让它在实践过程不断地受到技术使用者和对象按照特定情境不断的建构（Bijker，1995；Orlikowski，1992）。这种建构因为是"社会性"的，因而无损其技术原理。由此，我们进入第三节。

第三节 基层政府民调的建构过程

对民调的社会实验，把我们带入技术的建构论。民意是建构物，没有它应该有的状态。既然民调只是"形式上"化简了复杂民意，那么它的技术设计的严格性与实施过程的建构性并不冲突。不同的民调目标，使得不同的操作者如社会科学研究者、媒体或政府选择各自感兴趣的议题；不同的视角、经费或人手等方面的考量，让他们选择不同的调查和抽样方式。诸如此类的因素，都不是民调技术所能规定的，但都把民调引向不同的化简方向，得到不同的民意。[①]

① 同理，政务微信/微博技术管不了页面新闻或推送的千篇一律，网格化管理技术管不了网格员拍照上报容易解决的事务，舆情监测平台管不了对事件识别、分类和定性的现实考量。

在吉登斯的结构 - 能动理论启发下，特别是 1987 年的文集《技术系统的社会建构》出版之后，社会建构论[①]成为科学技术研究（STS）的主流之一（Bijker, 1995；Bijker et al. , 2012；Pinch, 2008；Bijker, 2007）。[②] 由于技术的诠释弹性（interpretive flexibility），它并非“封闭的组件”（closed block）或“牢不可破的整体”（unbreakable whole）（Simondon, 2017；Latour, 1987）。自行车、人造树胶、荧光灯等技术物的历史演变皆表明，各类消费者、制造商、政府、广告商等诸多相关社会群体（relevant social groups），围绕着原材料、设计方案、工艺、能耗等技术细节，把自己的需求问题化并延伸出特定解决方案，从而将利益融入到各个部件的设计和修正过程中（Pinch and Bijker, 2012；Bijker, 1995）。随着技术过程逐渐关闭（closure），社会群体之间开始形成权力结构，话语权被不均衡地分配，甚至有些群体被排除在外，直至技术框架（technological frame）最终形成（Bijker, 1995）。在研究对象从以创新为中心转到以使用为中心后，技术的建构特性依然如故（Pinch, 2010）。

在技术治理的各个场域，不论是政府信息化的推进过程，还是精准扶贫的数字生产链条，抑或基层政府的民意采集程序，分布其上的相关社会群体皆分属科层的层级与部门，成为左右方案细化的因素。以政府信息化建设领域为例，街道领导基于现有条块关系的考虑可能选择效率较差的技术方案（黄晓春, 2010），而

---

① 在 STS 层面，有 SCOT（social construction of technology）、ANT（actor - network theory）两个建构主义流派。值得注意的是，它们之间的异议已逐渐明晰。（Bijker et al. , 2012：xxii；Pinch, 2008；Bijker, 2007）如 ANT 的代表拉图尔就对社会建构论进行了旷日持久的攻击：先是在 1986 年再版《实验室生活：科学事实的社会建构》时删除“社会”一词，继而把“非人类”（nonhuman）列入行动者行列并重新定义建构论（Latour, 2003；Latour, 2005：91）。但总的来说，它们还是被视为广义的建构论者（Winner, 1993）。

② 虽然奥利可夫斯基认为其模型同时摆脱了技术中心论和人类中心论（Orlikowski, 1992），但该文核心概念技术诠释弹性依然来自 SCOT。另外，SCOT 也引入吉登斯的结构二重性改造原有的技术框架概念（Bijker, 1995：192），且奥氏也使用过技术框架作为核心概念（Orlikowski and Gash, 1994）。因此，仍将当时的她视为社会建构论者。

决策层、管理层和使用层的技术认知、利益差异将影响信息技术在政府的采纳和应用（谭海波等，2015；谭海波等，2019）；在精准扶贫领域，数字技术的发包者、传递者、生产者和知情者基于不同的行动逻辑，将自身的偏好与意志植入数字生产的漫长链条中（王雨磊，2016）；在基层民调领域，街道领导、各科办、社区干部、居民分别将自己的利益植入各个统计程序和层级中（彭亚平，2018；Peng，2020）……如果考察技术与组织互动的历史，会发现社会建构论的视角可以遍布技术应用的各阶段：参与者的感知，即人们的态度、价值观、信仰决定是否采用某项技术；参与者的诠释，即用户用既有的经验框架理解该技术；参与者的调用与实施，即根据组织目标，群体内部商谈如何使用该项技术（而非依照说明书），并具体实施（Leonardi and Barley，2010）。

回到我们的经验场域，一旦民调技术程序被嵌入科层的组织结构之中，简化民意的过程由科与层来实施。如第一节的命题和第二节的分析所示，由于化简过程的不可逆，民调的技术严格性只能保证设计过程中的逻辑自洽，无力规定被调查者在回答标准问题时如何形成意义结构。这就为承担民调的参与者提供了诠释空间。例如，如何选议题，如何问问题，如何选择样本，如何生成数据，如何加总数据……对于这些环节，只要保证它们符合大数定律、中心极限定理、信度效度原则等技术要求，民调技术程序就认可它们的合法性。至于它们具体如何运作，民调则无能为力。哪些议题该选，问题怎么问比较适宜，该选择哪个抽样库，等等，都具有解释的弹性，为各个参与者提供行动空间。

更有甚者，第四章的分析告诉我们，当各个治理技术因为共享组织构件而相互通约之后，基层民意调查的实施过程就会跟其他治理技术相互连通。在 C 街道进行的民调中，哪些议题该选，可能受到目前政府创新品牌“TXJY”自治建设的影响；问题该怎么问，可能被上下级关系、条块关系、治理热点或社会敏感事件的制约；选择哪个抽样库，可能受制于政府掌握居民信息的程度，并与网格化管理和一户一档等数据采集方式直接相关。因此，由于技术在实施过程中的建构特性，使得诸多治理技术在共享组织构件而相互通约时可以做到不影响其技术的严格性。

具体地，本节将通过分析民调的各个技术程序如何被操作来详细阐述这一论断。在操作层面，笔者设计两种比较机制，或将基层政府各主体的想法与技术人员提供的其他可能性作比较，或观察 2016 年民调方案较之 2015 年如何变化。最终，我们梳理出民调方案朝着何种方向设计、调整，并分析原因。

一　从“情境”到“问题”

问卷是社区情境的集合，即将民意搜集限制在一定的范围内。作为民调的执行者和组织者，街道面临的任务是，从 35 个社区的无数个可能的情境中，抽取组成问卷的代表性情境。民意调查为什么限制在问卷内的问题呢？在既定资源下，基层政府的计算能力有其容量。由于问卷调查有其目的，截取的是“社区治理的难题和新问题”，很多情境比如夫妻吵架、居民购物等就不应进入其中。所以，穷举不仅意义不大，还增加冗余信息。那么，问题就应转化为：

> 为确定一个问卷，作为民意的样本，诸多情境被筛选时遵循着哪些原则？

C 街道在筛选社区情境时，可被选择的统计原则有两种。一是随机抽样，即完全无结构化地随机抽取各个情境；二是频次抽样，即按情境出现的频次高低来计量并筛选情境。第一种随机方式，无权力因素干扰，但会遗漏很多“关键”情境，添加了很多无关紧要的情境，一般不会被采用。第二种频次排序方式，可能涉及的困难首先是技术方面的，即需要对社区情境的总体分布情况了解才可能进行。这就陷入了悖论——既然已了解社区情境的总体分布，那又何必设计问卷去调查居民心声呢？另外，频次高的情境可能并不是街道所需的。人们每天早上都聚集到社区门口的摊位去吃早餐是一种情境，但只有在出现占道经营、食品安全问题或夜宵噪音扰民等情况时，它们才成为街道民意调查关心的对象。因此，街道放弃了情境筛选的统计学标准，而采用了经验标准。

到底怎么去选择情境呢？调查目标应作为情境筛选的指引，并据此建构问卷。

因此问题再次发生转向：什么样的经验标准左右了民调问卷中情境集合的筛选原则？在街道的民调动员会议上，街道党委书记J强调：

> “我们搞的这个民意调查不是方方面面都照顾到，不是查户口、查账，也不是市场调查。老百姓关心的、××文件强调的、各社区广泛存在的老大难问题，才是我们调查的重点。”①

“上级、老百姓关心的”，是情境筛选的经验标准。但这是个泛指。在实际操作中，哪些情境被筛选进入集合，则基于官员和相关工作人员的日常经验。由此，街道的权力显现出来。

在2015年项目前期的多次可行性分析会议中，街道逐步确定了党建、自治、民生三大版块作为筛选社区情境的框架。然而，随着民调结果的反馈，原来颇带学究气的版块已不能满足民调要求。2016年被调整成自治共治、协助街道工作、民主监督和开放性问题（见表5-3）。个中缘由，既有街道（特别是负责民调的领导人）与各职能科办关系的因素，也有民调与街道其他项目兼容的考虑，还关系到时事变化。

表5-3　问卷设计的版块与题型

题型	2016年版块	分值	子版块	对应2015年版块
选择题	自治共治	63	整体评价	整体评价
			对“两委”评价	整体评价/党建
			自治活动与群众团队	自治
			“TXJY”特色项目	民生
	协助街道工作	21	对应各职能科办	-
	民主监督	6	人大和社区其他选举	自治
问答题	开放性问题	10	社区亮点和问题	-

资料来源：笔者根据民调资料自行编制。

① 2015年9月17日，民调动员会记录。

2016年新增的“协助街道工作”版块具体分为11题，分别对应各个职能科办的具体工作任务，即让居民评价其所在社区“两委”所做这些工作的好坏。为什么新增“协助街道工作”这个版块呢？负责民调的领导S副主任在可行性分析会上说：

> “前两年的民调，我实话实说，开始大家[①]持观望态度的多。结果呢？效果很好，普遍反映跟实际印象还是比较相符的。比如，我们很多科办年终评估就用到了这些民调出来的排名。……（街道）其他职能科办希望能共享这个数据。借此机会，我们也可以把民调搞得更切合街道的实际工作嘛。我觉得这是个好想法。”[②]

S副主任是个“80后”副处级干部，民意调查的构想是他提出并全权负责实施的。以笔者的接触，他是“很想做事”也“很会做事”的新锐干部，大多数民调方案的拟定和修改也由他拍板。对S副主任来说，民调是以街道的名义进行的，使用财政拨付，取得街道各职能科办的支持，是关系到民调工作能否继续开展的因素之一。民调结果到底有没有用，很大程度取决于各职能科办能不能用得上。要想数据用得上，必须在版块设计上就能体现。

2016年的版块较之以前的重大改动有：一是原本属于自治版块的基层民主，单独归属“人大和社区其他选举”即民主监督版块；二是原党建版块则聚焦对“党建资源地图”项目的评价，并纳入自治共治版块之中；三是原民生版块被缩减，归之为自治共治活动版块的“TXJY特色项目”子版块。“人大和社区其他选举”在2016年单列出来，可能的解释是民调的开展过程中恰逢五年一度的基层人大代表选举。笔者调研XHMJ社区时，了解到部分居民刚结束人大代表投票活动后赶过来做问卷调查。“TXJY”特色项目和党建资源地图是这两年来区里和C街道主推的政府创新的特

---

① 指街道各职能科办。

② 2016年9月28日，民调可行性分析会记录。

色项目，街道用此代替原有版块的用意，除了检验它们在各社区推广的效果如何外，还能与区里和街道目前的工作重心相配套。民调项目开题会上，主持会议的街道党委书记J发言：

> “突出C街道特色、反映C街道民情，是我们民调的重要目标嘛。一说党建，大家都觉得虚。一说民生，大家又觉得杂。你说社区工作做什么？……我个人觉得，党建资源地图和TXJY（特色项目），就是我们C街道的党建和民生。”①

情境样本框确定好之后，接下来的程序是如何将情境定义为问题？一个问题的诞生，就表明一个情境朝着某个方向被限定好了。以代表情境“社区组织的人大选举和业委会选举”为例，每个居民与该情境发生联系有多种途径，随之会产生多种对情境定义的可能性，并对应各自的目标问题。例如，问卷可以问“你觉得业委会能够解决业主和物业的矛盾吗?”“你参加过今年的社区居委会的换届选举投票吗?”（2015年问题，2016年被删除）、“你觉得基层人大代表选举公平吗?”（2016年初始问卷版本问题，后被删除）、“你熟悉业委会选举的各位候选人吗?”（2015年初始问卷版本问题，后被删除）、等等。当问题最终被定义为“您认为社区内人大选举和业委会选举组织的如何?”时，街道的权力在于，基层民主这一情境被定义到居民对所在居委会组织类似活动的能力上了。对一个社区的基层民主“能力”的衡量，既不是人大代表能否履职、选举过程的公正性，也不是造成目前选举冷漠的原因等问题，而是询问居委会组织选举的能力。显然，居委会的组织能力无法支撑起民主监督活动这个主题，却又带着这个主题的帽子，并成为计算基层民主指数时的标准。

街道为何如此命题呢？这样符合科学原则吗？民调的目的是居民对社区的评价，街道把民调与绩效评价结合起来后，民调就变成了居民对居委会的评价。人大代表的履职、选举过程的公正

① 2016年9月28日，民调项目开题会记录。

性不属于社区“两委”的工作范围，选举冷漠是个敏感的政治话题，加上两委对选举工作的影响范围也只在于组织这项活动，所以只能朝着这个方向命题。问卷设计的信度和效度要求集中在对问题的跨时间和回答相似问题的稳定性，以及研究目标清楚、问题措辞清晰上（Rasinski，2008）。在前期可行性随机测试（后将述及）中，发现问卷并无“无态度”问题（Krosnick et al，2002），理解歧义、脉络效应等干扰因素也较低。问卷设计基本符合信度和效度原则。

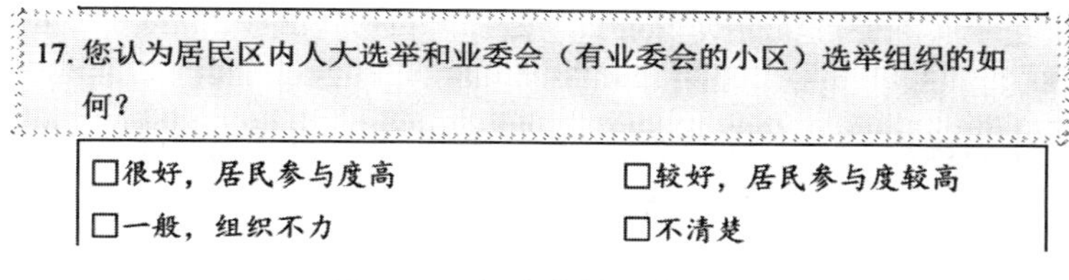
17. 您认为居民区内人大选举和业委会（有业委会的小区）选举组织的如何？

☐很好，居民参与度高　　☐较好，居民参与度较高

☐一般，组织不力　　☐不清楚

图 5－1　问卷中的代表问题

资料来源：民调资料（亦可见附录 4－七，第 17 题）。

类似例子广泛存在。公共卫生不问医患矛盾、看病难、看病贵等热点问题，而问健康知识讲座做得好不好；外来人口管理不问城管执法、落户困难，而问群租合租治理问题；法律援助不问上访、拆迁、业主维权、环境抗争，而问家庭暴力的调解问题、法律宣传力度……显然，上述学界和社会关心的基层热点问题，几乎都没有进入问卷，但进入问卷的问题又都跟它们沾边，得以支撑背后的主题。社会情境被化简成问题时，有多个方向，社会或学界的化简方式与基层政府可能截然不同。2015 年的民调动员会上，J 书记发言：

> “我们问卷的题目数量尽量要控制，问切身的，问到痛处，问到我们工作中遇到的真实问题。”①

街道和居委会工作中，“切身的”“真实”问题，可能并不是

① 2015 年 9 月 17 日，民调动员会记录。

医患矛盾、城管执法等，因其不在工作范围之内。诸如群租现象却是居委会的职责范围，在作为2016年区里绩效考核标准的《B区“TXJY”建设星级居委会创建操作手册》上，“积极消除‘六乱’（乱设摊、乱搭建、乱张贴、乱涂写、乱晾晒、乱堆放）现象，有效整治控制群租”和“人口服务和管理到位，底数清，动态准，群防群治有实效”两个指标各占3分[①]。当民意调查的操作权掌握在基层政府手中时，它内在的基因如管辖范围、上下级关系就会植入从社会情境到问题的化简方向之中。

二 从“问题”到“数字”

作为民调科学性的重要指标，街道特别看重样本的随机性。从方法论上看，简单随机抽样（simple random sampling）得到数理统计的大数定律和中心极限定理的支持，从而符合独立同分布（independent and identically distributed，i. i. d.）假设。实际操作中的抽样往往是以简单随机抽样为基准，适当考虑区域、年龄、工作等影响样本分布的结构性要素，即采取分层抽样（stratified sampling），以降低抽样成本、样本量，以提高效率（Kalton and Graham，1983）。具体到调查方式，面对面调查、电话调查、自填式问卷法、网络调查都可以成为备选（Donsbach and Traugott，2008；Groves and Lyberg，2010）。

最终的抽样和调查方案，是选择各社区以人群分类为层级的分层抽样，并采用集中填写问卷民调的方式。把样本集中起来填写问卷的方式在西方民调中很难见到。用居民常说的话，叫“做卷子”，填一份问卷，好比考一场试。[②] 其实，备选调查方式如入户采访、街头偶遇、电话采访等（Tourangeau and Smith，1996），都在前期可行性分析会上讨论过。除了技术本身的特点造成的优缺点外，更重要的因素还是来自民调项目的限制。在20世纪80年

① 计量制度为百分制。

② 在主流媒体上关于此次民调的新闻稿中，也用了类似考试的语汇——“下考上”，即让居民“考考”居委会干部。

代的美国，进行全国性面对面调查时，每一名受访者都要耗费1000美元左右（Groves，1989：转引自Donsbach and Traugott，2008）。此次民调规模虽然远比不上全国性调查，但产生的费用也不少，都要从街道的项目经费中支出。针对这个问题，S副主任说：

> "你说35个社区挨家挨户敲门，搞得不好会引起抵触情绪，没必要，也没那个时间、精力和人力……每个社区都搞个会议室，把居民集中起来，投票箱、会场什么的，反正都是现成的，下面（的人）都熟悉，搞起来也比较正式。"①②

在成本和仪式化的考虑下，一场民意调查要跟其他不少活动结合起来，安排得紧锣密鼓。具体流程是：

（1）各位居民代表在会场坐定后，该社区书记上台作年终述职报告；

（2）在技术人员的监督和辅导下，填写问卷并回收；

（3）部分居民代表（一般为8～10人）参与街道组织的结构性访谈，对社区"两委"工作人员进行打分和评价；

（4）街道工作人员对社区"两委"逐一访谈，并相互打分。

每个社区的民调，街道人员、技术人员、社区干部、居民代表全部到场，工序明确、高效运转。半天时间，所有事情都赶在一起办了，一个社区的任务就完成了。有意思的是，当笔者询问对评价自己社区的民意调查是否比较新鲜时，某位居民表示"我们一年有好几次活动，都是这么搞的"③。对居民来说，社区经常有活动，民意调查跟"中秋赏月"联谊会、老年健康知识讲座等相比，形式上相差并不大。

---

① 2016年11月19日，与S副主任私人谈话。

② 从现场问卷填写来看，街道和社区居委会都特别重视民调的"正式"性。整个民调流程酷似两会的浓缩版，有强烈的仪式感。街道规定各社区书记要在民调前面对所有代表居民作年终述职报告。居民填写问卷完毕后，一一上前，双手放入投票箱内，并被工作人员择优拍照。

③ 2016年11月22日，TJD社区与某居民私人谈话。

那S副主任最在乎的指标——随机性，能保证吗？技术上的解释同样有说服力。集中填写问卷，可以保证调查环境、调查时间和调查人员造成的影响是同质的，控制住常见的情境、访员和季节等因素。另外，街道也设置了针对各个社区的小样本（10～15个）随机测试，采取街头偶遇的方式，以便测试问卷的信度、效度，并作为集中填写问卷方式的稳健性检验。在“科学上说得通吗？”的疑问得到技术人员的肯定答复和具体解释后，S副主任不再继续此类问题。

抽样时，如何分层呢？各社区样本数量被统一规定为50人以上。这50人从哪里来？民意调查通常很难取得一张载有所有人口成员的名册（Kalton and Graham，1983），街道无法掌握各个社区的人口实时和动态信息，并没有一个质量较高的可供抽样的总体。就算能够调用户籍数据，拆迁、工作变动、升学等因素造成人口流动也会造成大量的无响应误差（nonresponse error）（Weisberg，2005）。民调的分层抽样方案，是社区向街道上报总体数量作为抽样库，由街道确定样本。为保证随机性，街道对每个社区的总体库做了一些规定。首先是人数的最低限制，各社区根据实际常住人口数量，上报200～1000人；其次是居民样本标准，每个社区最终到场填写问卷人数下限为50人；再次是居民类型的规定，必须要包括社区党员、楼组长、志愿者、群众团队成员、物业管理人员、驻区和共建单位人员、业委会成员、党和人大代表/政协委员、社区民警、其他居民等11类人群；最后，待抽样的每个居民的姓名、性别、电话号码以及所属人群类型等信息都要完备。各社区提交符合规定的样本库后，交与街道方进行分层抽样。

将确定抽样总体的权力交与居委会，会带来什么问题呢？居委会选择被抽样居民时，依然依据成本原则。事实上，掌握200～1000个居民的资料，对不少居委会来说，难度很大。能够被掌握资料的，一般是信息被社区登记了的人。因此，全社区居民已经依据“与居委会有无交集”这一指标经过了筛选。只要对问卷中个人特征变量如居民年龄、教育程度、工作性质分布情况稍加考察，比如做个散点图，马上就会发现不同程度的偏态。如在所有社区的1773名填写问卷的居民中，离退休人员占比74.84%，在该社区居住十年以上的占比81.22%。退休老年人作为参加社区活动的主力军的局面依然没有改变（熊易寒，2012）。然而，分层的依据是根据11类人群，只要保证这些类型的比例能够符合要求，在技术上就可认定为抽样质量良好。

问题出在抽样库和人群划分方式之上，但二者的设置都有原因。抽样库的问题是居委会能够调动的资源的偏向性。对此，接受访问的HD社区书记说："年轻人上着班，面都见不到，去哪里请哦。"① 旁边的另一个工作人员插话："（他们）有时间也不见得来。"② 书记接过话头：

> "现在的小年轻不懂也不理解社区（工作）的情况。平常打交道多的群众，明白我们工作的难度，了解我们的情况。说来做卷子，基本还是支持的。"③

人群划分方式则对应基层政府现有对人群的分类，以便采集到的民意数据能够作为参数直接输入科层机器之中。楼组长的意见呈现什么形态，群众团队成员对哪些问题反响比较热烈，共建单位比较在乎什么问题，等等，都可以作为基础数据库的一部分，直接被上级、街道职能科办等采用，或与其他数据整合，以便进一步的数据挖掘。

居委会的控制力还体现在样本数量上。根据样本量设置规则，每个社区填写问卷的居民数原则上不少于50个，考虑到有部分被抽样居民无法到场，街道将分层抽样的数量定为每社区70人。从2016年民调实际到场人数来看，各社区填写问卷的居民平均数为51.14，其中到场人数刚好为50人的社区有15个，低于50人的社区只有5个，刚好为49人的社区就占了其中3个。街道并没有规

① 2015年11月23日，在HD社区民调现场谈话。

② 2015年11月23日，在HD社区民调现场谈话。

③ 2015年11月23日，在HD社区民调现场谈话。

定到场人员的上限，并且鼓励各社区达到60人以上，但各个社区实际到场人数与街道要求的人数下限居然有如此惊人的符合。而且，此现象在2015年就已经显现。社区居委会对到场填写问卷的居民有着怎样的控制权？样本是否被“污染”，或是否有人冒名顶替？为此，在技术人员的建议下，街道于2016年随机在部分社区设置到场居民签名簿，以核对样本的真实性。在现场，笔者曾好奇于签名簿上一个极具年轻人特质的姓名，想对其采访。询问居委会工作人员后，发现是此人工作繁忙，母亲过来代填问卷。对此，负责此次问卷调查的街道工作人员F的态度是：

> “（名单符合）难度很大啊。签名单（和抽样册）能够符合，已经是很不容易了。我们到现在也不知道误差率有没有底线和标准，反正尽量符合吧……他老娘也应该算社区群众吧？”①

然而，挑选ZYY、TXJY和WE三个代表社区进行核对后，发现除了字迹无法辨认的个别姓名外，只有TXJY社区有两个姓名不在抽样名册上。如此精准的签名簿背后经历了什么样的故事？街道和居委会又为何这么重视签名簿的正确性而非真实性？都是值得思考的问题。

一个对精准到场人数、签名簿的解释是，抽样人数的富余和人群分类标准的漏洞给了居委会转圜的余地。75个抽样人数给了社区干部“70－50＝20人”的转圜余地以挑选更容易来“支持工作”的居民。而按照11类人群的划分标准，抽样库里居民类型重叠的现象较为普遍，某人可以既是志愿者也是群众团队成员更是党员。社区干部可以任意配置类型重叠的居民以符合要求，操作的空间更大。

三　数字加总

居民为所有刻度赋值后，可依照各个加总原则将刻度值累加，

---

① 2016年12月5日，在ZYY社区民调现场谈话。

得到不同的指标和对应的社区排名、档次，最终绘制成民意地图。构建出指标体系，是民调操作的最后一个阶段，也是街道和社区最为看重的部分。各个指标是对应各个版块而制作的，如党建资源指数、自治共治指数、基层民主指数、“TXJY”指数和配合职能科办指数等。最终计算出来的指标既要给各个职能科办使用，又要呈给街道领导阅读甚至上报区里，还能直接制作成《社区诊断书》下发到各个社区。自然地，对于民调结果如何呈现，他们的意志是个重要变量。

（一）分值权重

构成民意的意见本无优/劣、重要/次要之分，但暗含操作者目的的民调却对此作出了排序。在拟定民调指标时，构成指标的各个问题的分值权重，就是街道对各个社区情境的重要性排序。未被筛选入问卷的绝大部分时时刻刻发生的社区情境被赋值为0，筛选进问卷的情境被放置在相应的版块之中，并按照街道赋予的重要性标准，分别赋值0.5、1、2、3和5等不同的分值。2016年的五个版块被分配了不同的权重，甚至每题的分数都不一样（见表5-4）。街道依据什么标准去设定情境排序（问题分数），不得而知。从笔者与拟定分数的S副主任的接触来看，他似乎权衡和斟酌很久，修改过好几次，可又说不出理由。“应该”、“可能”、“吧”等模糊词语在交谈中反复出现，整个拟定过程的斟酌程度却像是精密工程，令人费解。但有一个方法，可以帮助我们看出些许端倪。前已述及，为了获得职能科办的支持，让民调结果能为其日常工作所用，问卷的所有问题都可以对应到各个职能科办的工作范围。由此，可以排列出各职能科办在问卷中所占的百分比，见表5-4。服务办、平安办、管理办等分值高达16%，妇联、团工委、武装部、工会却占比1%，部门之间呈现极大的不平等。分值权重既反映了目前基层工作的重心，又把C街道各部门的地位作为结构的基因，植入了民调之中。

表 5-4 各科办涉及民调问题分值占比

科办	调查内容	百分比（%）
党建办	社区党建及居委会班子建设	12
党政办	党工委重点工作情况落实	10
自治办	社区自治及基层政权建设、社区居民和单位参加社区建设	12
协作办	服务楼宇企业、驻区单位参与社区共治情况	2
事业办	精神文明建设、社区文化建设	10
服务办	民生保障和公共服务工作	16
平安办	平安社区建设	16
管理办	城市建设和环境卫生管理工作	16
妇联	妇女之家项目、妇女活动	1
团工委	志愿者、社区工作者和团的活动	1
武装部	国防宣传、征兵和民防	1
纪工委	廉政文化宣传	2
工会	组建工会	1
总百分比		100

资料来源：根据民调资料计算得到。

（二）指标计算的技巧之一：计算方法

作为对街道所有社区的情况摸排，从 2015 年起①，每个年度的民调都设置了进步指数，计算素材是各社区历年的民调得分。事实上，往年的题目、版块和分值都出现了非常大的变化，采取基准年标准与上年相比意义不大。从结果看，2015 年各社区民调平均得分为 89.95，2016 年为 86.93，出现下滑，直接采取基准年的方式计算进步指数，则大部分社区在 2016 年是退步的。在成果说明会上，S 副主任表态：

“进步指数得要，不然上面看到了（这一部分缺失），会很显眼。进步指数这个东西，就是我们 C 街道工作搞得好不

① 2014 年的民调，笔者所在的技术团队并未参加。

好（的直接体现），一眼就看出来了……有没有别的办法想？”[①]

在长时间的讨论中，技术服务人员提供了几种计算指数的基准法。在场的街道民调小组成员（街道工作人员组成），负责询问和验证这些方法的科学性。最终，动态指数和静态指数这对统计学概念提供了“技术支持”。[②] 由此，进步指数采用了基准社区计算，用当年的某社区总分除以中位数，得到横向比较指数，然后将以 2015 年的横向比较指数为基准，计算 2016 年的各社区进步指数。繁琐计算的成果“令人欣慰”，34 个社区（2015 年 JX 社区未参与民调）中，进步的有 18 个。计算方法也在民调报告中明确列出，并说明缘由，以备查验。[③]

（三）指标计算的技巧之二：计算素材

按照民调设计，每个指标都由相应的若干问题计算得出，不应更改。然而，对“TXJY 指数”，S 副主任提出了质疑：PX 社区排名远不如期望值。S 副主任认为这不应发生。经过重新计算和排查错误后，结果依然如故。在成果说明会上思考良久，他才说明原委并建议：

“我看啊，我们也不能迷信统计方法。情况是这样的啊。本来呢。这个流动冰箱（分享冰箱）也是街道 TXJY 主推的，放到了 PX，让他们管理。现在把 PX 搞这么低，（该社区的）C 书记要说话的。这样吧，看看能不能想想办法。当然了，科

---

① 2017 年 2 月 24 日，民调项目成果说明会记录。

② 静态指数是指在同一时间条件下不同单位，不同地区间同一事物数量进行对比所形成的指数。进步指数原本应该是动态指数，那怎么转化成静态的呢？办法是：先静态化，计算出各社区相比其他社区形成的指数；再动态化，计算历年静态指数的变化。

③ 除非统计专业人员或具备一定知识背景，查看民调报告的人，几乎很难看懂各个统计名词、计算规则和技术原理。但科学性是民调项目的“金字招牌”，所有技术过程，都有详细理由和解释，以脚注的形式出现在民调文本中，以备查验。

学方法是不能违背的。这是前提啊。”①

会议上初步想法是在这一指标上，单独给该社区加奖励分，但因为不“科学”而被舍弃。最后，经反复磋商，“TXJY”指数被更改为“TXJY”自治指数，包含的题目除了“TXJY”版块外，还添加了“相关”的自治共治版块的部分题目。PX社区的排名因此大幅提升，进入了优秀的档次。

（四）指标计算的技巧之三：档次划分的考虑

在指标和排名计算好之后，要区分档次。然而，到底分为几档，按什么标准分档次，得视情况而定。各社区在各个指标中被分为非常优秀、比较优秀、一般、较差四档，词语逻辑对称的“非常差”则缺失。由于指数的计算标准都是以基准社区为基数，即某社区分数除以中位数社区分数，因此每个指数都有17个社区在100以上，17个社区在100以下，剩下的中位数社区为100。街道设置的分档原则是：前两个档次是指数为100及100以上的社区，后两个档次是指数为100以下的社区；除首尾外，每个档次划分的区间是均等的，如以10为区间。然而，设置档次的玄机在于，具体以多少为区间各不相同，以5、10、15为区间的情况都存在。原因也很简单，各个指数的社区分布情况差异明显，不能采用统一的分档次方法。在此作用下，档次呈现如下规律（见表5－5）：中间两个档次比首尾两个档次的社区数量要多（党建资源指数除外）；“非常优秀”比“较差”的社区数量要多（基层民主参与和配合职能科办指数除外）。各社区档次直接表现在各个指标组成的民调地图上，以形成可视化成果。在街道各社区的行政地图上，代表中等水平的“比较优秀”和“一般”的社区分别被涂成橙色和蓝色，代表极端水平的“非常优秀”和“较差”的社区被涂成红色和绿色。每个地图上，红和绿总是少数，而红色大都比绿色多。

---

① 2017年2月24日，民调项目成果说明会记录。

表 5-5　各指标档次划分

指数	非常优秀	比较优秀	一般	较差
服务群众能力指数	7	11	13	4
进步指数	4	14	13	3
自治共治指数	5	13	13	4
党建资源指数	10	8	9	8
基层民主参与指数	5	13	7	10
配合职能科办指数	4	14	12	5
“TXJY” 自治指数	9	9	12	5

资料来源：根据民调资料计算得到。

第四节　本章小结

本章讨论技术治理的社会建构逻辑，以科层外生的民调技术为例，分析它的各个技术程序在设计和实施两个阶段的分裂，以及此分裂如何为参与者提供解释空间，以利于技术在科层落地。主要内容有以下几方面。

1. 民意调查技术程序的复杂性化简原理是什么？

只有保证治理技术的科学性、严格性，它才具备解决社会问题的合法性。为此，我们必须要详细论证被组织分解的技术程序是否还能保证其严格性。第四章列出了形形色色的治理技术及其操作过程，但对于技术程序的讨论不够深入。民意调查因其方法论的严格性、成熟度以及程序的独立性，成为我们的观察对象。民调理论的要素是：民意的表达者是社会主体；表达针对一定情境，是对主体身处该情境的一种判断或态度；民意调查就是设定各个情境，统计各个社会主体对其处境的表达。被民调说出的民意，经历了“社会情境 - 问题 - 数字”的化简过程，分为问卷设计、问卷填充和指标体系三个技术阶段。在将民意一步步呈现为一个有意义的数据结构时，民调也为民意设定了呈现自身的特定轨道。

2. 民调的复杂性化简原理如何让它呈现出设计和实施的两阶段分裂?

在C街道正式的民意调查前，笔者做了一个关于民意形成的社会实验。实验取材于C街道CS路YX广场周边的夜市，通过询问周边居民夜市是否扰民这一议题，来呈现民意如何被化简，并追问该化简过程存在什么样的问题。实验发现，通过个体特征、标准问题和选项，民调问题预设了表达意见的统一轨道，意图简化被调查样本的生活背景。然而，当实验对象面对关于夜市扰民的标准问题时，他们必须要补充被标准问题简化或省略的各种意义维度，把问题放置在其生命历程中，使之形成一个意义结构，才可能做出回答。至于实验对象如何补充维度，如何放置到自己的生活历程，如何形成一个意义结构，民意调查的技术程序却没有也无法规定。因此，民调呈现出所有技术的共同特点，即设计和实施的两阶段分裂。

3. C街道民调各个技术程序的实施过程如何为参与者敞开解释空间?

一旦民调技术程序被嵌入科层的组织结构之中，简化民意的过程由科与层来实施。如何选议题、问问题、选择样本、生成数据、加总数据等等，对于这些环节，只要保证它们符合大数定律、中心极限定理、信度效度原则等技术要求，民调技术程序就认可它们合法。至于它们具体如何运作，民调则无能为力，变成民调参与者的解释空间。当各个治理技术因为共享组织构件而相互通约之后，基层民意调查的实施过程，就会跟其他治理技术相互连通。以C街道为例，哪些议题该选，可能受到目前政府创新品牌“TXJY”自治建设的影响；问题该怎么问，可能被上下级关系、条块关系、治理热点或社会敏感事件的制约；选择哪个抽样库，可能受制于政府掌握居民信息的程度，并与网格化管理和一户一档等数据采集方式直接相关。

本章所分析的民意形成的建构论，可与研究技术与组织的重要学者奥利科夫斯基的思路历程相印证。她的思想三阶段为：从1992年的“技术结构化模型”（structurational model of technology），到 1994 年的“技术框架”（technological frames），再到 2000 年以后的“实践中的技术”（technology-in-practice）（Orlikowski，1992、2000；Orlikowski and Gash，1994）。张燕和邱泽奇皆标注出此种转变的重要性，但他们的评价趋于负面（张燕、邱泽奇，2009；邱泽奇，2017）。对于奥利科夫斯基“越来越滑向建构论的一面，进而突出了使用者在技术与组织关系中的作用”的倾向，张燕和邱泽奇（2009）认为其夸大了人的能动性，进而极度夸大了使用者与技术交互作用所形成的突生性结构（emergent structure）的“相对性和不稳定性”，不利于后续分析。然而，对民调在基层应用以及背后权力关系的分析，既支持奥利科夫斯基的判断，也无损于分析的可行性。另外，奥利科夫斯基在 2007 年用“社会物质性实践”（sociomaterial practices）来表明使用者和技术相互纠缠在一起，共同生成一种社会物质性的实体（Orlikowski，2007）。同理，作为结果，民调生成的《社区诊断书》、薪酬评价依据等成果，背后是街道和社区乃至居民新型权力关系的操演，也是技术创新影响下基层治理新格局的呈现。对此，第六章将展开详细分析。

第六章　技术与科层的合力

决定技术治理前景的关键，是治理技术如何“嵌入现有治理结构”或“适配国家机器”的问题。（黄晓春，2018；吕德文，2019）技术和组织适配是个经典问题，主流看法是它们至少有一方（或同时）被扭曲、修改。技术一旦落地，在技术和科层的“结构性对撞”中，有一方更硬并让另一方变形。此即技术和组织的刚性和弹性的问题。（邱泽奇，2005；黄晓春，2010）

邱泽奇（2005）在构建技术－组织互构论时，将技术和组织按照弹性和刚性这一维度进行区分并一一比对，形成一个 2 乘 2 的可操作性分析框架。技术有结构性的一面，也有弹性的一面，前者因其刚性会导致组织结构重组，后者因其可塑性而被刚性组织所修订或改造。[①]（邱泽奇，2005）既然技术和组织的结构是预先给定的，又皆有被对方改变的可能，那么我们如何处理它们的“相撞”呢？为了将组织和技术的结构相互对应，邱泽奇（2005）确立“弹性”和“刚性”的连续谱，同时衡量技术和组织结构的“硬度”，并将二者分层。在诸多技术中，对组织越重要的技术就越“刚”，越能改变组织结构。反之亦然。此即为技术科层制，与组织的科层制“互为表里”。在它们结合的每个层级上，如果某一方较不重要（更有弹性），“技术代理人”就会对它进行修改以适应另一方的结构，最终形成一个“互构”的共生结构体系（邱泽奇，2005）。由此，我们可以恢复被吉登斯理论解体了的“早先技

① 本书大致赞同此划分方式，但认为它的二元对立观点忽略了某些实际情形。比如，不是所有技术都与组织（如科层）有冲突，很多即插即用的技术或组织内生的技术创新，其运行既非弹性（改变自己）也非刚性（改变组织），而是与组织互为补充。第四章的内容即此种情形的具体体现。

术和组织的一一对应关系”（张燕、邱泽奇，2010）。技术和组织互构的经典研究表明：一方面，技术的各个程序向人们敞开了可能的操作空间，使得人们可以根据其环境来建构技术应用的具体过程；另一方面，人们所处的复杂组织环境也为技术应用提供了能动空间（Orlikowski and Barley，2001）。

“技术与组织互构论”的概念体系和理论模型精美，极富启发性。但它预设了冲突论。换言之，我们看到的都是一幅幅充满冲突和对立的画面，如科层内部的冲突、科层与技术的冲突。它们好像没有调和的余地，要么是“技术失准”，要么因为科层内部的权力关系阻碍技术推进，要么技术模块被组合成适应组织的结构[①]。问题随之而来，刚性或曰严格性的治理技术和科层一定是冲突的吗？第五章阐述的基层政府民调实践展现出不同的景象，各方行动者能够在不改变技术严格性的前提下实现自己的意志植入。审视关键概念“技术科层制”和“刚性”（rigidity）后，会发现其衡量标准是对组织的有用程度，而非技术本身的严格性（rigidity）。照此标准，是不是“刚性”较差的技术或技术成分，就对应科层的较低级呢？显然，在分析时，这个问题被隐藏起来了。以网上行政服务系统引入政府为例，它对于地方政府领导人、行政总汇管理者、职能部门管理者、窗口工作人员等各层级的行动者而言，机遇、利益、风险、工作任务、技术约束的分配是完全不均衡的，因而分别对该技术进行了默许、推动、抵制等不同的行动策略，影响了技术的推进速度和程度（谭海波等，2015；谭海波等，2019）。在此，科层是展开的，而技术则被当做一个整体。类似的案例中，街道领导的考虑是将不同的技术模块的排列组合，以形成一个类科层的技术结构（黄晓春，2010）。因此，对技术治理来说，“互构论”更适用于模块化的信息技术基础设施在政府的布局，而非对政府内部、社会的清晰化操作如数据采集、分析等强调严格性的技术。

---

① 在治理实践中，信息技术与科层“相撞”时，变形的一般是前者。（黄晓春，2010）

我们可以尝试采取更简单、直观的方式，由技术本身去理解刚性和技术科层制，然后将技术与科层在各层级一一对应。以基层民调的统计技术为例，技术刚性是指它不能违反的严格规定性，如问卷信度、效度、抽样代表性、样本量等；技术科层制指内部各程序对经验事实的抽象程度，如情境、问题、指标、数字等社会事实化简的等级序列，它们分别对应居民、社区、街道组成的行政层级（彭亚平，2018；Peng，2020）。因此，科层和技术的结构应该同时展开，且相互匹配，才能完成彼此整合。在技术应用的阶段，人们围绕着技术的工作体系形塑出相适应的组织结构（Leonardi and Barley，2010）。此种技术与社会群体结构的交互建构，在奥利可夫斯基对技术二重性的讨论中更为清晰。人们在设计、使用、修改时将背后组织结构植入技术程序中，同时技术也通过为人们提供设备、规则和解释框架来影响组织结构，进而形成一个技术和组织结构的共生模式（Orlikowski，1992）。在此过程中，并无技术和组织的“相撞”，技术和组织的建构特性保留了足够的弹性，让二者在保持刚性/严格性时相互融合。

将上述论断放置到 C 街道民调中，其经验形态就是：

（1）街道要说服上级（B 区）和下属各职能科办，才能调动资金、人员、数据等科层元素开展民意调查；

（2）民调需要辖区内社区居委会和党支部组织居民和安排场地；

（3）民调需要抽调特定居民样本才能具体实施。

那么，上级、各职能科办、社区、居民为何要配合？他们如何配合？在配合的过程中又如何维护自己的利益？这些问题，都把民意调查背后的权力关系和基层治理格局勾勒出来，也最终决定了这项治理技术的成败。

因此，本章要讨论的问题或展示的机制是：

> 一项治理技术如何嵌入基层条块关系，并借此调动治理资源，与现有基层政治生态融合。

第一节　民调程序与基层条块的互嵌

第四章已说明，任何治理技术要想实施，必须依托科层的组织构件，即镶嵌到政府的工作流程之中，成为它的一部分。同样地，C 街道在开展民意调查时，必须依托一个在基层能够行得通的理由，能够让 B 区、街道、职能科办、社区甚至居民来配合。否则，无论是人口、经济抑或社会普查，街道都没有资格、权力或动力去做，其他社会主体也会对此质疑。C 街道的民调是依托政府绩效评估来进行的，项目正式名称为“C 街道社区服务群众能力评估”。以民意的形式评估下级的技术并不鲜见，从南京市“万人评议政府”的绩效评估模式在江苏省和国内的扩散可见一斑（付景涛，2011）。C 街道《2016 年评估报告》中有段对此的解释：

> “传统的街道对居委会‘上考下’的模式和方式，越来越不适应社区治理的需要，其结果的科学性公平性和公信力受到越来越多的质疑。基层治理的难题的诊断，需要让身处其中社区工作者和各类居民‘开口说话’，即引入新的评价方式和机制。”①

在 C 街道的语境中，民意调查作为一种“接地气”的公众参与社区自治手段，成了一种“下考上”的绩效评估方式，以区别于传统的“上考下”。由此，民调变成对街道“有用”了，“接下来的工作也就好开展了”②。据笔者掌握的资料，民调成果至少有以下几个用途：

（1）社区工作者等级晋升、书记进编、党员评优、干部培养等工作的基准数据；

（2）指导社区工作的《社区诊断书》的编写依据；

---

① 摘自《2016 年评估报告》。

② 2015 年 9 月 16 日，街道民调碰头会，S 副主任发言。

（3）《社区服务群众能效和社区工作者绩效评估工作手册》、《加强居民自治的若干意见》等政策类文件的编制参考。

如新闻宣传稿所言，只有变成政府绩效评估的底子，民调的结果才能“切实发挥指挥棒作用”[①]。因此，除了代表居民声音的民调结果外，与评估结果切身相关的街道部门（需用到评估结果）和社区工作者（被评估对象）都应参与到评估之中，它们构成街道职能科办评分和社区工作者自评互评两个组成部分。图6－1给出了民调和评估工作的技术流程图，它大致包括民意调查（居民评价）、居委会自评互评、街道评价，涉及居民、社区和街道三个层级。虽然街道对社区的绩效评估是以“下考上”的名义，且民意调查占评估的比重为75%，但街道和社区的话语权（各占25%和5%）依然要体现在评估之中。

把民意调查当做政府绩效评估来做的话，它将如何调动科层元素，为职能科办、社区和居民安排角色并制定行为规范呢？根据图6－1技术流程图给出的信息，我们可以比较完整地描绘出整个民调项目如何调配各层级、部门并为它们分配任务的过程。具体如下。

（1）街道[②]

①统筹协调：确定民调及相应评估过程中的各项事宜，确定责任部门或个人。

②技术把关：设计民调问卷、各类评分表格、访谈结构；设定抽样数据库和抽样方法；设计指标、分值、权重、加减分标准。

（2）职能科办

①为社区打分：各个职能科办根据街道设定好的打分标准和项目，根据自己的台账记录和其他资料、数据，为社区打分。

②承担评估项目：负责或协助民调及其配套的评估项目的特定阶段（见表6－1）。

① 政府网站公开信息。

② 在具体操作时，一般指主管民调/评估的街道办副主任S和承担此项任务的自治办。

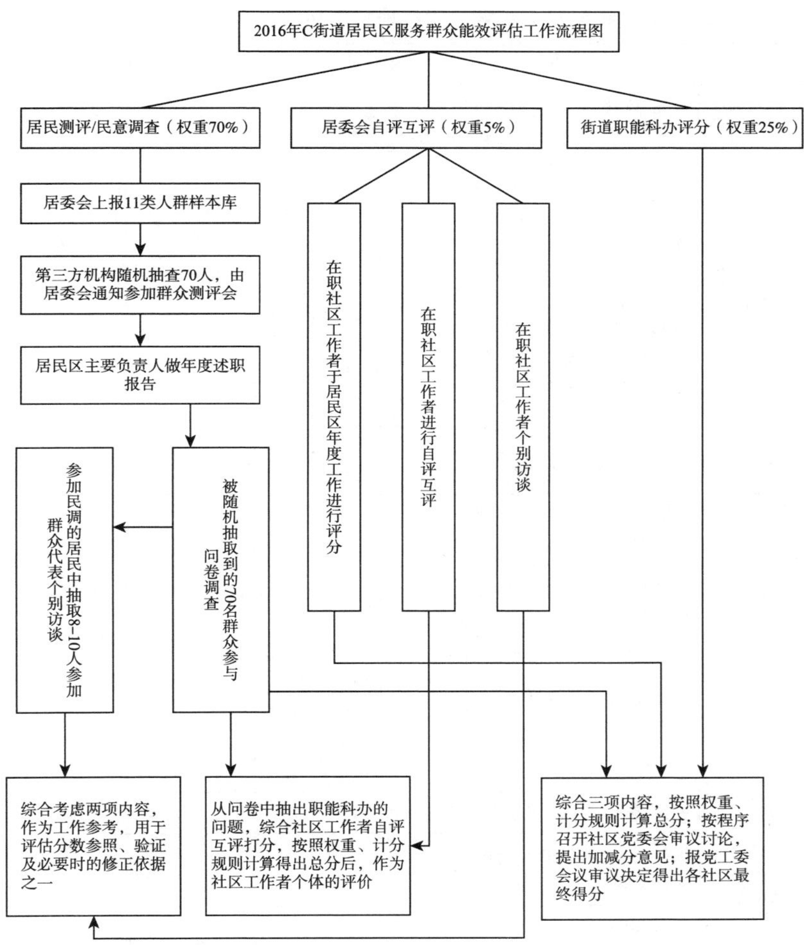

图 6－1　民调/评估工作技术流程

资料来源：民调资料。

（3）社区

①提供抽样库：提供 11 类人群样本库。

②组织居民：在第三方机构抽样后，负责将各个样本（居民）召集到特定场所，集中填写问卷。

③提供场所：提供问卷填写场所，一般在社区活动中心。

④会场内作述职报告：社区书记在会场内面对参加民调的居民作述职报告。

表 6-1 民调及相应评估工作的组织流程

任务阶段	任务内容	责任部门	协同部门
前期筹备阶段	制定 C 街道民调/评估工作方案等规范类配套文件	自治办	党建办
	确定民调问卷内容	第三方机构、自治办、党建办	党政办、事业办、管理办、服务办、平安办、协作办、工青妇、各社区
	明确社区“两委”班子配合街道完成行政事务的评分表（职能科办打分表）内容	党政办、党建办、事业办、管理办、服务办、平安办、自治办、协作办、纪工委、工青妇武	/
	明确自评互评表内容	自治办、党建办	/
评估阶段	召开民调/评估工作部署动员会	自治办	/
	召开民调、座谈会和自评互评工作	第三方机构、自治办	各社区
	完成街道职能科办评分工作	党政办、党建办、事业办、管理办、服务办、平安办、自治办、协作办、纪工委、工青妇武	/
	完成随机抽样调查工作	第三方机构	自治办、各社区
统计总结阶段	统计、计算各社区民调和评估结果	第三方机构	自治办、党建办
	出台 2016 年评估报告、绩效指数地图	第三方机构	自治办、党建办
宣传提炼阶段	发布民调和评估成果并做好宣传工作	第三方机构	自治办、党建办、事业办
绩效评估阶段	根据评估报告，提出对各社区的绩效评估奖惩意见	自治办	/
	根据评估报告，明确社区工作者的年终评估档次并提出绩效评估奖惩意见	党建办	/

续表

任务阶段	任务内容	责任部门	协同部门
工作指导阶段	根据评估报告，出具《社区诊断书》，下发各社区。	自治办	各社区

资料来源：民调资料，笔者有精简和改动。

当民调是以对社区及其工作者的绩效评估的形式出现时，它的工作程序需要围绕着以下问题来设置：绩效评估的设计者是谁？要评估的对象是谁？如何评估？评估的结果被谁利用？如何约束评估对象？……通过对这些问题的回应，民调构建起一连串精细的技术程序的同时，也重塑了基层的权力结构。民调及其配套的评估工作的运行也是街道、各职能科办、社区、居民之间权力关系的一次重新演练。它直接针对辖区内各社区，并用问卷中的问题、访谈的内容、评分表的项目规定对社区及其工作人员的约束范围。除此之外，负责提供居民名单做抽样库、组织居民参加民调、提供问卷填写和访谈的场所甚至书记作述职报告等，也需要社区配合完成。通过统筹协调，街道派给各个职能科办任务，并赋予其打分的权力，实现对职能科办的调动。表 6－1 和附录 4－三详细列出了民调与相应评估工作的任务阶段及责任主体。从中可看出，除了自治办主抓、党建办做副手外，所有的职能科办（“块块”）皆参与到评估项目实施过程中。虽然民调和评估的具体技术环节（如问卷设计、数据采集、指标设计、指数生成、报告撰写、发布报告等）由第三方机构承担，但它的筹备、实施、成果应用必须依托基层政府各类组织构件的运转，以保证上述技术程序在 C 街道落地。具体而言，自治办负责确定工作方案、协助设计民调问卷/评分表格、召开动员会、主持民调/评估现场工作、确定评估结果如何应用等主要工作，还要在第三方机构处理民调技术程序时给予答疑、物质/人员提供等协助工作；党建办除了辅助问卷设计/评分表格、协助第三方工作外，主要负责运用评估结果评价社区工作者。

如上所言，图 6－1 的工作技术流程图和表 6－1 的组织流程表，把街道各职能科办和辖区内所有社区紧紧铰合在一起，围绕评估的目标，以民调为形式，装置出一台精密的机器。这台机器以民调为技术流程，生产出评估结果，其主体框架却是目标责任、部门分工、层级分解任务等各类组织构件。正如邱泽奇（2005）所言："不仅存在部门的、人员的等级制度，也存在一个技术的等级制度，组织的科层结构与技术的科层结构是一个互为表里的结构体系。"在C街道组织的民调工作中，技术流程和组织流程合二为一。

第二节 民调如何调动基层治理资源

技术与组织合二为一的理想构图，在现实中如何运行呢？民调要动员的政策、资金、人员、数据等，并非随时随地能够发生。各个治理技术落到实处，几乎都要基层去配合。对于C街道来说，虽然现阶段招商引资和扶贫不是工作中心，但除了日常工作外，维稳、迎检、政策创新（做社会治理"品牌"）、拆违、拆迁、各类专项治理等占据了各个职能科办的日程表。民意调查的功能是采集社会信息，了解社情民意，并依次评判社区工作者绩效、制定社区政策。它并非应对重大社会治安事件等紧迫之事，也非专项治理等上级压下来的事项。那么，在如此紧锣密鼓的工作安排间隙，街道如何为持续三年之久的全域民调专门腾出人力、物力和时间呢？各个职能科办为何要配合？如何配合？另外，街道作为派出行政机构并无财政收支权，党政机关以及各个职能科办的预决算都依靠区人大、财政局审核并批准，所有社会治理项目的专项资金都有赖于区发改委审批。那么，在预算约束下，作为上级的B区相关部门，为何会批准民意调查的实施？

一 合法性来源："TXJY"自治建设的帽子

2014年初，A市社会治理和基层建设重点文件[①]出台，赋予街道各项权力，增加其管理事项。作为响应，C街道于2014年底进

① 以下简称A市基层治理文件或A市文件。

行了民意调查以评估各社区工作者工作能力，对社区书记、主任和社区工作者进行全面考察。为此，我们可比较 A 市重点文件和民调背景的相关内容，据此阐述前者如何为民调确定合法性来源、赋予行政权力并规定评估结果应用的范围。具体如表 6－2 所示。

表 6－2　A 市文件授权下的 C 街道民调

	A 市文件精神	A 市文件具体内容
合法性依据	基层治理的“自下而上”机制	“健全自下而上的自治议题、项目形成机制和自下而上的居委会工作评价体系，以居民需求为导向开展居自治。”
权力来源	街道有对辖区内重大决策的建议权	“赋予街道对区域内事关群众利益的重大决策和重大项目的建议权。”
结果运用	街道可确定辖区内社区工作者的待遇	社区书记“实行事业岗位、事业待遇”；“建立社区工作者岗位等级序列……建立与岗位等级和绩效考核相衔接的薪酬体系”。
	街道可确定辖区内社区工作者的编制	“社区党委配备 3～5 名行政编制，由所属街道/镇机关单列，专编专用”；社区书记“连续任职满两届、表现优秀、群众拥护的，经规定程序可使用事业编制，中途离开书记岗位的，人走编留”。

资料来源：表中文字凡带引号，皆摘自 2014 年 A 市社会治理和基层建设重点文件，其余为笔者自行编制。

为什么连续三年的街道民调工作刚好在 2014 年中开始？为什么明明是街道对社区及其工作人员的绩效评估，却以民意调查的形式出现？稍加推敲表 6－2 的内容，我们即可推测到答案。正因为 A 市基层治理文件确立了基层治理“自下而上”机制的大方向，规定自治工作要以居民需求为导向，并鼓励自下而上的居委会工作评价体系，C 街道才会使用将民调和评估相结合的方式。居民需求从民意调查中表达出来，民调结果又可纳入居委会工作评价中变成自下而上的评价，此事一举两得。正因为文件规定了街道开始有对辖区内重大决策的建议权，C 街道才可以将民调变成一种社区议题征集机制，把评估变成一种社区及其班子工作好坏的评价标准，因为了解民生民情、掌握社区及其工作人员的基本情况是行使建议权的基础。正因为文件规定街道可以确定社区工作者的编制、待遇，C 街道才会将评估结果用来约束各个社区书记及专职工作人员，把民调变成对社区控制的手段。社区书记是否“表现优秀”，有绩效评估来衡量，有多少“群众拥护”，民意调查交代得一清二楚；街道控制的 3～5 名单列的行政编制，在平均 6～10 人的社区工作者中分配，也要依赖民调结果。

综上，把民调当做评估做，把评估做成民调的样子，是 C 街道基层治理创新的好点子。它巧妙地将文件精神的多个内容融合成一个项目，并在实施项目时以自治（民意）的名义来施行权力控制，把 A 市赋予街道的各类权力立刻用了起来。因此，在 2016 年初即第二年度评估结束后，C 街道民调项目得到了市委领导的赞赏。

无独有偶，B 区为响应 A 市文件，在 2016 年初也推出了社会治理创新品牌——“TXJY”自治建设。至此，C 街道的民调已经实行了两个年头。那么，二者有什么关系呢？我们可比较 C 街道第三年度的民意调查内容和 C 街道“TXJY”自治建设台账内容。图 6－2 给出的资料是 C 街道为配合 B 区“TXJY”自治建设所准备的台账资料。笔者根据与民调工作的相关性，对部分内容进行了加粗处理。比较台账中加粗的内容和图 6－1 的技术流程图，可发现部分相似之处。为了更明确说明，下面将台账内容按顺序依次列出，并与民调工作的相应内容一一比对。

（1）居民会议、业主会议等会议记录

· 相应民调安排为：在问卷调查结束后，会随机抽出 8 到 10 名居民代表，由街道工作人员进行结构式访谈，并按格式记录下访谈内容（见图 6－1）。

（2）社情民意记录

①公共议题记录本

· 相应民调安排为：问卷的最后两题（见附录 4－七），题型是主观题，由居民自由发挥。街道统一录入后，通过词频分析确定街道所有社区反映最强烈的几类问题，构成公共议题库。

②居民需求记录本

· 相应民调安排为：根据民调及相应的评估成果，街道自治办会对每个社区出具一份《社区诊断书》，上面会载明相应社区居民反映最强烈的问题。

（3）特色工作

· 相应民调安排为：在民调前期筹备阶段，即确定问卷内容的时候（见表6－1），街道会给每个社区下达任务，按照规定的格式上报该社区特色自治项目和特色自治活动，构成问卷中的两道题目（见附录4－七“民意调查表”，20题和21题）。

一、工作台账或会议记录

包括：“三会”制度（听证会、协调会、评议会）会议记录；联席会议制度会议记录；**居民会议、业主会议等会议记录**；沟通协商议事会等会议记录；其他相关会议记录。

二、社会组织（群团组织）材料

包括：社会组织（群团组织）名称、人数等基本情况；社会组织（群团组织）自治活动记录。

三、规章制度

包括：各类会议制度；居务公开制度；民主评议制度；居委会岗位责任制度；居民公约；其他相关规章制度。

四、社情民意记录

包括：公共议题记录本（册）、居民需求记录本（册）等。

五、特色工作（三者至少选一项）

包括：特色自治项目、特色自治活动、特色自治机制等。

图6－2　C街道“TXJY”自治建设台账目录

资料来源：政府公开资料。

由此观之，在内容相似之处，街道制作的“TXJY”自治建设台账与民调项目可以无缝对接。在时序上，民调自2014年始，自治建设自2016年始。梳理历年民调的相关内容变化，可知此“无缝对接”并非偶然，而是街道在设计民调技术程序时有意为之。比如，在2016年以前，居民会议记录是由第三方机构的民调员主持并记录。原则上，为避嫌起见，街道和社区工作人员都不能在场。居民会议的目的更多是发掘社区尚未发现的治理问题，后者的形式是探索性议题。负责各个社区的民调员所使用的访谈提纲并非结构式，而是按照个人兴趣而定，并在操作时根据现场的议题、氛围以及居民情绪，适时地发问引导。显然，此种会议形式及其生成的会议记录，没有街道工作人员参与，缺乏基本格式，致使各个社区难以提炼出基本问题，社区之间也不能横向比较，难以满足自治建设台账需要。再比如，2016 年之前，民调问卷并没有针对每个社区特色自治项目和活动来设计问题，也没有设计最满意和最不满意的两道主观题，更未对各个社区下发《社区诊断书》。因此，我们有理由推测，C 街道是根据自治建设台账的标准，重新设计了居民座谈会的形式和内容，增加了对特色自治项目、活动的收集和评价，并着重收集和整理了街道公共议题和各社区居民需求。在行政资源和基层精力的双重约束下①，一式两用甚至多用，是 C 街道的理性决策。

二　现实支持：各科办年终考核的尺子

民调及相应的评估工作调动了街道所有的职能科办，它们是否认真服从任务安排？这需要我们明确一个问题，即民调和评估对各职能科办来说有什么用？对评估工作来说，各个科办的主要任务是对各个社区打分，它在社区总分中占 25%（见图 6－1）。街道职能科办打分表，是评价社区在该年度内配合相关科办工作的情况。以平安办为例，一个社区要配合该科办工作，需达到以下标准：做好实有人口信息采集，积极参加平安小区创建，排查安全隐患，减少社区入室盗窃案件数、110 报警数、火灾事故数，成立治安联防队，排查戒毒康复、矫正、安置帮教、610 等重点对象，排查、化解居民矛盾。② 要完成如此多的任务，对数量有限的社区工作者来说已然繁重，更勿论应对其他科办交办的任务，以

---

① 譬如，在 2016 年 HB 居民会议记录里，就有居民提出意见——“评估很好，能说出我们的心声。但年末大家都忙，评估周期能不能长一点，不要过于频繁”。一年一度的评估，居民尚且觉得难以应对，更别说再为“TXJY”自治建设开一次会了。

② 表 6－4 提供了这些内容的简化版本。

及上级随时的动员和治理项目的下派[①]。如何保证社区能够保质保量地完成本科办交办的任务，是任何街道职能科办都会遇到的问题。事实上，针对社区完成任务的数量和质量，各个科办都有自己的考核办法。居委会办公桌上摆放的各类台账如工作日志、名册、会议记录、治理案例选编、调解卷宗、扶困金签收记录、居民意见征询表、项目清单，墙上挂的政策宣传、数据列表、先进典型，工作人员的资格证书、培训证明、荣誉称号，居委会的经费使用情况，各类媒体的文章、报道，等等，都是街道科办考核的对象。

既然有如此多的考核标准，为何还要添加一个街道打分表和民意调查呢？（见表6－3）在TJD社区民调现场，一位街道党建办的工作人员J对笔者讲述：

> “之前也有各种考核，有的书记不服气，其实我们心里也没底。你说人家做得不好吧，你有什么真凭实据？现在情况更特殊了，上面（A市）规定街道可以有奖励权。社区书记要竞编[②]，考核对他们来说，关系到切身利益，丝毫马虎不得。”[③]
>
> 对此，QSYL社区某位工作人员说：
>
> “台账、材料都可以做出来的呀，有的社区大学生去得早，他们会电脑、笔头好，做得好漂亮。我们这些老家伙，天天跑社区，没本事做这个啊。做没做事，做得好不好，跟做材料是两码事。你跑断腿，人家会写稿子，有脑子，一个常规活动写出花来。没办法，会做不如会说。”[④]
>
> 那么，民调对各个职能科办考核社区有什么好处呢？党建办J说：
>
> “现在（由）老百姓评价，有排名，有数据，哪一个地方出问题，清清楚楚，都有据可查的，可以查到每一张卷子（问卷）。我们的打分表也可以查的，这都是备查的原始凭证……还

---

① 如民调工作就需要社区在各方面配合（见图6－1）。

② 指“竞争编制名额”。

③ 2016年11月22日，TJD社区现场谈话。

④ 2016年11月23日，QSYL社区现场谈话。

有一个问题，以前的考核标准不统一，今天是这个，明天是那个。有的社区书记就不干了，因为他们有的事情干得不错，但入选不了考核标准，要么权重低……现在都统一了，一张表（打分表）、一套问卷，方方面面都涉及到了，又简单清晰。你说你有疑问，那可以找老百姓，找打分的科办嘛。（考核）工作好做多了。"①

表 6－3　C 街道各职能科办打分依据

科办	职责	定量化依据	分值
党政办	街道党工委办事处重点工作落实情况	年度参与街道党工委、办事处重点工作完成数量及质量	3
		安全应急、不稳定因素上报信息数量	2
		居委会固定资产申报、登记、报废数的比例	1
		居委会各类档案归档完成时间、数量、档案完整度等	1
		居委会经费使用预决算对比、公务卡执行率等	2
		信息报送和录用量	1
党建办	社区党建及居委会班子建设情况	领导班子能力、领导居委会和引领业委会开展活动	3
		开展党组织活动、"两学一做"活动次数、参加党员人数比率	2.5
		"区域化党建资源地图"参与的企（事）业单位数量、提供资源数量等	2
		发展党员数、党员发展材料完整度等	2.5
		两代表联系活动次数、"双报到"党员数量以及参与活动次数等	1
		党费收缴率	1
平安办	平安建设情况	实有人口信息采集数据、准确率	1
		平安小区创建数量、创建资料完整度等	4
		发案数、去年同期相比下降率等	4
		群防群治队伍数量、服务时间、服务记录等	3
		吸毒人员、610 等重点对象帮教、矫正率，帮教、矫正后的复发率等	2
		化解矛盾数量除以排查矛盾数量后的化解矛盾率	2

① 2016 年 11 月 22 日，TJD 社区现场谈话。

续表

科办	职责	定量化依据	分值
管理办	城市建设和环境卫生管理工作情况	民生实事项目居民意见征询人次、居民同意率	3
		开展除害工作、普及健康教育活动的次数	4
		网格中心办结率、满意率	3
		防台防汛值班值守记录和处理问题情况等	2
		开展红十字会宣传、无偿献血、人道救助等活动次数、参加居民数等	2
		配合管理办各项创建活动开展次数、参加居民数等	2
服务办	民生保障工作与公共服务工作情况	开展劳动力资源调查，如统计失业、就业人员就业数和就业率	4
		扶贫帮困、居民低保、医疗救助申请调查审核等工作办理程序的合法性、材料的完整度	2
		残疾人服务、管理、稳控、随访工作中受益残疾人比例和精神病防治信息上报率等	4
		居家养老服务受益人数占老年人数的比率	2
		计划生育日常宣传、服务、管理工作完成指标数	4
事业办	精神文明建设、文化建设情况	文明创建参与率，文明小区建成率	2.5
		志愿者人数占常住人口数比率、参与活动次数等	0.5
		参加街道讲座的听课率和开展基层宣讲次数	0.5
		宣传氛围照片、台账	0.5
		“一居一品”特色文化体育团队数量、参与人群数等	1.5
		健身器材维护台账	1
		文化活动覆盖人群数及占常住人口数比率	1
		青少年、科普、体育等开展活动次数、参与居民数等	0.5
		各类信息、新闻线索报送和录用量	1
		重大节日开展活动次数、参加居民数等	1
自治办	社区自治及基层政权建设、居民和单位参与建设管理情况	社区自治活动开展次数、参加居民数、是否有“TXJY”自治项目	4
		居委会工作日志、考勤表、台账中记录的各项日常规章制度	4
		社会组织“一企一档”台账完善度	2
		业委会是否成立、业委会成员数	2

续表

科办	职责	定量化依据	分值
协作办	服务楼宇企业、驻区单位参与共治情况	服务楼宇园区和服务企业与小区共建单位的共治建设开展活动次数	1
		“诚信计量示范”建设、防范金融诈骗活动开展次数、参加居民数等	1
纪工委	党风党纪监督、工会、妇女、群团与武装工作情况	开展廉政文化活动次数、参与人群数、信访案件数、办结率等	2
工会		工会组建与工资集体协商指标完成数据	1
团工委		“三大员”（助残员、就业援助员、社保队员）在基层工作队伍中的数量及参与活动率等	1
妇联		“妇女之家”开展活动次数、参与居民数等	1
武装部		国防动员宣传，民兵、预备役训练及征兵任务开展活动次数、参与居民数等	1

资料来源：根据民调资料，笔者自行编制。

街道职能科办打分表是一种结构式评分，各个科办打分后，由街道统一加总并计入社区总分。操作顺序是：

（1）街道分配各职能科办的分值权重，规定打分表的基本格式；

（2）各个科办根据具体工作分配，规定打分表的内容，并确定量化标准；

（3）街道收取表格后，为各科办制定打分表，送至科办打分。

除了考核标准统一、借助居民参与的名义之外，各科办打分的另一个影响是街道对社区权力的实施。以往各类考核标准大多来自上级如 B 区、A 市甚至全国，C 街道主要是配合考核任务。至于台账标准、数据达标要求等，街道没有话语权，只是督促各社区完成上级规定的任务。此次民调完全不同，不仅整个评估过程和民调问卷内容都由街道设计，关乎到职能科办的打分表也由各个科办依据年初工作计划制定考核内容和量化标准。表 6－4 详细列出了各科办如何拟定各个栏目并转化成定量化依据。虽然评估栏目和定量化依据的主要参考来源还是区、市级施行的各类考核标准如 B 区的星级居委会考核手册，分值一栏还是体现了街道党工委对各职能科办的整体控制力。

表 6 – 4　C 街道各职能科办打分概况

科办	社区均分	社区差别	栏目差别	可信度	主要情况
党政办	92.86	6.67	2	3	年度重点工作、安全责任、固定资产管理三项，所有社区皆为满分
党建办	98.81	2.59	2	2	区域党建、党员发展、党代表联系、党费缴纳四项，所有社区皆为满分
平安办	88.04	1.78	1	1	除平安社区创建外，其他栏目在所有社区，均为满分
管理办	97.68	3.74	1	1	除网格中心和创建工作外，其他栏目在所有社区，均为满分
服务办	82.25	8.73	3	3	各社区各项目分数皆有差别，分数标准差较大
事业办	92.86	6.55	3	3	各社区各项目分数皆有差别，分数标准差较大
自治办	65	15.20	3	3	各社区各项目分数皆有差别，分数标准差较大
协作办	90	0	0	0	所有栏目在所有社区分数都一致
纪工委	73.57	14.78	\	2	各社区分数皆有差别，分数标准差较大
工会	68.57	24.51	\	3	各社区分数皆有差别，分数标准差较大
团工委	82	8.33	\	2	各社区分数皆有差别，分数标准差较大
妇联	71.14	16.59	\	3	各社区分数皆有差别，分数标准差较大
武装部	100	0	\	0	所有栏目在所有社区分数都一致

注：社区差别的计算方法为消除权重因素（每个科办分值统一为 100 分）后各社区得分的标准差。

社区均分是某科办给所有社区打分的均值。

栏目差别：0 指代无差别；1 指代差别较小；2 指代差别较大；3 指代差别大。

可信度：0 指代不可信；1 指代不大可信；2 指代较可信；3 指代可信。

资料来源：根据 2016 年民调数据，笔者自行计算、编制。

当打分的主动权在各个职能科办手上时，它们对社区的控制权体现在如何设计打分内容以及如何打分等方面。由于资料受限，笔者难以甄别各科办在制定打分内容和量化标准时的具体考量。但是，各科办如何打分却可以从分数中得到直观体现。表 6 – 4 根据各科办打分的原始表格计算和整理得出，反映了打分的基本情况。其中，“社区差别”、“栏目差别”和打分“可信度”等指标可以衡量各科办是否真正认真负责地履行了打分义务；“可能的原因”指标则列出笔者对打分不负责的科办动机进行的推测，推测的依据来自具体分数分布情况。如表 6 - 4 所示，实际打分的结果并非像党建办的 J 所预测的那么乐观，甚至出现了协作办和武装部给所有社区打同样分数的情况。除此之外，各科办打分的可信度不一，原因也比较复杂，除了自治办因为是民调工作的实际承担者而打分认真可信外，其他科办打分行为的差异几乎很难推测出来。相比而言，反而是纪工青妇这类功能单一的科办打分较为可信。[①] 另外，表 6 - 4 显示的各个科办给社区打分的均值和各个社区得分之间的差别、可信度存在大致的反向相关性。具体而言，某科办给社区打分的差距越鲜明[②]，各个社区的得分就越低，它的打分也越可信（具体可见图 6 - 3 的大致趋势）。这也从侧面反映出科办打分越不负责，就越倾向于打高分。

职能科办打分的复杂局面表明，尽管民调工作有技术和组织流程的双重约束，且各科办也有一定的动力配合，然而任务和部门本身的复杂性还是造成了打分结果在一定程度上的失真。

三　社区配合：绩效考核的指挥棒

民调及相应的评估工作的考核对象是各社区及其工作人员，该项技术对于他们似乎并不具备“价值合法性”。那么，他们认真配合民调技术落地的原因是什么呢？社区并非行政单位，工作人员并不天然有对街道的“忠诚、责任、使命感等价值而衍生拥护技术应用的坚定信念”（任敏，2017）。但隐形的控制权依然存在。上一节对评估作为民调的分析已经表明，在 A 市社会治理重点文件的授权下，民调实际上成了指挥棒。在具体应用方面，考核数据将与社区工作者等级晋升、书记进编、党员评优、干部培养等挂钩。社区工作者等级的高低，直接体现在工资水平上，如最低

① 根据笔者掌握的资料，武装部打分不可信的原因极有可能是它规定的任务各社区在当年度并没有开展过。

② 使用统计学术语表述，就是方差越大。

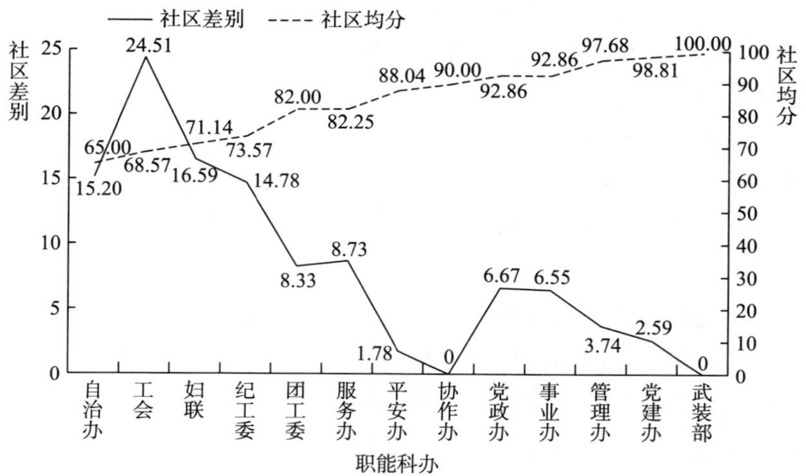

图 6-3　各职能科办打分的社区差别和社区均分的趋势图

资料来源：根据表 6-5 绘制。

的一级和最高的十八级，工资可能相差接近一倍。[①] 社区书记竞争编制则是 2014 年 A 市社会治理文件对街道赋予的权利。另外，对于得分较高的社区和个人，街道在年终考核中也会予以奖励。作为街道手中的指挥棒，民调的分值构成、操作程序就构成了一台精密的权力技术装置。同样，社区及其工作人员（主要是书记）为提高自己的得分，也会在装置中寻觅生存和发展空间。

无论民调、社区自评互评、街道科办评分、居民访谈等程序如何开展，它们共同的目标都是构成分值体系的一部分，据此对辖区内 35 个社区及其工作人员进行排名。具体而言，评估对象和分值构成如下。[②]

（1）社区总分

民调得分（70%）+街道职能科办打分（25%）+社区工作者的自评和互评（5%）+附加（扣）分。

① 2015 年 12 月 3 日，对 HD 社区工作人员的访谈记录。

② 对分值设置和附加（扣）分的详细说明可见附录 4-二“评分方法”。

（2）社区工作者得分①

所在社区民调得分（50%）+社区书记打分（25%）+参加访谈的居民评分（25%）+附加（扣）分。

为便于展开讨论，我们给出C街道所有社区的工作人员基本情况（见表6-5）。居委会人数的名额往往在此前就已确定好，各社区的平均定额职位为7.49个，实际人数为平均6.25人，每个社区还预留了平均1.24人的名额。原则上，街道有权根据事务的繁忙程度和社区的变化将辖区内所有工作人员进行跨社区调动。比如，由于第四章阐述的棚户区拆迁，原先的GFL社区被撤销，剩余的工作人员被并入到相邻的HD社区，导致原定额为7人的HD社区实数为14人。尽管如此，考虑到调动因素后，所有社区居委会的人数也比街道全域总名额少43人。值得说明的是，居委会实数并不包括社区三大员（助残员、就业援助员和社保队队员）和不坐班委员。三大员并不属于社区工作者序列，为非正式就业岗位，工作经费和薪酬由市、区、街道三方共同出资。不坐班委员的构成不一，如没被正式录用、有其他工作，则没有工资，但年底会统一发放一笔津贴，如每月200元。对三大员和不坐班委员来说，尽管全街道有如此多的缺额，但想变成社区工作者只有一个途径，就是参加市里的统一考试。社区工作者统一考试有年龄和学历限制，本街道/社区的三大员和不坐班委员在同等条件下可享受优先录取。因此，尽管考核这两类人员没有意义，他们也不参加考核，但他们也有一定的动力去竞争名额。从居委会的年龄构成来看，年轻人占比并不大。而社区书记和主任几乎是“50后”和“60后”的“天下”，分别占38.10%和43.86%，而“70后”和“80后”占比较小。这甚至与社区工作者的年龄分布相差较大。以“50后”为例，在总数只有35名的情况下，该年龄段担任书记和主任的高达24名。另外，“80后”和“90后”多通过A市社区

① 此为对未承担具体条线的居委会主任和承担综合性业务的条线干部的评分方法。另外，还有对承担条线的居委会主任和承担单一条线干部的评分方法。出于篇幅考虑，此处从略。

工作者考试招录，有学历和资格证书的要求。

表 6－5　C 街道社区工作者基本情况

社区居委会名额与实数					
定额职位	居委会实数	缺额	三大员	不坐班委员	
300	257	43	36	35	
各社区书记/主任年龄分布					
书记年龄均值	主任年龄均值	“50 后”	“60 后”	“70 后”	“80 后”
54 岁 3 个月	50 岁 1 个月	38.10%	43.86%	7.94%	11.11%
各社区工作者年龄分布					
社区工作者总数	“90 后”	“50 后”	“60 后”	“70 后”	“80 后”
257	3.50%	13.62%	38.52%	19.84%	24.51%

注：居委会名额、实数均不含三大员（助残员、就业援助员、社保队队员）、不坐班委员。

书记 33 人（空缺 2 人），主任 30 人（空缺 5 人）。

病假、离岗、递交离职申请的不计入在内。

资料来源：根据民调数据，笔者自行计算、编制。

从 2016 年对考核内容的修改可看出，街道对社区的考核控制权还体现在社区工作者得分构成上，如用书记打分表代替自评互评，调低自评互评在社区总分的权重等。自评是给自己打分，互评是循环给对方打分。按此设计，所有社区工作者的地位是平等的。2016 年，街道用书记给每个社区工作者打分的绝对权力来替代自评互评的平等权力，强调了书记对居委会人员薪酬、评优等方面的话语权[①]。社区自评互评占社区总分的比例 2014～2015 年是 10%，2016 年调整为 5%。对此，街道给出的解释是为了增加居民的声音，体现自下而上的优越性，将匀出的份额分给民调。但也有另一种可能的解释，即往年社区自我评价时出现严重的不实，具体表现在给自己打满分和相互打满分的行为（见表 6－6）。如果某位社区工作者在所有项目上都给自己打满分（表 6－6 栏目 I），而该社区所有人在循环打分的互评矩阵上都给同事都打满分（表 6－6 栏

① 书记打分占社区工作者得分的 25%。

目Ⅱ），基本可以确定是为了提高本社区总分和个人得分而有意为之。考虑到打分是所有工作人员在街道方的监督下单独进行，打满分现象极有可能存在事前协商或默契的共谋行为。统计两者交集后可发现，同时给自己和他人打满分的社区，从2015年的3个上升到2016年的7个。而原来"打默契分"的3个社区，2016年同样也如此。显然，各个社区应对这种打分更有"经验"了。另外，书记对社区工作者的共谋行为的影响力也不容忽视。首年增加书记打分栏目，书记给所有社区工作者打满分的社区就有9个，且有5个社区出现所有打分都是满分的情况。

表6-6 自我评价打满分的社区数量

	Ⅰ 自评满分	Ⅱ 互评满分	Ⅲ 书记打满分	Ⅰ、Ⅱ 交集	Ⅰ、Ⅱ、Ⅲ 交集
2015年	11	4		3	
2016年	7	14	9	7	5

资料来源：根据2015年、2016年民调数据，笔者自行计算、编制。

注：表中数字代表社区数量，如11表示2015年自评满分的社区有11个。

在前面的论述中，我们一直在分析民调的技术程序及其背后的街道意志对各社区的控制力。但是，社区工作者们打满分的情况表明技术程序隐藏着漏洞。街道负责民调的工作人员也注意到了此问题并提出解决方案。

"自评互评的打分应较多元化，目前依然存在班子成员（包括书记、主任和全部成员）对每项、每人都打100分的情况。以后需提请注意和要求，往后我们最好设置得分标准如100分、95分、90分、85分、80分，也可做到居委会相互间的平衡。"①

尽管街道可以严令禁止打满分，但也有不少社区为了"不显眼"，打99分或98分。问题的根源在于，给自己打分或让书记打分是一种权力的下放。诚然，作为体现政治民主的手段，街道无法取消自评互评环节，但却可以一再降低其权重，让社区的影响

① 摘自街道工作人员的《民调工作小结》（2017），笔者对语病做了适当修改。

力降到尽可能低。

第三节　民调如何融入基层生态

社区逃避密网的艺术不止这一种，街道的“补网”技术也不总是奏效。在提供居民样本库、拟定自治问题等街道不得不放权的场合，在各社区活动中心集中填写问卷的现场，社区会有更多的机会争取到施展空间。下面的分析，将以此为案例，展示街道的控制与社区的反控制过程。经此过程，民调的技术程序才真正融入基层秩序。

一　街道对居民的分类

样本库构成抽样的基础数据库，也是民调的核心技术构件之一。街道最关心的是民调工作能不能顺利开展，即以最小的成本达到最好的效果。此时，需要什么样的居民到场、被抽到的居民能不能到场，成为核心问题。前者需要一个能够对接街道其他数据库的居民分类标准，其技术支持是分层抽样理论；后者需要社区有能力把被抽到的居民如数召集起来。在街道确定抽样标准后，社区负责报告样本，街道再分层抽样，最后由社区召集样本居民。一连串的技术衔接之间，层级互动所呈现出的张力，牵引着本小节的故事线索。

民调的抽样依据街道/社区现有的居民分类标准，即11类人群分类法。第五章分析抽样方法时，已介绍11类人群的大致构成。[①]从结构上说，上述分类已经涵盖了所有跟街道/社区有关系的居民类型和其他人员。他们包括：街道和社区延伸到各个角落的触角——党员、楼组长、志愿者；与开放商、物业和小区业主的联系——物业、业委会、群众团队人员；与条线、辖区重点单位、上级党政的联系——民警、联络员、代表、老干部；重点服务人群——党员、困老少群众等。街道对抽样库的要求，几乎网罗了社区内

① 亦可见附录4－一“工作实施方案”。

各种力量，也是基层工作的主要对象。由此，居民（resident/inhabitant）作为一个显而易见的地理与社会概念，在街道的操作下，变成了一个富含行政意蕴的实体。住在此处当然是必要条件，但不是充分条件，因为不是每个住在此处的人都能被抽到。

街道让社区按照11类人群的标准提供抽样库，其玄机在于对人数的规定，即11类人群总数占比应达到该社区常住人口的20%以上。街道所掌握的社区居民信息并不多，最能倚靠的数据是各社区的常住人口总数。它的资料来源主要是户籍、居住证，背后是随时变动的社区人口信息采集表等。由于"以房控人""以业控人""福利控人"等措施，就算是外来人口，如果要考驾照、入职、党转入组织关系、申请居民医疗和养老保险等，都必须在居住社区登记人口信息。有了常住人口总数作为基准，街道就可根据社区提供的11类人群总数来衡量居委会调动本社区资源的能力或配合街道工作的积极性。两者都构成考核的内容，直接体现在对社区总分计算的附加（减）分标准之上。具体如下：

(1) 提供11类人群总数少于社区常住人口数量的10%，该社区总分扣2分；

(2) 少于20%，扣1分；

(3) 20%~30%，不加不扣；

(4) 大于30%，加1分；

(5) 大于50%，加2分。

试想下，如果没有加减分制度对社区的约束，它们将有可能提供一个经过精心挑选的小范围居民名单，当作11类人群总数提供给街道。其后果是参加民调和座谈的居民可能大多"命中注定"就"支持"社区工作。

在街道的附加（减）分机制的激励下，各社区提供了格式一致、门类齐全的11类人群当做抽样库，具体见表6-8。各社区的人数从156到1001不等，影响报告数量的最主要因素是该社区的规模及其影响下的常住人口总数。前已述及，由于棚户区拆迁，原 GFL 社区被撤，工作人员和相关工作都转入临近的 YD，使得该社区人口剧增，提供了高达 1001 人以供抽样。另外，一些大型商业小区如 FYHY、XHMZ、ZYY 等报告人数在 500 人以上，高档商业住宅如 QSYL、BDHY、HBWC 以及小型商业住宅（少量楼栋的小型房产项目）如 SQJY、TXJY 等大致在 250 人以下，工人新村等老旧社区则视是否拆迁或拆迁进度而人数不一。

由于笔者没有掌握各社区的常住人口总数，因而无法直接判定各社区调动资源的能力以及配合街道工作的积极性。但是，有一组数据可从侧面反映此问题，即报告人数中人名重复数量。11 类人群对社区居民的划分，并不是一一对应的。除了社区民警可能同时管两个规模较小社区而出现不可避免的重复外①，一个居民也可能对应两个甚至多个类型。比如，某个居民可能同时是楼组长、党员、业委会成员等。实践中，居民类型的重合会让社区治理对象更集中，可能更有利于社区“两委”开展工作。反过来说，这样也会造成党建、自治和民生资源集中在少数人手中，是“两委”工作没有进一步“深入基层”的表现。表 6-7 给出了各社区提供 11 类人群中的重复人次以及重复比例，从中可看出不同社区的数据差别很大。提供人数最多的 YD，人名重复的只有 10 人次，占比 1%；而 YLGY 提供 209 人中重复人次有 74，比例高达 35.41%。重复比例较高的社区，一般是因为大量的居民身兼多个类型，个别社区有一个人名出现 5 次之多的现象，一人身兼四五个类型的社区也不在少数。在统一的名单格式下，街道计算人次的方法，是将各个类型的人数累加，没有排除重复人次。因此，不少社区为了满足要求而重复，给同一个居民安排了好几个“身份”。比如，YLGY 的居民名单中，随处可见身兼 2（21 位居民）、3（12 位居民）、4（7 位居民）、5 个类型（2 位居民）的人。一般来说，身兼多种类型的往往是与居委会保持密切联系的“核心”人员，如 DSH 社区的 XHQ 和 SXF 两位居民，身兼党员、楼组长、志愿者、广场舞队员、合唱队队员五个类型。

---

① 如 WNEC 和 WNXC 的社区责任民警为同一个人。

表 6-7 各社区 11 类人群情况

序号	社区	社区工作者数量	报告人数（抽样库）	重复人次	重复比例	绝对离差
1	WNXC	6	231	32	13.85%	1.77%
2	SB	9	183	26	14.21%	2.13%
3	FRHY	6	709	11	1.55%	10.53%
4	YD	9	1001	10	1.00%	11.08%
5	AQL	10	336	67	19.94%	7.86%
6	LZHY	11	293	45	15.36%	3.28%
7	C3	11	262	21	8.02%	4.06%
8	SQJY	7	165	32	19.39%	7.31%
9	C4	10	495	24	4.85%	7.23%
10	BDHY	8	165	31	18.79%	6.71%
11	AM	10	254	47	18.50%	6.42%
11	DSH	4	308	82	26.62%	14.54%
13	ZHL	12	156	9	5.77%	6.31%
14	DFTY	7	213	26	12.21%	0.13%
15	SJZM	12	210	16	7.62%	4.46%
16	HBWC	8	200	0	0.00%	12.08%
17	TXJY	6	156	37	23.72%	11.64%
18	YFC	5	195	9	4.62%	7.46%
19	SLAMY	6	200	20	10.00%	2.08%
20	MFL	6	450	15	3.33%	8.75%
21	YJZ	8	271	12	4.43%	7.65%
22	CH	9	170	4	2.35%	9.73%
23	JM	10	306	34	11.11%	0.97%
24	ZYY	7	544	77	14.15%	2.07%
25	MSY	9	120	1	0.83%	11.25%
26	SDCX	8	201	44	21.89%	9.81%
27	TJD	9	178	34	19.10%	7.02%
28	PX	12	302	23	7.62%	4.46%
29	WY	9	403	105	26.05%	13.97%

续表

序号	社区	社区工作者数量	报告人数（抽样库）	重复人次	重复比例	绝对离差
30	HD	14	384	54	14.06%	1.98%
31	XHMZ	9	612	93	15.20%	3.12%
32	WNEC	10	275	19	6.91%	5.17%
33	YLGY	5	209	74	35.41%	23.33%
34	QSYL	6	210	1	0.48%	11.60%
35	JX	6	200	0	0.00%	12.08%
	均值	8.4	304.31	34.43	12.08%	7.43%

注：重复人次的计算方法是统计同一个人名出现多次的情况，如张三在某社区居民名单中出现 4 次，则计重复 3 人次。

绝对离差的计算方法为各社区重复比例减去均值后取绝对值。

资料来源：根据 2016 年民调数据，笔者自行计算、编制。

社区工作者数量包括有名额的居委会工作人员和三大员。

那么，造成各居委会调动社区资源能力差别的原因到底是什么呢？人手不够？表 6－7 的社区工作者数量一栏拒绝了这个假设。一般来说，社区工作者人数越多，说明该社区事务越繁忙，社区工作者与居民的接触机会越多，越有能力调动更多的社区资源。我们将社区工作者数量和重复比例进行相关性计算，发现二者在 10% 水平上不存在显著相关，且相关系数较低，为 －0.18。因此，我们可推断居委会的社区工作者数量与它能够调动社会资源的能力之间并无直接关系。总体上，居民重复人名较多的社区，并不能找人手不够的客观原因，而是工作能力、方式出了问题，或配合街道民调工作的积极性较低。民调结果和街道对居民的访谈记录也佐证了这一推断，以重复比例最高的 YLGY 和 DSH 为例，民调得分排名分别为第 35 位和第 31 位。其中，YLGY 的居民反映：

“今年上半年的工作开展不佳，各类矛盾迭起，居委会没有发挥应有的作用，居民与开发商、物业、业委会之间的关系紧张，小区内谣言四起……小区内正气不抬头，希望对楼组长、志愿者队伍进行梳理……居委班子成员里存在着品行

> 不良的人员，希望街道予以重视……现在居民们的维权意识较高，但是在要求享有权利的同时，肯为社区付出的人太少。希望居委会今后通过开展活动，加强居民们的凝聚力，鼓励群众参与到社区自治工作中来。”①

2015年该社区居民名单为167人，比2016年少42人。因此，我们有理由推测，YLGY社区对居民名单进行了有意识的加工，如将同一个人添加至多个类型。

类型重复带来的后果是，如果在每个社区抽样50人，则极有可能被随机抽到的实数不到50人。另外，还有一个因素导致实数更少，即名单中有少量人因各种事由不在社区，如出国、患病、搬家、旅游、外地学习、探亲等。如果他们被抽到，会由于客观原因无法出席民调。因此，街道在各社区报告的抽样库中随机抽取了70人，要求到场至少50人。但在实际抽样过程中，70人的名单让社区普遍觉得数量不足。它们反馈的理由除了有类型重复的样本外，更主要的是因客观原因无法出席的居民数量多。但是，到底哪些居民样本不在社区，谁出国、走亲戚、在外地或者临时有事等居民的实时动向，街道并无确切信息。除了YLGY社区的名单对少量（17人）因事不在本社区的居民进行了标注外，笔者尚未看到其他社区如此做。由此，针对不断有社区反馈数量不够，街道和第三方机构对相应社区抽取的样本数量一增再增，个别社区甚至达到了110人。随着样本量不断扩容，在最终到场居民标准不变（50人）的情况下，居委会在召集居民时转圜的余地越来越大。

二　命题权下放到社区

一般来说，问卷的命题权掌握在街道手里。街道再通过第三方机构将其意志转化成技术化的语言，如问卷要满足信度和效度原则，问题要简洁、易懂、没有歧义，问题顺序满足阅读的便利

---

① 2016年11月23日，YLGY社区居民访谈记录。

性，排除诱导性问题，设置能够相互验证的问题以检测答题人的意见稳定性，题量、字体大小适中等。命题作为街道指挥棒的关键一环，引导着居民在特定议题（即问题）上，以特定方式（即选项）对社区进行评价。然而，因为一些客观原因，街道不得不放弃有些题目的命题权，并让社区抓住机会。

作为C街道的自治品牌，2016年度民调工作须响应B区"TXJY"自治建设及其名义下的星级居委会评选。根据B区专题网站的介绍，"TXJY"自治建设具体内容有三。

（1）各街道向区职能部门对接项目；①

（2）各个社区上报各类自治项目，社区找出亮点工作，包装成本社区的品牌，申报"TXJY"自治项目；

（3）在全区进行星级居委会评选，具体分一到五星级。

其中，《B区"TXJY"建设·星级居委会创建操作手册》包括指标体系、问卷调查、实地调查、材料审核四个部分。单看前两项及其内容，星级居委会几乎是C街道民调的扩大版。出于成本考虑，以及工作方式的差别，B区的实地调查与材料审核在C街道民调的语境中分别变成了居民座谈会和街道科办打分。表6－8列出了星级居委会评选与民调在最终成果上的相似性，如都将辖区内的社区划分等级，其等级（星级/档次）都呈现出两头小中间大的特征。由于"TXJY"在全区的推动，各个街道除了积极与职能部门对接、应对星级居委会考核工作外，还要把相当大的精力放在鼓励和督促各个居委会申报自治项目上。因此，作为2016年发生的大事，无论是出于响应和对接上级工作的考虑，还是评价居委会的基本工作能力，本年度的民调必须要考察社区如何开展自治项目，以及居民对这些项目的"知晓度、参与度和满意度"如何。

① 此举可能导致各街道将原有工作纷纷套上"TXJY"的帽子以申请专项资金，如第四章描述的网格中心也挂"TXJY"的牌子。

表 6 – 8　B 区星级居委会与 C 街道社区民调比较

B 区		C 街道		
居委会星级	2016 年	社区档次	2015 年	2016 年
一星级	27	第五档	1	
二星级	97	第四档	6	2
三星级	99	第三档	9	10
四星级	27	第二档	12	18
五星级	8	第一档	6	8
总数	259	总数	34	35

注：居委会星级越高，表明工作越出色；社区档次越低，工作越出色。
2015 年 JX 社区因拆迁工作繁忙，未参与民调，故社区总数为 34。
2016 年社区只分四档。
资料来源：2015 年、2016 年民调数据；“TXJY” 自治建设专题网站。

问卷中的“社区‘TXJY’自治项目”版块询问各社区围绕区里“TXJY”特色项目开展活动的情况。原则上，每个社区都要有自治活动创新的特色和亮点，如 PX 社区的“分享冰箱”、WY 社区的“YWYS”议事会以及 MFL 社区的“MFLShow”微信公众号等。然而，并不是每个社区都能在短时间内打出如此特色鲜明的“品牌”。超过半数的社区把日常运行的活动，如节日送温暖、消防演练、知识讲座、疏通下水道、解决停电问题等，也套上“TXJY”的招牌往上报。事实上，街道也很清楚哪些社区有“真的”“TXJY”特色项目。为了配合区里主推的“TXJY”自治建设以及星级居委会评选，某些社区的项目还是街道直接介入和重点打造的。至于没有“真正”特色项目的社区，影响因素很多。有的社区依旧在征集议题、想点子，有的却“不想折腾”。但不容忽视的一点，就是街道有无介入。如果询问居民对所处社区的“真的”“TXJY”项目评价，势必不能排除街道因素，也会让大部分社区得零分。同时，各社区除了“TXJY”特色项目之外，还有很多活动或民生实事需要做。有位居民在访谈中论及：

“我们 Y 书记，不像别人爱出风头，搞那些东西我们也不懂……我是晓得的，每个周三下午带着人（打）扫卫生，还去马路执勤。我们是老旧小区，情况复杂，什么人都有，外乡人摆摊的、租房子的，隔壁吵架泼粪，搞得乱七八糟。事情不好做啊，不容易。”①

为了取得平衡，街道最终确定了两道题：一道是居民对各社区上报的“TXJY”特色项目的评价，选项采用定序方式，为单选题；另一道询问居民参与过社区组织的哪些活动，选项采用计数方式，为多选题。

同时，命题权也下放到各社区。对于单选题，由于既不能排除自己的干扰因素以服众，也不想承担辨认真假“TXJY”的风险，街道让各社区自己上报“TXJY”特色项目。对于多选题，街道并不清楚各个社区多种活动开展的真实情况。尽管社区开展活动会向街道上报，但上报格式类似于通讯稿，很难看出谁好谁坏。甲、乙社区都有“自治议事会”，可能实际运行效果差别很大，它们的上报格式和信息量却大同小异。另外，各个社区上报的数量和频率差异很大。影响因素也很多，条件好或者书记进取心较强的社区，活动会比较多，质量也比较好。JX 社区书记曾就此事言及：

“我们现在是小社区了，（工作）人手也少②。前两年动迁，居民也走得七七八八。有的活动比如过年过节，有些老邻居念旧情，还能来聚一聚。（要是）搞医疗卫生宣传，哪有人来呢?”③

社区开展活动的复杂性，使得街道规避风险而下放命题权，让每个社区都选出自己满意的活动。但为了统一计量，多选题和单选题的问题格式已经给定。它们的内容分别是评价居民参加过社区组织的哪些（“TXJY”范围内的）项目或活动，以及居民对

① 2015 年 12 月 11 日，SB 社区居民座谈会。

② 据统计，C 街道各居委会常规在岗人员平均数为 6.86，标准差为 1.36。JX 社区为 4 人。

③ 2016 年 12 月 3 日，对 JX 社区书记的访问。

某个项目或活动的评价如何。

社区出题的权力表面上是选择决定哪些活动进入题目之中，实际上是通过控制选项去影响结果。以多选题“你知道或参加过社区组织哪些活动”为例，该题计量方式是统计选项被勾选的比例。由于各个社区的经济状况、“两委”人员配置等情况都不一样，街道并没有规定选项个数的标准，只要求至少三个。选项个数的不确定，各社区设置选项时呈现出特有的规律——在其他条件既定的情况下，选项设置得越少，该题的得分率就越高。据统计，每个社区在该题设置的平均选项数为5.14个，标准差为1.60。该题得分率和选项个数的相关系数为-0.80，双尾检验显著性为0.00。各社区设置选项的技巧，直接影响到该社区在该题上的得分。于是，一个局面产生了：如果街道统一规定各社区标准选项个数，那么标准个数越多对条件好的社区越有利，越少则对条件差的社区越有利；如果街道不规定统一标准，则各社区最好的做法都是设置更少的选项，同样无法甄别出“TXJY”特色项目上表现出众的社区。

三 社区民调现场

问卷在哪里填写？以什么方式填写？貌似微不足道的问题，也显示出治理技术如何融入基层秩序的重要环节。第五章已说明，出于成本考虑，街道将采取集中填写问卷的方式来实施民调的数据采集。那么，集中在哪里呢？为了排除社区的干扰，数据采集最好是在街道进行。但是，在寒冷的冬天①把各个社区的居民召集到街道是很困难的任务。召集过来后，还要分配会场、维持秩序甚至保证政府机关的安全稳定。显然，把所有居民一次性或分批次召集到街道不是明智的做法。最终，街道将选择问卷填写场所的权力交给了社区，并通过周密设计让一个社区的所有民调工作在半个工作日内全部完成。对每个社区，街道会派出3名由自治办和党建办抽调出来的工作人员，并搭配1名第三方机构的技术人

① 每年的民调问卷填写大约在11月下旬到12月上旬进行。

员。每半个工作日同时在 2 个社区进行，所有 35 个社区在 9 到 10 个工作日内完成。为分析需要，现将民调现场流程按照居委会的视角改写如下：

（1）居委会召集居民代表到会场，并维持秩序；

（2）在会场坐定后，社区书记上台作年终述职报告；

（3）在问卷填写的过程中，居委会工作人员回避；

（4）现场抽出 8～10 位居民代表参与街道组织的结构性访谈，并对社区工作者评价和打分，居委会工作人员回避；

（5）街道工作人员对社区“两委”逐一访谈，并相互打分。

通过回避的方式，街道将社区“两委”与居民分隔开，以防止前者影响后者填写问卷和参与访谈。

然而，既然到了社区，“两委”的影响力就无处不在。由于经费受限，原本打算对居民代表统一发放纪念品的计划被搁浅。笔者在民调现场看到，有少量社区对到场居民发放了诸如笔记本、硫磺皂、牙膏、毛巾、凡士林膏等日常用品。对大部分社区而言，除了将填写问卷的笔赠送给在场居民外，并无纪念品。经过询问，得知纪念品为居委会所发。一个考核社区“两委”的民调，为何被考核对象会自掏腰包购买纪念品呢？对此，JX 社区书记 S 说：

“这点不算什么，居民能够来支持我们工作，就很不错了。”①

JX 社区现场发放的更像是精心挑选的礼物。虽然价钱不贵，但到场的 56 名居民均得到了香皂、牙膏、牙刷和百雀羚润肤膏。参加民调的居民理应是支持街道工作，为何变成了支持社区？对此，笔者就书记的话询问了在场某位居民，他回答道：“我们书记是刚过来的，我们社区情况又比较复杂，不好开展工作，可能他

① 2016 年 11 月 30 日，JX 社区现场访谈记录。

有这方面的考虑。”[①] 到底是哪方面的考虑呢？我们可通过进一步梳理该社区的背景来找寻答案。在表6－9的注释中已说明JX社区因为拆迁事务繁忙没有参加2015年的民调。事实上，根据街道对居民代表的访谈记录来看，该社区的情况确实复杂，除了拆迁带来的矛盾外，还有诸如业委会缺乏、群租带来的困扰、保安和二房东冲突时派出所处理不当造成的公共安全隐患、党组织基本瘫痪、社区人手不够等层出不穷的问题。[②] 2016年，在两位社区工作者辞职后，该社区居委会额定9人，实际在岗只有5人，缺额4人，且三大员和不坐班委员加起来都只有1人。因此，1959年出生、经验丰富且为人和善的S书记走马上任时也感到颇为棘手。面对着居民对社区“两委”严重不信任的局面，给居民发纪念品，的确是让他们到场配合问卷调查的办法之一。毕竟，街道也规定了到场人数的底线是50人。

那么，S书记发如此多的纪念品，除了吸引居民到场外，能提高他们对社区和社区工作者的评价吗？由于我们难以确定居民的真实意见，因而无法将二者进行对比分析。但从居民访谈对S书记及其领导下的居委会连篇累牍的夸赞之中，或许可看出些许端倪：

> “目前居委（会）和居民关系越理越顺……S书记来后社区（班子）一改涣散作风，能挨家挨户了解居民情况，尊重居民、凝聚党员，在短时间内恢复党组织；居委（会）工作不分昼夜，下班后做了大量工作，人大选举覆盖率高，居民与居委（会）联系越来越密切，居民的意见居委能虚心听取；班子凝聚力强、配合得好；各种活动多、团队建设好……（居委会）整体比较团结，各条线都工作认真，居民有事找居委（会）时甚至饭都不吃来帮忙……书记一肩挑两担，工作繁忙，能够尽职尽责、各项工作亲力亲为，待人亲切、真诚，

① 2016年11月30日，JX社区现场访谈记录。

② 摘自街道工作人员的《居民访谈记录——JX社区》。

工作能力强。”①

事实上，仅从文字无法判断这些颂词是否出自7名居民代表的真心。或许街道派S书记到问题复杂的JX社区，也是对其能力的认可。但也不能排除纪念品带来的影响力，因为没有发放纪念品的大部分社区都没有如此一致的称誉。又或者，只有懂得给到场居民发出暖心“纪念品”的S书记，才能施展其人情练达的手腕将情况复杂的JX社区带上正轨。

社区书记对民调现场的影响力还体现在问卷填写开始前的年终述职报告上。笔者查阅2015年各个社区书记的述职报告后发现，虽然他们主要还是围绕社区和居委会基本情况，如党建、自治、民生工作介绍，配合职能科办工作情况等几个方面进行，但写作方式和技巧差别很大。各个社区书记的述职报告大致可归为以下几类（见表6－9）：②

（1）八股型：结构清晰，引经据典，政治口号较多；
（2）概述型：简要说明工作事项及结果；
（3）故事型：小处着眼，以故事的方式来讲述工作；
（4）数据型：列数据、讲排名。

讲述报告方式的不同，会对民调结果带来什么影响呢？由于类型划分比较粗略，表6－9不具备数据分析意义。但从作者和所在研究团队成员所了解到的居民观感可以看出，述职报告类型和书记讲述风格的不同带来的现场反应也不一样。八股型报告对台下居民代表的吸引力最差，很少有人在听，会场秩序也难以维持，居民以聊天为主；故事型的现场反应最好，讲述故事的书记也具备较强的舞台魅力，神情、嗓音、语调、节奏和肢体语言都有一

① 摘自街道工作人员的《居民访谈记录——JX社区》，笔者已修正少量事实错误。
② 需要说明的是，类型的划分只是区分出大致方向。比如，现实中数据型的述职报告不可能完全是列数据、讲排名，也会有其他类型的成分。

定的讲究，现场不时有欢声笑语；概述型和数据型的现场反应介于前两者之间。

表 6－9　各社区书记述职报告类型

类型	社区
八股型	C4、MSY、AM、SJZM、TJD、DFTY、YFC、SDCX、XHMZ、WY、YLGY
概述型	C3、CH、SB、WNEC、YD、ZYY、BDHY、FRHY、QSYL、SLAMY、YJZ、SQJY、DSH
故事型	LZHY、WY
数据型	JM、ZHL、PX、HD、AQL、MFL

注：WNXC、HBWC、JX 社区未上交述职报告。

资料来源：根据 2015 年各社区书记《年终述职报告》编制。

从以上分析可看出，书记能力、台上讲述和居民反应形成了一个循环过程。WY 社区书记工作做得好，自然有东西可讲，不管是列数据还是讲故事，都自信满满，居民平常看在眼里，台下也听得投入；YLGY 社区书记工作不受认可，也没什么东西可讲，就引经据典、敷衍了事，讲出来也“不接地气”，居民平时怨声载道，现场反应就毫不客气。然而，这两个极端个例在排名上差距如此之大，表明书记述职的现场发挥似乎有放大效应。比较两个社区 2015 年的得分结构即可看出。WY 社区尽管民调得分排第 1，比第 2 名分数高出近 4 个百分点，但街道评分排名仅第 9。相较而言，重视数据的 PX 社区街道评分也排到了第 3 位。YLGY 社区尽管民调得分排第 32（倒数第 3），但街道评分却是第 20，表明各职能科办认为该社区还没有那么差。另外，街道对 PX 社区的信赖是显而易见的，2016 年街道主打的“TXJY”自治建设招牌项目“流动冰箱”就放置在 PX。尽管如此，它的民调得分依然比 WY 社区低近 6 个百分点。

书记述职、会场居民、旁观的街道和技术人员所构成的舞台布景，让民调勾连起社区“两委”与居民的日常来往。书记的表演成功与否会影响接下来的居民的判断，也是日常工作中累积效果的体现。出于成本考虑将各种程序集中到半个工作日完成的技术程序，将日积月累的基层事务和错综复杂的基层生态浓缩到民调现场。民调现场为我们提供了丰富的解读素材，呈现出治理技术融入到基层的“最基层”的生动画面。

第四节 居民的声音与表达方式

目前为止，居民一直作为对象/客体而存在——街道“需要”一定数量的居民填写问卷，居委会“需要”组织这些居民。对居民来说，在技术流程中，什么环境下填写问卷、回答哪些问题、有哪些选项可供选择，都是给定的；在组织流程中，民调为何会产生、它以什么方式进行、题目背后的考察意图、街道与社区如何进行互动，居民也没有参与进来。作为身处社区的能动者，居民与职能科办、社区“两委”的工作人员并无二致，也会将其意志投射到技术程序之中。所不同的是，由于绝大部分程序的设计和实施居民没有直接参与，所以很难据此分析对居民这一利益群体表达自己的方式。我们将目光放在两个不起眼的地方，即民调程序之中（问卷中的开放性问题）和程序之外（各个社区的放弃答题现象），以此观察居民的态度和选择。

一 开放性问题中的居民态度

问卷的最后一个部分，是开放性问题（见附录 4 - 七）。开放性问题在以往不存在，据《2016 年民调报告》的说法，设置该部分的理由是——“在定量化问卷的基础上，辅之以定性内容，用以衡量往年问卷无法测量的内容”①。无法测量的内容包括哪些呢？街道的目的，是“用开放性问题囊括社区各种异质信息，将提出评估问题的权力赋予居民自己，以老百姓之口，表达出社区治理最需要解决的问题、最值得肯定的地方”②。根据作者的了解，街道正面临民调命题和形式创新的困扰。自 A 市社会治理文件出台后，该市社区自治的热潮一轮接一轮。C 街道虽然因为民调项目得

① 摘自《2016 年民调报告》。
② 摘自《2016 年民调报告》。

到了市委表扬从而走在B区前列，可要想把民调做成B区响当当的品牌，每年都要有命题、形式的创新。能不能想到可行的新点子，是各级地方政府治理创新竞赛的命门。设置无结构的主观题，是从居民回答中挑选、找到新鲜或有意思议题的简便方式。在此思路下，两道开放性问题被设置为（见附录4－七）：

(1)“请您谈一下2016年您对所在社区工作印象最深的一件事。”

(2)“您觉得一年来小区治理发生了哪些变化？您对小区治理有何意见或建议？”

虽然很多居民没有填写这两项主观题，但是回答“社区亮点”的样本量有899个，占比50.71%，回答“社区问题”的有556个，占比31.36%。从现场调研和个人特征数据来看，填写问卷以退休的老年人居多，不少居民阅读和勾选问卷的速度较慢，逐字写下主观题的成本更大。居民填写该类问题的热情也体现在回答的质量上。据笔者粗略估计，使用长句回答主观题的样本大致占到4成以上。长句往往涉及具体问题，如“无耻开发商占用业主共同的车库，停车费居高不下。更可恶的是，我们伸张正义，维护权利，被他们叫来的人抓走好几个。仗势欺人，没有法律和公正！”① 的背后，是YLGY社区业主抗争发展到上街举条幅、堵路，轰动一时。没有了问题、选项构成的结构性约束，尖锐的答案不时可见。尽管它们稍显刺目，但其提供的鲜活素材及其背后的强烈情绪，对于街道工作人员找治理创新的灵感可能更有用。

找灵感固然重要，但当务之急是如何把开放性问题转换成实实在在的民调成果。从结果来看，街道做法是将之变成考核社区的指标。具体地，民调工作人员将上述两题分别冠以“社区亮点”和“社区问题”的名目（尽管不是十分吻合），制作成民调指标体系中的两个子版块，用词频统计/语句归纳的方式分别列出每个社

① 取自XHMZ社区编号07问卷。

区居民反映最强烈的三个“亮点”和“问题”。随后，取三个“亮点”与得分最高的三道问题的并集，构成该社区的治理亮点集合；取三个“问题”与得分最低的三道问题的并集，构成该社区的治理难点集合。表 6 - 10 以 YLGY 社区为范例，给出了治理亮点和难点的构成方式。

表 6 - 10　YLGY 社区治理亮点与难点

<table>
<tr><th>序号</th><th>社区</th><th>三个亮点</th><th>得分率最高题</th><th>相关度</th><th>补充度</th></tr>
<tr><td rowspan="7">33</td><td rowspan="7">YLGY</td><td>关爱老人及失独家庭</td><td>社区自治活动 21</td><td rowspan="3">2</td><td rowspan="3">1</td></tr>
<tr><td>人大代表选举工作</td><td>志愿者队伍 22</td></tr>
<tr><td>党员组织活动</td><td>办理或咨询问题 10</td></tr>
<tr><td>三个难点</td><td>得分率最低题</td><td>相关度</td><td>补充度</td></tr>
<tr><td>停车难</td><td>卫生清扫 13</td><td rowspan="3">0</td><td rowspan="3">3</td></tr>
<tr><td>门卫不负责</td><td>基本评价 5</td></tr>
<tr><td>不文明现象</td><td>哪些工程或活动 20</td></tr>
</table>

注：“得分率最高题”、“得分率最低题”两栏中的数字是问题的序号，文字是问题的关键词。

相关度和补充度的计算方法：以“亮点”为例，相关度指三个亮点与得分率最高的三道题之间的共同项，如“关爱老人及失独家庭”与“志愿者队伍 22”类似、“党员组织活动”与“社区自治活动 21”类似，因此相关度为 2；相应的，补充度为 3 - 2 = 1。“难点”的相关度和补充度计算与此类似。

资料来源：摘自 2016 年民调数据库。

问题在于，通过词频统计和语句归纳技术，参差多态的主观题答案如何被转化成治理“亮点”和“难点”呢？众所周知，词频统计/语句归纳将一个意义复杂的句式或段落简化成关键词时，压缩了前后语词组成的意义结构，省略或删去了它的背景、语气。显然，按照第五章的分析，技术只负责压缩的过程，压缩的方向由操作者决定。

具体而言，街道对主观题的处理有两种方法：写入民调报告时，使用关键词统计/语句归纳原则，如上述答案被归为“停车难”项并统计频次；写入下发到各社区的《社区诊断书》时，则使用信息量更多的短句陈述，该答案又被转述成语句“发生业主堵路事件，值得关切”。诚然，民调的形式是可计量化，对信息不断缩减，变成关键词是进行统计时不可避免的方法。然而，确定维度、压缩并定义情境的方向远不止一种，该案例的关键词也可以是“开发商仗势欺人”“居民枉法”“社会治安事件”等。对街道来说，无论上面哪项写入民调报告都是不妥当的，前两项用语不当，后两项是街道和该社区工作失职，自示其短。如第四章的分析所示，“停车难”对于处于中心城区的C街道来说是个结构性矛盾，有26个社区的居民普遍反映了此问题，排名第一，且在所有103个问题中占1/4（见表6-11）。但是，绝大部分社区有其历史原因。比如，老旧小区HD、YD、C3、ZHL等不涉及开放商、物业和居民的矛盾，其他社区又没有发生公共事件。使用“停车难”一词后，不仅该案例背后的社会情境难寻踪迹，问题的严重性也淡化了。

街道按照自己的标准，将长句压缩成短句并归之为关键词后，原本可在一定程度上反映居民异质信息的主观题被裁剪和打磨得难以辨认。如此处理的原因何在？关于此事，街道民调小组里比较年长的W老师[①]说：

> “YLGY的情况我是晓得的，当时闹得还蛮大。又是新小区，居委会刚进去不久，你晓得吧。发生这个事，不说他们，我们（街道）也没有权力去管。”[②]

制止并处理业主抗争事件的权力并不在居委会，街道认为YLGY社区居委会不负主要责任。

由此可见，开放性问题给了居民自由表达的空间，但制作成民调成果时也受到将评估做成民调的初衷、基层条块关系等因素的影响。

---

① “老师”是C街道对年纪较长的基层工作人员的尊称。W老师在调入街道工作前，曾在SDCX社区任书记，并被街道评为2013年度“优秀居民区书记（居委会主任）”。

② 2016年12月1日，YLGY社区与W老师的私人谈话。

表 6－11　各社区治理难点统计

档次	排名	问题	词频	比重
极为突出	1	停车难	26	25.24%
	2	高空抛物	14	13.59%
	3	违规出租	9	8.74%
	3	环境卫生	9	8.74%
	5	物业管理	8	7.77%
	5	不文明现象	8	7.77%
很突出	7	违章搭建	4	3.88%
	7	邻里矛盾	4	3.88%
	9	老年人福利	3	2.91%
	10	电梯安装	2	1.94%
	10	办理户口/居住证	2	1.94%
	10	与居委会沟通	2	1.94%
	10	门卫不负责	2	1.94%
	10	与居委会沟通	2	1.94%
	10	外来人口管理	2	1.94%
	10	动迁问题	2	1.94%
较为突出	17	治安	1	0.97%
	17	消防门被堵	1	0.97%
	17	会所场地服务	1	0.97%
	17	班子团结协作	1	0.97%
		总数	103	100.00%

资料来源：摘自 2016 年民调数据库。

二　“空题率”中的居民态度

除了问卷中设计的开放性问题外，我们还可以从民调指标体系之外去寻找居民的态度，比如居民拒绝回答问题的现象。对于没有回答的题目，技术术语称之为“无响应”（no response）。根据数据录入的通行规则，我们可将之视为缺失项。因此，样本量为 50～60 人的各个社区的数据表格上，会出现分布零散的空格。

统计并分析这些空格，成为探寻居民态度的着手点。

试想，一个坐在会场的居民，如果在某道题或某些题上没有提供回答，其原因至少有以下几个：

（1）看不懂；
（2）没耐心看题干；
（3）不满题目的问法；
（4）不满选项的设置；
（5）不想配合民调。

由于问卷匿名，笔者无法跟踪采访，也不能确认某位居民不回答某道题目的真实原因。单就某一个居民来说，空题原因可能难以捉摸；单就某些居民来说，原因又错综复杂。当我们掌握所有社区所有样本的空题数据后，它的规律性就可以把握了。在此之前，我们必须将各社区居民样本的个人特质和答题场景标准化，并提出假设：

（1）社区/居民假设：各个社区到场居民的个人特质，其分布特征一致；
（2）答题环境假设：各个社区答题环境一致。

上述两个皆是强假设。十一类人群的等比例抽样、到场居民数量以及结构化民调现场保证了假设的合理性。每个社区的到场居民（总数为48~60人）均由该社区报告十一类人群中等比例抽样得到，如每个社区均会到场1位民警、1~2位驻区单位负责人等，社区之间居民类型和数量基本一致。因此，到场居民结构一致。另外，根据第三节列出的民调现场程序，每个社区都遵照集中场所、书记述职、填写问卷、居民访谈的过程，每个程序都有大致规定的时间和总时间（半个工作日）约束。因此，社区之间的答题环境也基本一致。在对居民样本的个人特质和答题场景标准化后，各社区的空题情况就是可比较的了。详细可见表6-12。

表 6-12　各社区空题率与积极性指数

档次	社区	空格量	样本量	人均空题数	人均空题率	积极性指数
积极性很高	YFC	95	52	1.83	4.15%	250.15
	QSYL	100	50	2.00	4.55%	228.50
	SB	103	51	2.02	4.59%	226.28
积极性较高	JM	110	50	2.20	5.00%	207.73
	ADH	128	49	2.61	5.94%	174.95
	WNXC	139	53	2.62	5.96%	174.25
	WNEC	149	55	2.71	6.16%	168.69
	TJD	150	51	2.94	6.68%	155.38
	FRHY	134	45	2.98	6.77%	153.47
	MFL	151	49	3.08	7.00%	148.30
	C3	196	61	3.21	7.30%	142.23
	ZYY	165	50	3.30	7.50%	138.48
	SQJY	176	49	3.59	8.16%	127.23
	XHMZ	197	51	3.86	8.78%	118.31
	PX	206	51	4.04	9.18%	113.14
	WY	202	50	4.04	9.18%	113.12
	C4	216	50	4.32	9.82%	105.79
积极性一般	AQL	247	54	4.57	10.40%	99.91
	YJZ	244	53	4.60	10.46%	99.27
	BDHY	239	50	4.78	10.86%	95.61
	DFTY	234	46	5.09	11.56%	89.84
	SJZM	256	50	5.12	11.64%	89.26
	JX	274	52	5.27	11.98%	86.73
	AM	285	51	5.59	12.70%	81.78
	LZHY	302	53	5.70	12.95%	80.20
	HD	285	50	5.70	12.95%	80.18
	HBWC	307	50	6.14	13.95%	74.43
	TXJY	314	50	6.28	14.27%	72.77
积极性较低	YD	390	59	6.61	15.02%	69.14
	MSY	334	50	6.68	15.18%	68.41
	SLAMY	346	50	6.92	15.73%	66.04

续表

档次	社区	空格量	样本量	人均空题数	人均空题率	积极性指数
积极性较低	CH	393	55	7.15	16.24%	63.96
	YLGY	373	50	7.46	16.95%	61.26
	ZHL	412	50	8.24	18.73%	55.46
	SDCX	451	50	9.02	20.50%	50.67

资料来源：摘自2016年民调数据库。

总体上，居民空题现象是一种软抵抗，在不同社区表现不一。2016年的问卷有44个题①，计算每个社区的人均空题率可知，空题比例最高的SDCX社区有20.50%，最低的YFC社区为4.15%，相差近5倍，且各社区标准差为4.32%。不管某个居民空题的原因是前述列表中的哪一个或哪几个，社区人均空题率至少反映两种可能性或其中之一：

（1）居民对街道组织的民调甚至街道本身不满；

（2）对社区该方面表现甚至社区本身的不满等。

对街道的不满，可能源自街道政策、资源在各个社区之间的偏向或不均衡；对社区的不满，来源则较为复杂，某个工作人员（特别是书记）、居委会甚至社区客观条件如基础设施、区位、环境等皆是可能原因。

了解到该数据的意义后，街道将其制作成了积极性指数（见表6-12），使之成为民调指标体系中的一部分。被民调技术程序和组织程序结构化的居民通过不经意间的空题所释放出来的态度，被街道转换成了考核社区的手段之一。如果没有这层转变，没有积极性指数作为传声筒，居民的态度将会隐藏。民调报告对该指数的解释是：

“作为居民的一种软态度，即用看不见的行动表明的态

① 该计数结果包括每道题中设置的小题。

度，（积极性指数）侧面反映了对各社区‘两委’班子的满意程度，与自下而上的民调原则暗合。”①

第五节　本章小结

本章以基层政府民调为例，展示一项治理技术如何嵌入条块关系并借此调动治理资源、融入基层生态的过程。主要内容有以下几方面。

1. 在落地的过程中，治理技术的程序与基层条块互嵌

通过分析民调工作技术流程图和C街道的组织流程表发现，民调把街道各职能科办和辖区内所有社区紧紧铰合在一起，装置出一台精密的机器。它以民调为技术流程，生产出民调结果，其主体框架却是以目标责任、部门分工、层级分解任务等为内在的各类组织构件。由此，在C街道组织的民调工作中，技术流程和组织流程合二为一。

2. 与条块互嵌后，技术得以在科层中调动基层治理资源

民调需要B区授权、各科办和社区配合才能成功，因而在实践过程中被巧妙地设计成三者的交集。民调作为B区治理创新项目“TXJY”自治建设的子品牌以获取资金和政策支持，又作为社区议题征集机制得到居民响应。另外，由于新文件的规定，街道有对辖区内重大决策的建议权，影响社区工作者的编制、待遇。由此，C街道将民调结果变成一种社区及其班子工作好坏的评价标准，让评价主体（各科办）和客体（社区）遵从。

3. 治理技术最终将融入基层生态

由于技术实施的环境复杂性，在某些环节要放权，如提供居民样本库、拟定自治问题等。为此，社区既要拟定好统一的名单格式，如让社区按照十一类人群的标准提供抽样库，又要根据社区总体的大小设置不一样的标准。另外，由于街道并不清楚各个

① 摘自《2016街道民调总报告》。

社区多种活动开展的真实情况，因而让社区自主拟定问题，以获取异质信息。从民调现场来看，书记述职、会场居民、旁观的街道和技术人员所构成的舞台布景，也是治理技术融入基层生态的生动体现。

在全国范围内，民调也许不像维稳、经济增长那样受到地方政府重视。但作为社情民意的收集方式、绩效评估的手段以及治理创新竞赛的产物，C 街道上上下下对民调足够重视。从资金、人员和持续时间来看，C 街道的民调在三年内做得越来越大，越来越科学，志在“做成区里的一个品牌”①。示范效应也是惊人的，远在 2016 年初得到市委领导表扬之前，就有区里其他街道敏锐地意识到这种模式的优势，向技术人员咨询相关信息。政策合法性、官员政绩、官僚机器运转参数、工作方向等，都是民意调查为基层各主体带来的好处。对街道而言，民调让其有了某些方面的合法性。三年乃至可能更多年的民意调查是街道实实在在的社会治理创新项目，民调的成果会作为街道各职能科办年终评估的量化参考，成为决定社区干部评优、入编甚至去留的标准。更有甚者，对民调成果的吸收和利用可能纳入 C 街道乃至 B 区的决策参考中。对社区居委会和党委而言，一张以本社区居民的名义开具的《诊断书》从街道下发，为以后的工作确定了方向。

随着议题（如问题框的确立）、范围（如问题选项的拟定）、方式（如分数的加总和指标的计算）、分量（如分值权重的设定）等技术程序的实施，C 街道民调的技术框架逐渐形成。从技术建构论看来，技术程序的解释弹性将压力型体制、条线关系调整、回应性政治、国家清晰化企图等治理元素纳入民调的过程。然而，我们很难看到民调对街道、职能科办和社区关系的重新定义。究其原因，自上而下的压力型体制决定了对民调合法性和操作方向的授权皆来自上方，而后者缺乏动力去改变现有组织和制度环境及其作用下的权力格局。换言之，技术的弹性或曰可操作空间也许比我们想象中还要惊人。

① S 副主任语。

第七章　结束语

从问题引入到各章节的详细论证，本书的思路是由大到小，即从技术治理的原理，到它在基层如何表现，最后以观察一个治理技术嵌入科层并融入基层生态的过程作结。在行文中，我们可以清晰地发现，在治理资源几乎被行政垄断的现有体制下，一个社会问题得到解决，无论用到什么样的新式治理技术，最终都会通过行政过程来实施。因此，我们再次重申第三章末尾的论断，即技术治理的运转机制，最终归结为由社会问题、治理技术、科层形成一个三重递进关系：

> 社会问题必须进入治理技术的程序中才能得到解决，治理技术的程序必须依靠科层才能得以实施。

简言之，正是在与科层互动的过程中，治理技术才通过解决社会问题来强化现有或制造新的国家社会关系。本书的案例中，两种形式兼有。遍布 A 市的拆违欲解决的社会问题是产业结构、人口结构以及土地利用方式的不合理之处。为此，它解决问题的方式，是以土地、房屋使用法规和城市规划方案为标准，拆除与标准背离的各种建筑物，废止与标准相悖的土地和建筑物使用方式。以违章违建为问题之纽，拆违的实质是调节 A 市的人口结构、就业方式、产业结构、土地使用方式甚至财税构成，制造新的国家社会关系。C 街道的民调则正好相反，是强化现有国家社会关系。经过街道、职能科办、居委会在各个技术程序上的层层参与，民调说出来的民意对他们来说再熟悉不过了。社区二元化、国家意志对日常生活的渗透等现象，甚至会随着民调再次操演一遍。

围绕着民调过程，街道、社区和居民三者之间的结构变得更加牢固。

技术治理的前景很难预测，但有一点是可以肯定的，不管是强化现有还是制造新的国家社会关系，技术治理都在快速推进国家政权建设。无论何种治理技术，背后都有国家对社会的清晰化企图，都要依据身份信息来锚定每一个人、物、事、组织的位置，以效用分析来预测它们的行踪，进而加以干预（彭亚平，2020）。这种清晰化的过程正是国家治理现代化建设的题中之义，它不仅仰仗于技术进步，现有科层体系如何调整以适应这种挑战也至关重要。换言之，中央地方关系、条块关系等的调整，是治理体系现代化的基础。放置在本书的分析场域，则可转述为：

> 技术治理就是解决基层问题，就是进行基层政权建设，也是理顺基层条块关系。

将治理技术与科层、国家社会关系联系起来，并非新鲜话题。早在十年前，渠敬东等（2009）的开创性论文就明示了国家社会关系已从整体性支配转型为技术治理。在持续研究中，黄晓春（2018）逐渐明确了决定技术治理前景的关键是治理技术如何嵌入现有治理体系的问题。孔飞力（2013）、彭慕兰（2005）、杜赞奇（2003）等诸多学者也强调了国家政权建设（如税收汲取、征募兵源以及司法等行为的标准化）对于中国作为现代民族国家崛起的重要性。① 上述讨论或多或少散见于相关社会科学研究中。然而，一个技术治理的总命题尚未得到充分诠释，一个从理论构建、实

① 类似的，谢岳和葛阳（2017）在分析城市化进程与政治稳定关系时作出了可贵的综合性尝试。城市化进程为何没有带来常见的政治动荡呢？为回答此问题，他们在中国社会转型的场域下将国家基础权力划分为“国家的治理能力、国家对社会的控制范围以及国家统治的微观基础”三维度，给出一个分析性框架，进而展开讨论——城市化进程提升了国家财税汲取能力，让它有能力在城市基层推行再分配等政策，在扶持低收入群体的同时推进国家权力扩张，最终达到政治稳定。

证方法到经验材料处理等一以贯之的标准社会科学研究亟待出现。显然，此种尝试将大大推进技术治理的研究范围和纵深，并促使其作为一个真正的研究范式出现，而非与项目制、运动式治理、技术治国论、斯科特式政治保守主义抑或福柯治理术纠缠不清。限于研究现状和笔者水平，目前的研究只是纲领性的，接下来还需更多的努力。

技术治理原本只是个时髦的修辞词，很少有研究者把它当回事。众多研究者进入该方向的背后故事也值得玩味。黄晓春（2018）自承其本来是研究技术在制度中的应用，却不知不觉地发现隐蔽运行的技术治理现象。王雨磊（2016）也在技术扶贫的具体运作中发现了技术治理的踪迹。同样，笔者的田野经历、原来的思路是观察政府数据的形成过程，也跟技术治理无关。田野中发现的奇怪现象，让自认为受过定量训练的笔者很难在技术上说民调违反技术原则，但它事实上又与学术研究所理解的民调有偏差。这种奇特的局面是怎么造成的呢？慢慢地，笔者被引到技术治理的领域。这样的故事虽不能证明一个研究范式的诞生，却可反映研究者的理论自觉。

在1958年出版的《论技术物的存在方式》中，西蒙东认为我们的文化将技术与人截然二分，因而陷入了矛盾的态度。我们要么将技术理解为一种用途和功能，要么视为对人类生存的威胁（Simondon，2017）。当技术被视为供治理者驱使的工具时，无论我们服膺还是质疑治理技术的功效，抑或将其视为政治变革的阻碍，都已将治理者与技术本身做了分割。一个两极化的局面悄然浮现：治理者和使用者只关心技术的用途、功能、产出和成本，不在乎它的结构和原理；技术专家在其工作范围内也不关心技术的社会影响（Simondon，2017）。对此，西蒙东的解决方法是，创造出一种机器学（mechanology），即把人置身于其操作的机器之间。

> “通过（它们之间的）不确定性边缘（the margin of indeterminacy），机器可以被连贯组合，并在人类解释者（human interpreter）的调节中介下，相互交换信息。”（Simondon，2017）

能正确描述此过程的，绝非技术使用者如工场里操作机器的工人，而是熟知技术设计、使用过程及其社会、文化原理的“机器学家”（mechanologist）。因为使用者与技术之间的编码仅仅源于对工具的使用体验，是被局限的微弱联系；而“机器学家”则可以观察现时代的人们如何介入机器之间以形成技术组合（technical ensemble），以及它们与背后的社会、自然环境如何一同交融成关联环境（associated milieu）（Simondon，2017）。

在国家治理现代化的大背景下，我们如何成为一个“机器学家”呢？新自由主义治理理论强调原子化个体的优先性，倡导“强社会－弱国家”，即在国家与社会的二分法中偏重后者（李洋，2020）。本书则认为技术是国家与社会的中介，它在区分二者的同时，通过转译来联结彼此，让三者一同改变（Latour，1994）。因此，“国家－技术－社会”是无法分割、相互纠缠且不断变化的装置（assemblages）。马克思则采用历史、社会阶段论的视角观察国家社会关系的动态变化，与本书的过程、关系导向有相似之处，因而也反对新自由主义治理理论，并强调超越国家社会关系二元对立模式（李洋，2020）。所不同的是，马克思的目的论假设将这种超越放在国家消亡的未来治理形态之上（杜玉华，2020）。本书则从治理实践出发，强调国家和社会在技术的中介下相互纠缠，以及技术秩序的动态变化，并未设置演化目的。另外，就理论逻辑的起点而言，马克思认为国家由社会内生出来，社会而非国家是治理的真正立足点，这意味着要由社会的变革推动国家治理的变革（李洋，2020），本书则认为国家治理建立在国家主动观察社会并操作后者的基础上。

最后，我们该如何展望技术治理的前景？亚里士多德在论述技术的本质时有言：“使用技术就是思虑、谋划某种既可以存在也可不存在的东西如何生成。这种决定权在制造者而非制造物手上。”（Aristotle，1995a）生成什么样的国家社会关系、怎样理顺中央地方关系、如何推进国家政权建设，重重命题提出的挑战，表面上是技术治理的任务，实际上对执政者的政治智慧提出了极高的要求。韩志明（2019b）认为人们使用治理技术所期望的化简复杂社会、替代政治改革、许诺公民参与和合作共赢等诸多愿景皆难以实现。非但如此，由于对多样性、公共性和回应性的破坏，技术治理甚至有解构现代国家治理基础之虞（马卫红、耿旭，2019）。与之相对，张文喜（2015）认为近年来的实践找到了民族国家崛起作为福柯所言的国家治理理由（governmental reason），并形成国家安全、领导人责任与百姓关系的治理之道，以及诸多技术支撑起来的自主治理术。就本书而言，在动态、纠缠的“国家－技术－社会”装置中，复杂性流转其间，制造社会问题的同时，也让整个治理体系运转并自我维持。为此，对社会主义市场经济的摸索，对央地关系的探寻，对政府创新和社会参与的鼓励等，都是维持治理体系的力量。技术治理需要利用自由、分权和参与营造的社会空间，又要通过解决社会问题的方式来维持它。这既是技术，也是艺术。

参考文献

中文文献

埃德加·莫兰，2008，《复杂性思想导论》，陈一壮译，上海：华东师范大学出版社。

艾云，2011，《上下级政府间“考核检查”与“应对”过程的组织学分析：以A县“计划生育”年终考核为例》，《社会》第3期。

安德鲁·芬伯格，2015，《在理性与经验之间：论技术与现代性》，高海青译，北京：金城出版社。

白馥兰，2017，《技术、性别、历史：重新审视帝制中国的大转型》，吴秀杰、白岚玲译，南京：江苏人民出版社。

柏拉图，1986，《理想国》，郭斌和、张竹明译，北京：商务印书馆。

柏拉图，2018，《理想国》，顾寿观译，长沙：岳麓书社。

柏拉图，2006，《政治家》，洪涛译，上海：上海人民出版社。

柏拉图，2012，《智者》，詹文杰译，北京：商务印书馆。

曾庆捷，2017，《“治理”概念的兴起及其在中国公共管理中的应用》，《复旦学报》（哲学社会科学版）第3期。

陈家建，2017，《项目化治理的组织形式及其演变机制——基于一个国家项目的历史过程分析》，《社会学研究》第2期。

陈家喜、汪永成，2013，《政绩驱动：地方政府创新的动力分析》，《政治学研究》第4期。

陈天祥、徐雅倩，2020，《技术自主性与国家形塑 国家与技术治理关系研究的政治脉络及其想象》，《社会》第5期。

陈晓运，2018，《技术治理：中国城市基层社会治理的新路向》，《国家行政学院学报》第6期。

戴永翔：《现代氛围中的政治技术和政治技术化》，《政治学研究》2007年第2期。

笛卡尔，1991，《探求真理的指导原则》，管震湖译，北京：商务印书馆。

杜玉华，2020，《从〈法兰西内战〉看马克思的国家治理思想及其当代价值》，《马克思主义研究》第5期。

杜月，2017，《制图术：国家治理研究的一个新视角》，《社会学研究》第5期。

杜赞奇，2003，《文化、权力与国家：1900－1942年的华北农村》，王福明译，南京：江苏人民出版社。

范如国，2015，《复杂性治理：工程学范型与多元化实现机制》，《中国社会科学》第10期。

范如国，2018，《公共管理研究基于大数据与社会计算的方法论革命》，《中国社会科学》第9期。

方盛举：《政治技术研究论纲》，《武汉大学学报》（哲学社会科学版）2006年第5期。

冯仕政，2012，《国家政权建设与新中国信访制度的形成及演变》，《社会学研究》第4期。

弗·培根，1959，《新大西岛》，何新译，北京：商务印书馆。

弗里德里希·奥古斯特·哈耶克，1997，《通往奴役之路》，王明毅、冯兴元等译，北京：中国社会科学出版社。

付景涛，2011，《政府绩效评估中的政治和技术》，博士学位论文，中山大学。

郭伟和，2010，《街道公共体制改革和国家意志的柔性控制——对黄宗智“2”理论的扩展》，《开放时代》第2期。

郭于华、沈原，2012，《居住的政治——B市业主维权与社区建设的实证研究》，《开放时代》第2期。

韩志明，2016，《模糊的社会——国家治理的信息基础》，《学海》第4期。

韩志明，2017a，《城市治理的清晰化及其限制——以网格化管理为中心的分析》，《探索与争鸣》第9期。
韩志明，2017b，《国家治理技术的演进逻辑——以流动人口管控实践为例》，《武汉大学学报》（哲学社会科学版）第5期。
韩志明，2017c，《在模糊与清晰之间——国家治理的信息逻辑》，《中国行政管理》第3期。
韩志明，2019a，《选举民主与协商民主的比较——以民意信息处理为中心的技术分析》，《清华大学学报》（哲学社会科学版）第1期。
韩志明，2019b，《技术治理的四重幻象——城市治理中的信息技术及其反思》，《探索与争鸣》第6期。
何艳玲、李妮，2017，《为创新而竞争：一种新的地方政府竞争机制》，《武汉大学学报》（哲学社会科学版）第1期。
赫伯特·马尔库塞，2014，《单向度的人：发达工业社会意识形态研究》，刘继译，上海：上海译文出版社。
侯佳伟等，2014，《中国人口生育意愿变迁：1980—2011》，《中国社会科学》第4期。
胡税根、单立栋、徐靖芮，2015，《基于大数据的智慧公共决策特征研究》，《浙江大学学报》（人文社会科学版）第3期。
胡税根、王汇宇、莫锦江，2017，《基于大数据的智慧政府治理创新研究》，《探索》第1期。
黄冬娅，2013，《人们如何卷入公共参与事件：基于广州市恩宁路改造中公民行动的分析》，《社会》第3期。
黄璜、黄竹修，2015，《大数据与公共政策研究：概念、关系与视角》，《中国行政管理》第10期。
黄其松、许强，2018，《论政府治理技术》，《江汉论坛》第12期。
黄仁宇，1997a，《中国大历史》，北京：生活·读书·新知三联书店。
黄仁宇，1997b，《资本主义与二十一世纪》，北京：生活·读书·新知三联书店。
黄荣贵、桂勇，2009，《互联网与业主集体抗争：一项基于定性比较分析方法的研究》，《社会学研究》第5期。

黄晓春，2010，《技术治理的运作机制研究：以上海市L街道一门式电子政务中心为案例》，《社会》第4期。

黄晓春，2018，《技术治理的运行机制研究：关于中国城市治理信息化的制度分析》，上海：上海大学出版社。

黄晓春、嵇欣，2016，《技术治理的极限及其超越》，《社会科学》第11期。

黄晓星，2012，《“上下分合轨迹”：社区空间的生产——关于南苑肿瘤医院的抗争故事》，《社会学研究》第1期。

吉尔·德勒兹、加塔利·费利克斯，2010，《资本主义与精神分裂（卷二）：千高原》，姜宇辉译，上海：上海书店出版社。

简·雅各布斯，2006，《美国大城市的死与生（第2版）》，金衡山译，南京：译林出版社。

卡尔·马克思、弗里德里希·恩格斯，1980，《马克思恩格斯全集（第23卷）：资本论第一卷》，中共中央马克思恩格斯列宁斯大林著作编译局译，北京：人民出版社。

孔飞力，2012，《叫魂：1768年中国妖术大恐慌》，陈兼、刘昶译，上海：上海三联书店。

孔飞力，2013，《中国现代国家的起源》，陈兼、陈之宏译，北京：生活·读书·新知三联书店。

蓝志勇、胡税根，2008，《中国政府绩效评估：理论与实践》，《政治学研究》第3期。

李猛，1996，《日常生活中的权力技术》，硕士学位论文，北京大学。

李棉管，2017，《技术难题、政治过程与文化结果——“瞄准偏差”的三种研究视角及其对中国“精准扶贫”的启示》，《社会学研究》第1期。

李洋，2020，《西方治理理论的缺陷与马克思治理思想的超越》，《哲学研究》第7期。

刘骥、熊彩，2015，《解释政策变通：运动式治理中的条块关系》，《公共行政评论》第6期。

刘同舫，2005，《技术与政治的双向互动》，《学术论坛》第8期。
刘小枫，2015，《柏拉图四书》，北京：生活·读书·新知三联书店。
刘易斯·芒福德，2009，《技术与文明》，陈允明、王克仁、李华山译，北京：中国建筑工业出版社。
刘永谋，2012，《论技治主义：以凡勃伦为例》，《哲学研究》第3期。
刘永谋，2016，《技术治理的逻辑》，《中国人民大学学报》第6期。
刘玉照、田青，2009，《新制度是如何落实的？——作为制度变迁新机制的“通变”》，《社会学研究》第4期。
罗伯特·E. 帕克，2016，《城市：有关城市环境中人类行为研究的建议》，杭苏红译，北京：商务印书馆。
马丁·海德格尔，2008，《林中路》，孙周兴译，上海：上海译文出版社。
马丁·海德格尔，2016，《柏拉图的〈智者〉》，熊林译，北京：商务印书馆。
马克斯·霍克海默、西奥多·阿道尔诺，2006，《启蒙辩证法：哲学片段》，渠敬东、曹卫东译，上海：上海人民出版社。
马克斯·韦伯，1995，《儒教与道教》，洪天富译，南京：江苏人民出版社。
马克斯·韦伯，2010，《经济与社会（第1卷）》，阎克文译，上海：上海人民出版社。
马卫红、耿旭，2019，《技术治理对现代国家治理基础的解构》，《探索与争鸣》第6期。
迈克尔·欧克肖特，2004，《政治中的理性主义》，张汝伦译，上海：上海译文出版社。
米歇尔·福柯，1996，《什么是启蒙？》，《天涯》第4期。
米歇尔·福柯，2001，《语言与翻译的政治》，许宝强、袁伟编译，北京：中央编译出版社。
米歇尔·福柯，2010，《安全、领土与人口：法兰西学院演讲系列，

1977－1978》，钱翰、陈晓径译，上海：上海人民出版社。
米歇尔·福柯，2011，《生命政治的诞生：法兰西学院演讲系列，1978－1979》，莫伟民、赵伟译，上海：上海人民出版社。
米歇尔·福柯，2016a，《福柯文选Ⅱ：什么是批判》，汪民安编译，北京：北京大学出版社。
米歇尔·福柯，2016b，《词与物：人文知识的考古学》，莫伟民译，上海：上海人民出版社。
米歇尔·福柯，2016c，《说真话的勇气：治理自我与治理他者Ⅱ：法兰西学院演讲系列：1983－1984》，钱翰、陈晓径译，上海：上海人民出版社。
闵学勤，2009，《社区自治主体的二元区隔及其演化》，《社会学研究》第1期。
尼尔·波兹曼，2007，《技术垄断：文化向技术投降》，何道宽译，北京：北京大学出版社。
倪星、原超，2014，《地方政府的运动式治理是如何走向"常规化"的？——基于S市市监局"清无"专项行动的分析》，《公共行政评论》第2期。
彭勃，2015，《从行政逻辑到治理逻辑：城市社会治理的"逆行政化"改革》，《社会科学》第5期。
彭勃，2017，《从"抓亮点"到"补短板"：整体性城市治理的障碍与路径》，《社会科学》第1期。
彭勃、赵吉，2019，《从增长锦标赛到治理竞赛：我国城市治理方式的转换及其问题》，《内蒙古社会科学（汉文版）》第1期。
彭亚平，2018，《技术治理的悖论：一项民意调查的政治过程及其结果》，《社会》第3期。
彭亚平，2020，《照看社会：技术治理的思想素描》，《社会学研究》第6期。
皮埃尔·布迪厄，2012，《实践感》，蒋梓骅译，南京：译林出版社。
齐格蒙特·鲍曼，2013，《现代性与矛盾性》，邵迎生译，北京：商务印书馆。
邱泽奇，2005，《技术与组织的互构——以信息技术在制造企业的应用为例》，《社会学研究》第 2 期。

邱泽奇，2017，《技术与组织：多学科研究格局与社会学关注》，《社会学研究》第 4 期。

邱泽奇，2018，《技术化社会治理的异步困境》，《社会发展研究》第 4 期。

渠敬东，2012，《项目制：一种新的国家治理体制》，《中国社会科学》第 5 期。

渠敬东、周飞舟、应星，2009，《从总体支配到技术治理——基于中国 30 年改革经验的社会学分析》，《中国社会科学》第 6 期。

瞿同祖，2011，《清代地方政府（修订译本）》，范忠信、何鹏、晏峰译，北京：法律出版社。

让·雅克·卢梭，2003，《社会契约论》，何兆武译，北京：商务印书馆。

任超、谢小芹，2018，《论精准扶贫的技术治理》，《长白学刊》第 1 期。

任剑涛，2011，《公共与公共性：一个概念辨析》，《马克思主义与现实》第 6 期。

任敏，2012，《信息技术应用与组织文化变迁——以大型国企 C 公司的 ERP 应用为例》，《社会学研究》第 6 期。

任敏，2015，《“河长制”：一个中国政府流域治理跨部门协同的样本研究》，《北京行政学院学报》第 3 期。

任敏，2017，《技术应用何以成功？——一个组织合法性框架的解释》，《社会学研究》第 3 期。

尚虎平，2015，《政府绩效评估中“结果导向”的操作性偏误与矫治》，《政治学研究》第 3 期。

尚虎平，2017，《我国政府绩效评估的总体性问题与应对策略》，《政治学研究》第 4 期。

沈德潜，2006，《古诗源》，北京：中华书局。

申端锋：《乡村治权与分类治理：农民上访研究的范式转换》，《开放时代》2010 年第 6 期。

史普原：《科层为体、项目为用：一个中央项目运作的组织探讨》，《社会》2015年第5期。

孙立平、郭于华，2000，《“软硬兼施”：正式权力非正式运作的过程分析——华北B镇收粮的个案研究》，《清华社会学评论》（第一辑）。

谭海波、孟庆国、张楠，2015，《信息技术应用中的政府运作机制研究——以J市政府网上行政服务系统建设为例》，《社会学研究》第6期。

谭海波、赵雪娇，2016，《“回应式创新”：多重制度逻辑下的政府组织变迁——以广东省J市行政服务中心的创建过程为例》，《公共管理学报》第4期。

谭海波、范梓腾、杜运周，2019，《技术管理能力、注意力分配与地方政府网站建设——一项基于TOE框架的组态分析》，《管理世界》第9期。

唐皇凤，2017，《我国城市治理精细化的困境与迷思》，《探索与争鸣》第9期。

唐皇凤、陶建武，2014，《大数据时代的中国国家治理能力建设》，《探索与争鸣》第10期。

托马斯·霍布斯，1986，《利维坦》，黎思复、黎廷弼译，北京：商务印书馆。

汪向东，2009，《我国电子政务的进展、现状及发展趋势》，《电子政务》第7期。

王汉生、王一鸽，2009，《目标管理责任制：农村基层政权的实践逻辑》，《社会学研究》第2期。

王汉生、吴莹，2011，《基层社会中“看得见”与“看不见”的国家——发生在一个商品房小区中的几个“故事”》，《社会学研究》第1期。

王浦劬、臧雷振，2017，《治理理论与实践（经典议题研究新解）》，北京：中央编译出版社。

王绍光，2018，《治理研究：正本清源》，《开放时代》第2期。

王绍光，2019，《新技术革命与国家理论》，《中央社会主义学院学报》第5期。
王孙禺、谢喆平，2013，《学生辅导员制度与“红色工程师治国”——中国高等教育中一项政治精英生成制度的考察》，《清华大学教育研究》第6期。
王雨磊，2016，《数字下乡：农村精准扶贫中的技术治理》，《社会学研究》第6期。
王雨磊，2017，《技术何以失准？——国家精准扶贫与基层施政伦理》，《政治学研究》第5期。
卫才胜，2011，《技术的政治》，博士学位论文，华中科技大学。
文宏、黄之玦，2016，《网络反腐事件中的政府回应及其影响因素——基于170个网络反腐案例的实证分析》，《公共管理学报》第1期。
沃尔特·李普曼，2006，《公众舆论》，阎克文、江红译，上海：上海人民出版社。
吴国盛编，2008，《技术哲学经典读本》，上海：上海交通大学。
吴建南、张攀，2014，《创新特征与扩散：一个多案例比较研究》《行政论坛》第1期。
吴毅，2018，《小镇喧嚣：一个乡镇政治运作的演绎与阐释》，北京：生活·读书·新知三联书店。
向玉琼，2016，《论公共政策的“公共性”》，《浙江社会科学》第2期。
项飚，2000，《跨越边界的社区》，北京：生活·读书·新知三联书店。
肖滨，2009，《信息技术在国家治理中的双面性与非均衡性》，《学术研究》第11期。
肖林，2011，《“‘社区’研究”与“社区研究”——近年来我国城市社区研究述评》，《社会学研究》第4期。
谢岳、葛阳，2017，《城市化、基础权力与政治稳定》，《政治学研究》第3期。
熊易寒，2008，《社区选举：在政治冷漠与高投票率之间》，《社会》第3期。

熊易寒，2012，《从业主福利到公民权利——一个中产阶层移民社区的政治参与》，《社会学研究》第6期。
荀丽丽、包智明，2007，《政府动员型环境政策及其地方实践——关于内蒙古S旗生态移民的社会学分析》，《中国社会科学》第5期。
亚里士多德，1959，《形而上学》，吴寿彭译，北京：商务印书馆。
阎波、吴建南，2015，《电子政务何以改进政府问责——ZZIC创新实践的案例研究》，《公共管理学报》第2期。
杨爱平、余雁鸿，2012，《选择性应付：社区居委会行动逻辑的组织分析——以G市L社区为例》，《社会学研究》第4期。
杨磊，2018，《地方政府治理技术的实践过程及其制度逻辑——基于E县城镇建设推进过程的分析》，《中国行政管理》第11期。
姚泽麟，2015，《近代以来中国医生职业与国家关系的演变——一种职业社会学的解释》，《社会学研究》第3期。
叶敬忠，2017，《作为治理术的中国农村教育》，《开放时代》第3期。
伊曼努尔·康德，1996，《答复这个问题："什么是启蒙?"》，何兆武编：《历史理性批判文集》，何兆武译，北京：商务印书馆。
应星，2001，《大河移民上访的故事》，北京：生活·读书·新知三联书店。
于根·哈贝马斯，1999，《公共领域的结构转型》，曹卫东、刘北成译，南京：学林出版社。
于根·哈贝马斯，2009，《合法化危机》，刘北成、曹卫东译，上海：上海人民出版社。
贠杰，2015，《中国地方政府绩效评估：研究与应用》，《政治学研究》第6期。
原超、李妮，2017，《地方领导小组的运作逻辑及对政府治理的影响——基于组织激励视角的分析》，《公共管理学报》第1期。
约翰·洛克，1964，《政府论（下篇）》，叶启芳、瞿菊农译，北京：商务印书馆。

约翰·洛克，1982，《政府论（上篇）》，瞿菊农、叶启芳译，北京：商务印书馆。

约翰·S·密尔，2011，《代议制政府》，汪瑄译，北京：商务印书馆。

约瑟夫·熊彼特，1999，《资本主义、社会主义与民主》，吴良健译，北京：商务印书馆。

詹姆士·斯科特，2019，《逃避统治的艺术：东南亚高地的无政府主义历史》，王晓毅译，北京：生活·读书·新知三联书店。

张海波，2017，《大数据驱动社会治理》，《经济社会体制比较》第3期。

张紧跟、庄文嘉，2008，《非正式政治：一个草根NGO的行动策略——以广州业主委员会联谊会筹备委员会为例》，《社会学研究》第2期。

张文喜，2015，《政治哲学视阈中的国家治理之“道”》，《中国社会科学》第7期。

张燕、邱泽奇，2009，《技术与组织关系的三个视角》，《社会学研究》第2期。

张振洋、王哲，2017，《行政化与社会化之间：城市基层公共服务供给的新尝试——以上海市C街道区域化大党建工作为例》，《华中科技大学学报》（哲学社会科学版）第1期。

赵强，2015，《制度压力如何影响地方政府公共服务创新的扩散？——以城市网格化管理为例》，《公共行政评论》第3期。

折晓叶、陈婴婴，2011，《项目制的分级运作机制和治理逻辑——对“项目进村”案例的社会学分析》，《中国社会科学》第4期。

郑磊、吕文增、王栋，2015，《上海市政务微信发展报告：从发布走向服务》，《电子政务》第2期。

郑鹏，2014，《现代性、国家与人口治理术（1949－1980年）》，博士学位论文，中国农业大学。

周飞舟，2012，《财政资金的专项化及其问题：兼论“项目治国”》，《社会》第1期。

周飞舟、王绍琛，2015，《农民上楼与资本下乡：城镇化的社会学研究》，《中国社会科学》第1期。

周黎安，2007，《中国地方官员的晋升锦标赛模式研究》，《经济研究》第7期。

周黎安，2014，《行政发包制》，《社会》第6期。

周庆智，2014，《基层治理：一个现代性的讨论——基层政府治理现代化的历时性分析》，《华中师范大学学报》（人文社会科学版）第5期。

周雪光，2008，《基层政府间的"共谋现象"——一个政府行为的制度逻辑》，《社会学研究》第6期。

周雪光，2012，《运动型治理机制：中国国家治理的制度逻辑再思考》，《开放时代》第9期。

周雪光，2015，《项目制：一个"控制权"理论视角》，《开放时代》第2期。

周志忍，2015，《政府绩效评估中的公民参与》，北京：人民出版社。

外文文献

Allport, Floyd H. 1937. "Toward a Science of Public Opinion." *Public Opinion Quarterly* 1 (1): 7 – 23.

Andreas, Joel. 2009. *Rise of the Red Engineers: The Cultural Revolution and the Origins of China's New Class*. Palo Alto: Stanford University Press.

Ansell, Chris, and Alison Gash. 2008. "Collaborative Governance in Theory and Practice." *Journal of Public Administration Research and Theory* 18 (4): 543 – 71.

Aristotle. 1995a. "Nicomachean Ethics." in *The Complete Works of Aristotle: The Revised Oxford Translation*, edited by J. Barnes. New Jersey: Princeton University Press.

Aristotle. 1995b. "Metaphysics." in *The Complete Works of Aristotle: The Revised Oxford Translation*, edited by J. Barnes. New Jersey:

Princeton University Press.

Baiocchi, Gianpaolo. 2003. "Emergent Public Spheres: Talking Politics in Participatory Governance." *American Sociological Review* 52 - 74.

Bevir, Mark. 2010. "Rethinking Governmentality: Towards Genealogies of Governance." *European Journal of Social Theory* 13 (4): 423 - 41.

Bevir, Mark, and Rod AW Rhodes. 2012. "Interpretivism and the Analysis of Traditions and Practices." *Critical Policy Studies* 6 (2): 201 - 8.

Bhattacharyya, Jnanabrata. 2004. "Theorizing Community Development." *Community Development* 34 (2): 5 - 34.

Biemer, Paul P., and Lars E. Lyberg. 2003. *Introduction to Survey Quality*. New Jersey: John Wiley & Sons.

Bijker, Wiebe E. 1995. *Of Bicycles, Bakelites, and Bulbs: Toward a Theory of Sociotechnical Change*. Cambridge: MIT Press.

Bijker, Wiebe E. 2007. "Dikes and Dams, Thick with Politics." *Isis* 98 (1): 109 - 23.

Bijker, Wiebe E., Thomas Parke Hughes, and Trevor J. Pinch. 1989. *The Social Construction of Technological Systems: New Directions in the Sociology and History of Technology*. MIT press.

Bless, Herbert, Norbert Schwarz, and Michaela Wänke. 2003. "The Size of Context Effects in Social Judgment." pp. 180 - 97 in *Social Judgments: Implicit and Explicit Processes*, edited by J. P.

Blumer, Herbert. 1948. "Public Opinion and Public Opinion Polling." *American Sociological Review* 13 (5): 542 - 49.

Bodenhausen, Galen V., Norbert Schwarz, Herbert Bless, and Michaela Wänke. 1995. "Effects of Atypical Exemplars on Racial Beliefs: Enlightened Racism or Generalized Appraisals?" *Journal of Experimental Social Psychology* 31: 341 - 348.

Booth, Wayne C., Gregory G. Colomb, Gregory G. Colomb, Joseph

M. Williams, and Joseph M. Williams. 2003. *The Craft of Research* (2nd Ed.). Chicago: University of Chicago Press.

Brehm, John O. 1993. *The Phantom Respondents: Opinion Surveys and Political Representation.* Ann Arbor: University of Michigan Press.

Brey, Philip. 2010. "Philosophy of Technology after the Empirical Turn." *Techné: Research in Philosophy and Technology* 14 (1): 36-48.

Bryson, John M., Barbara C. Crosby, and Laura Bloomberg. 2014. "Public Value Governance: Moving beyond Traditional Public Administration and the New Public Management." *Public Administration Review* 74 (4): 445-56.

Burchell, Graham, Gordon. Colin, and Peter Miller. 1991. *The Foucault Effect: Studies in Governmentality.* Chicago: University of Chicago Press.

Campbell, Donald T., and Donald W. Fiske. 1959. "Convergent and Discriminant Validation by the Multitrait-Multimethod Matrix." *Psychological Bulletin* 56 (2): 81.

Christian, Leah M., and Don A. Dillman. 2004. "The Influence of Symbolic and Graphical Language Manipulations on Answers to Self-Administered Questionnaires: Results from 14 Experimental Comparisons." *Public Opinion Quarterly* 68 (1): 57-80.

Church, Allan H. 1993. "Estimating the Effect of Incentives on Mail Survey Response Rates: A Meta-Analysis." *Public Opinion Quarterly* 57 (1): 62-79.

Colebatch, Hal K. 2014. "Making Sense of Governance." *Policy and Society* 33 (4): 307-16.

Converse, Philip E. 2006. "The Nature of Belief Systems in Mass Publics (1964)." *Critical Review* 18 (1-3): 1-74.

De la Cruz Paragas, Fernando, and Trisha TC Lin. 2016. "Organizing and Reframing Technological Determinism." *New Media & Society* 18 (8): 1528-46.

Dillman, Don A. 2000. *Mail and Internet Surveys: The Tailored Design Method—2007 Update with New Internet, Visual, and Mixed-Mode Guide*. New York: John Wiley & Sons.

Feenberg, Andrew. 2010. "Ten Paradoxes of Technology." *Techné: Research in Philosophy and Technology* 14 (1): 3 – 15.

Foucault, Michel. 2008. *The Birth of Biopolitics: Lectures at the Collège de France*, 1978 – 1979. translator. G. Burchell. New York: Palgrave Macmillan.

Foucault, Michel. 2009. *Security, Territory, Population: Lectures at the Collège de France*, 1977 – 1978. translator. G. Burchell. New York: Palgrave Macmillan.

Fowler Jr, Floyd J. 1993. *Survey Research Methods* (2nd Ed.) . Newbury Park, CA: Sage publications.

Franssen, Maarten, Pieter E. Vermaas, Peter Kroes, and Anthonie WM Meijers. 2016. *Philosophy of Technology after the Empirical Turn*. Springer.

Fukuyama, Francis. 2013. "What Is Governance?" *Governance* 26 (3): 347 – 68.

Fung, Archon, and Erik Olin Wright. 2001. "Deepening Democracy: Innovations in Empowered Participatory Governance." *Politics & Society* 29 (1): 5 – 41.

Gallup, George. 1947. "The Quintamensional Plan of Question Design." *Public Opinion Quarterly* 11 (3): 385 – 93.

Gans, Herbert J. 2018. "Some Problems of and Futures for Urban Sociology: Towarda Sociology of Settlements." Pp. 1 – 16 in *Sociology and Social Policy*. New York: Columbia University Press.

Gerring, John. 2007. "Is There a (Viable) Crucial-Case Method?" *Comparative Political Studies* 40 (3): 231 – 53.

Giddens, Anthony. 1984. *The Constitution of Society: Outline of the Theory of Structuration*. Malden, MA: Polity Press.

Groves, Robert M. 1989. *Survey Errors and Survey Costs*. New York:

John Wiley & Sons.

Groves, Robert M. 2006. "Nonresponse Rates and Nonresponse Bias in Household Surveys." *Public Opinion Quarterly* 70 (5): 646 – 75.

Groves, Robert M., and Mick P. Couper. 1998. *Nonresponse in Household Interview Surveys.* New York: John Wiley & Sons.

Groves, Robert M., Floyd J. Fowler Jr, Mick P. Couper, James M. Lepkowski, Eleanor Singer, and Roger Tourangeau. 2011. *Survey Methodology.* New York: John Wiley & Sons.

Groves, Robert M., and Lars Lyberg. 2010. "Total Survey Error: Past, Present, and Future." *Public Opinion Quarterly* 74 (5): 849 – 79.

Hall, Stuart. 2006. "Encoding/Decoding." pp. 163 – 73 in *Media and Cultural Studies: Keyworks (Revised Edition)*, edited by M. G. Durham and M. K. Douglas. Malden, MA: Blackwell Publishing Ltd.

Harvey, David. 2007. *A Brief History of Neoliberalism.* Oxford: Oxford University Press.

Hayek, Friedrich August. 1945. "The Use of Knowledge in Society." *American Economic Review* 35 (4): 519 – 30.

Heberlein, Thomas A., and Robert Baumgartner. 1978. "Factors Affecting Response Rates to Mailed Questionnaires: A Quantitative Analysis of the Published Literature." *American Sociological Review* 447 – 62.

Heidegger, Martin. 1977. *The Question Concerning Technology, and Other Essays.* translator. W. Lovitt. New York: Harper & Row.

Houkes, Wybo, and Anthonie Meijers. 2006. "The Ontology of Artefacts: The Hard Problem." *Studies in History and Philosophy of Science Part A* 37 (1): 118 – 31.

Hox, Joop J., and Edith D. De Leeuw. 1994. "A Comparison of Nonresponse in Mail, Telephone, and Face-to-Face Surveys." *Quality and Quantity* 28 (4): 329 – 44.

Jeffreys, Elaine. 2009. *China's Governmentalities: Governing Change, Changing Government*. London: Routledge.

Jessop, Bob. 1998. "The Rise of Governance and the Risks of Failure: The Case of Economic Development." *International social science journal* 50 (155): 29 – 45.

John Walker, Saint. 2014. *Big Data: A Revolution That Will Transform How We Live, Work, and Think*. New York: Taylor & Francis.

Jones, Candace, William S. Hesterly, and Stephen P. Borgatti. 1997. "A General Theory of Network Governance: Exchange Conditions and Social Mechanisms." *Academy of management review* 22 (4): 911 – 45.

Kalton, Graham, and Kalton Graham. 1983. *Introduction to Survey Sampling*. London: SAGE Publishing.

Kaufmann, Daniel. 2007. *Governance Matters VI: Aggregate and Individual Governance Indicators*, 1996 – 2006. Singapore: World Bank Publications.

Kaufmann, Daniel, and Aart Kraay. 2008. "Governance Indicators: Where Are We, Where Should We Be Going?" *The World Bank Research Observer* 23 (1): 1 – 30.

Kaufmann, Daniel, Aart Kraay, and Massimo Mastruzzi. 2011. "The Worldwide Governance Indicators: Methodology and Analytical Issues." *Hague Journal on the Rule of Law* 3 (2): 220 – 46.

Kenneth Rasinski. 2008. "Designing Reliable and Valid Questionnaires." p. 364, in *The SAGE Handbook Of Public Opinion Research*, edited by Wolfgang Donsbach and Michael Traugott. London: SAGE Publishing.

Kersbergen, Kees van, and Frans van Waarden. 2004. " 'Governance' as a Bridge between Disciplines: Cross-disciplinary Inspiration Regarding Shifts in Governance and Problems of Governability, Accountability and Legitimacy." *European Journal of Political Research* 43 (2): 143 – 71.

Kroes, Peter. 2006. "Coherence of Structural and Functional Descriptions of Technical Artefacts." *Studies In History and Philosophy of Science Part A* 37 (1): 137 - 51.

Kroes, Peter, and Anthonie Meijers. 2006. "The Dual Nature of Technical Artefacts." *Studies in History and Philosophy of Science* 37 (1): 1 - 4.

Krosnick, Jon A., and Duane F. Alwin. 1987. "An Evaluation of a Cognitive Theory of Response-Order Effects in Survey Measurement." *Public Opinion Quarterly* 51 (2): 201 - 19.

Krosnick, Jon A., Allyson L. Holbrook, Matthew K. Berent, Richard T. Carson, W. Michael Hanemann, Raymond J. Kopp, Robert Cameron Mitchell, Stanley Presser, Paul A. Ruud, andV. Kerry Smith. 2002. "The Impact of 'No Opinion' Response Options on Data Quality: Non-Attitude Reduction or an Invitation to Satisfice?" *Public Opinion Quarterly* 66 (3): 371 - 403.

Latour, Bruno. 1994. "On Technical Mediation." *Common Knowledge* 3 (2).

Latour, Bruno. 2003. "The Promises of Constructivism." pp. 27 - 46 in *Chasing Technoscience: Matrix for Materiality*, edited by Don Idhe. Bloomington: Indiana University Press.

Latour, Bruno. 2005. *Reassembling the Social: An Introduction to Actor-Network-Theory*. Oxford: Oxford University Press.

Lee, Ching Kwan, and Yonghong Zhang. 2013. "The Power of Instability: Unraveling the Microfoundations of Bargained Authoritarianism in China." *American Journal of Sociology* 118 (6): 1475 - 1508.

Leonardi, Paul M., and Stephen R. Barley. 2010. "What's under Construction Here? Social Action, Materiality, and Power in Constructivist Studies of Technology and Organizing." *The Academy of Management annals* 4 (1): 1 - 51.

Lievens, Matthias. 2015. "From Government to Governance: A Symbolic Mutation and Its Repercussions for Democracy." *Political*

Studies 63 (1_ suppl): 2 – 17.

Lohr, Sharon. 1999. *Sampling: Design and Analysis.* Pacific Grove, CA: Duxbury Press.

Luhmann, Niklas. 2012. *Theory of Society* (*Volume* 1). translator. R. Barrett. Palo Alto: Stanford University Press.

Lupia, Arthur, and Mathew D. McCubbins. 1998. *The Democratic Dilemma: Can Citizens Learn What They Need to Know?* Cambridge: Cambridge University Press.

Manfreda, Katja Lozar, Zenel Batagelj, and Vasja Vehovar. 2002. "Design of Web Survey Questionnaires: Three Basic Experiments." *Journal of Computer-Mediated Communication* 7 (3): JCMC731.

Marx, Leo. 2010. "Technology: The Emergence of a Hazardous Concept." *Technology and Culture* 51 (3): 561 – 77.

Mosier, Charles I. 1947. "A Critical Examination of the Concepts of Face Validity." *Educational and Psychological Measurement* 7 (2): 191 – 205.

Oakeshott, Michael. 1985. *Experience and Its Modes.* Cambridge: Cambridge University Press.

Oakeshott, Michael. 1992. *Rationalism in Politics and Other Essay.* London: Methuen & Co Ltd.

Offe, Claus. 2009. "Governance: An 'Empty Signifier'?" *Constellations* 16 (4): 550 – 62.

Orlikowski, Wanda J. 1992. "The Duality of Technology: Rethinking the Concept of Technology in Organizations." *Organization science* 3 (3): 398 – 427.

Orlikowski, Wanda J. 2000. "Using Technology and Constituting Structures: A Practice Lens for Studying Technology in Organizations." *Organization Science* 11 (4): 404 – 28.

Orlikowski, Wanda J. 2007. "Sociomaterial Practices: Exploring Technology at Work." *Organization Studies* 28 (9): 1435 – 48.

Orlikowski, Wanda J., and Stephen R. Barley. 2001. "Technology and Institutions: What Can Research on Information Technology and Research on Organizations Learn from Each Other?" *MIS quarterly* 25 (2): 145 - 65.

Orlikowski, Wanda J., and Debra C. Gash. 1994. "Technological Frames: Making Sense of Information Technology in Organizations." *ACM Transactions on Information Systems* (*TOIS*) 12 (2): 174 - 207.

Page, Benjamin I., and Robert Y. Shapiro. 1983. "Effects of Public Opinion on Policy." *American Political Science Review* 77 (01): 175 - 90.

Peng, Yaping. 2020. "The Paradox of Technical Governance: A Public Opinion Survey's Political Process and Its Results." *Chinese Journal of Sociology* 6 (1): 102 - 139.

Pentland, Alex. 2014. *Social Physics: How Good Ideas Spread - the Lessons from a New Science.* New York: Penguin.

Peters, J. D. 1995. "Historical Tensions in the Concept of Public Opinion." pp. 3 - 32 in *Public Opinion and the Communication of Consent*, edited by T. L. Glasser and C. T. Salmon. New York: Guilford.

Pfaffenberger, Bryan. 1992. "Social Anthropology of Technology." *Annual Review of Anthropology* 21 (1): 491 - 516.

Phillips, Rhonda, and Robert Pittman. 2014. *An Introduction to Community Development.* London: Routledge.

Pinch, Trevor. 2008. "Technology and Institutions: Living in a Material World." *Theory and Society* 37 (5): 461 - 83.

Plato. 1997a. "Sophist." in *Plato: Complete Works*, edited by J. M. Cooper. Indianapolis: Hackett Publishing.

Plato. 1997b. "Parmenides." in *Plato: Complete Works*, edited by J. M. Cooper. Indianapolis: Hackett Publishing.

Plato. 1997c. "Republic." in *Plato: Complete Works*, edited by J.

M. Cooper. Indianapolis: Hackett Publishing.

Plato. 1997d. "Pheado." in *Plato: Complete Works*, edited by J. M. Cooper. Indianapolis: Hackett Publishing.

Plato. 1997e. "Statesman." in *Plato: Complete Works*, edited by J. M. Cooper. Indianapolis: Hackett Publishing.

Plato. 1997f. "Laws." in *Plato: Complete Works*, edited by J. M. Cooper. Indianapolis: Hackett Publishing.

Plato. 1997g. "Timaeus." in *Plato: Complete Works*, edited by J. M. Cooper. Indianapolis: Hackett Publishing.

Plato. 1997h. "Protagoras." in *Plato: Complete Works*, edited by J. M. Cooper. Indianapolis: Hackett Publishing.

Przeworski, Adam. 2009. "Self-Government in Our Times." *Annual Review of Political Science* 12: 71 – 92.

Rasinski, Kenneth A. 1987. "What's Fair Is Fair—Or Is It? Value Differences Underlying Public Views about Social Justice." *Journal of personality and social Psychology* 53 (1): 201.

Rasinski, Kenneth A. 1989. "The Effect of Question Wording on Public Support for Government Spending." *Public Opinion Quarterly* 53 (3): 388 – 94.

Rhodes, Rod AW. 1997. *Understanding Governance: Policy Networks, Governance, Reflexivity and Accountability.* Maidenhead: Open University Press.

Rhodes, Rod AW. 2007. "Understanding Governance: Ten Years On." *Organization Studies* 28 (8): 1243 – 64.

Scharff, Robert C., and Val Dusek. 2013. *Philosophy of Technology: The Technological Condition: An Anthology.* John Wiley & Sons.

Schmitter, P. C. 1974. "Still the Century of Corporatism?" *The Review of Politics* 36 (1): 85 – 131.

Schwarz, Norbert, and Gerald L. Clore. 1983. "Mood, Misattribution, and Judgments of Well-Being: Informative and Directive Functions of Affective States." *Journal of personality and social Psychology*

45 (3): 513 - 23.

Schwarz, Norbert, and Hans - J. Hippler. 1995. "Subsequent Questions May Influence Answers to Preceding Questions in Mail Surveys." *Public Opinion Quarterly* 59 (1): 93 - 97.

Schwarz, Norbert, Barbel Knäuper, and Seymour Sudman. 2000. "Cognition, Aging and Self - Reports." pp. 233 - 52 in *Cognitive Aging. A Primer*, edited by D. Park and N. Schwarz. Philadelphia, PA: Psychology Press.

Scott, James C. 1998. *Seeing Like a State: How Certain Schemes to Improve the Human Condition Have Failed.* New Haven: Yale University Press.

Shuman, Michael. 2013. *Going Local: Creating Self-Reliant Communities in a Global Age.* London: Routledge.

Simmel, Georg. 2004. *The Philosophy of Money.* translators. T. Bottomore and D. Frisby. London: Routledge.

Simondon, Gilbert. 2017. *On the Mode of Existence of Technical Objects.* translators. Cecile Malaspina and John Rogove. Minneapolis: Univocal Publishing.

Smith, Tom W. 1987. "That Which We Call Welfare by Any Other Name Would Smell Sweeter an Analysis of the Impact of Question Wording on Response Patterns." *Public Opinion Quarterly* 51 (1): 75 - 83.

Sørensen, Eva, and Jacob Torfing. 2009. "Making Governance Networks Effective and Democratic through Metagovernance." *Public Administration* 87 (2): 234 - 58.

Sørensen, Eva, and Jacob Torfing. 2016. *Theories of Democratic Network Governance.* New York: Palgrave Macmillan.

Stoker, Gerry. 1998. "Governance as Theory: Five Propositions." *International Social Science Journal* 50 (155): 17 - 28.

Strack, Fritz, Norbert Schwarz, and Michaela Wänke. 1991. "Semantic and Pragmatic Aspects of Context Effects in Social and Psychological Research." *Social Cognition* 9 (1): 111 – 25.

Sudman, Seymour, Norman M. Bradburn, and Norbert Schwarz. 1996. *Thinking about Answers: The Application of Cognitive Processes to Survey Methodology.* San Francisco, CA: Jossey-Bass.

Tilly, Charles, and Lesley J. Wood. 2015. *Social Movements: 1768 – 2012.* London: Routledge.

Tomba, Luigi. 2014. *The Government Next Door: Neighborhood Politics in Urban China.* New York: Cornell University Press.

Tourangeau, Roger, Lance J. Rips, and Kenneth Rasinski. 2000. *The Psychology of Survey Response.* New York: Cambridge University Press.

Tourangeau, Roger, and Tom W. Smith. 1996. "Asking Sensitive Questions: The Impact of Data Collection Mode, Question Format, and Question Context." *Public Opinion Quarterly* 60 (2): 275 – 304.

Traugott, M. W., and P. J. Lavrakas. 2004. *The Voter's Guide to Election Polls (3rd Ed.)*. Lanham MD: Rowman and Littlefield.

Taylor, Marilyn. 2007. "Community Participation in the Real World: Opportunities and Pitfalls in New Governance Spaces." *Urban Studies* 44 (2): 297 – 317.

Valentin, A., and J. H. Spangenberg. 2000. "A Guide to Community Sustainability Indicators." *Environmental Impact Assessment Review* 20 (3): 381 – 92.

Van Laerhoven, F., and C. Barnes. 2014. "Communities and Commons: The Role of Community Development Support in Sustaining the Commons." *Community Development Journal* 49 (suppl_ 1): i118 – i32.

Weber, Marx. 2001. *The Protestant Ethic and the Spirit of Capitalism.* translator. T. Parsons. London: Routledge.

Weisberg, Herbert F. 2009. *The Total Survey Error Approach: A Guide to the New Science of Survey Research.* Chicago: University of Chicago Press.

Wilson, Timothy D., and Sara D. Hodges. 1992. "Attitudes as Temporary Constructions." pp. 37 – 65 in *The Construction of Social Judgments*, edited by L. L. Martin and A. Tesser. New York: Springer-Verlag.

Winner, Langdon. 1980. "Do Artifacts Have Politics?" *Daedalus* 121 – 36.

Wilson, Timothy D., and Sara D. Hodges. 1993. "Upon Opening the Black Box and Finding It Empty: Social Constructivism and the Philosophy of Technology." *Science*, *Technology*, *& Human Values* 18 (3): 362 – 78.

Donsbach, Wolfgang, and Michael Traugott. 2008. *The SAGE Handbook of Public Opinion Research*. London: SAGE Publishing.

Zaller, John, and Stanley Feldman. 1992. "A Simple Theory of the Survey Response: Answering Questions versus Revealing Preferences." *American Journal of Political Science* 579 – 616.

Zaller, John R. 1992. *The Nature and Origins of Mass Opinion*. Cambridge: Cambridge University Press.

报刊、网络等其他文献

国务院，2015，《国务院关于印发促进大数据发展行动纲要的通知（国发〔2015〕50 号）》，中国政府网，http://www.gov.cn/zhengce/content/2015 – 09/05/content_10137.htm。

中共中央，2013，《中共中央关于全面深化改革若干重大问题的决定》，人民网，http://politics.people.com.cn/n/2013/1115/c1001 – 23559207.html。

中共中央，2019，《中共中央关于坚持和完善中国特色社会主义制度 推进国家治理体系和治理能力现代化若干重大问题的决定》，中国政府网，http://www.gov.cn/xinwen/2019 – 11/05/content_5449023.htm。

住房和城乡建设部，2016，《住房城乡建设部关于发布国家标准

〈城市居住区规划设计规范〉局部修订的公告》，http://www.mohurd.gov.cn/wjfb/201607/t20160712_228074.html。

住房和城乡建设部，2018，《住房城乡建设部关于发布国家标准〈城市居住区规划设计标准〉的公告》，http://www.mohurd.gov.cn/wjfb/201811/t20181130_238590.html。

附录 1　C 街道历年十件实事项目表*

表 1　C 街道历年十件实事项目表

2020 年	2019 年	2017 年	2016 年	2015 年	2014 年
内河区域秩序管理	旧区改造	CD 路环境改造工程	敬老院大修	邻里分中心建设	楼宇白领活动中心建设
旧住房综合修缮	旧住房成套改造	综合为老服务中心	老年人日间服务中心改造	“久龄家园”宜居社区建设	老旧社区治安第三方委托试点工程
商务中心生活垃圾分类	无违建先进街镇创建	DS 小区环境改造工程	棚户区拆迁	棚户区拆迁	社区人民调解中心建设
健身步道、市民益智健身苑（点）	网格片区建设	棚户区拆迁	技防监控设施建设	XT 地区环境综合提升改造	社区邻里中心东新分中心
网格片区建设	内河（C 街道段）贯通	居委会标准化建设	旧住房综合改造工程	二次供水改造	居委会办公用房标准化建设
棚户区拆迁	XK 路环境改造工程项目	旧住房综合修缮改造工程	“光明工程”改造工程	AH 弄屋面及相关设施改造	棚户区拆迁
创建“无群租”小区	公共体育设施建设	市容环境综合改造工程	二次供水改造工程	DX 支路 55 弄屋面及相关设施改造	社区旧里环境综合改造工程
居委会达标改造工程	居委会达标改造工程	“光明工程”	社区店招店容环境提升工程	“光明工程”	社区店招店容环境提升工程

* 资料来源：根据 C 街道政府网站材料和内部资料编写，其中 2018 年暂缺。

续表

2020 年	2019 年	2017 年	2016 年	2015 年	2014 年
开设小学生爱心暑托班		二次供水改造工程	居委会和老年活动室标准化建设	居委会办公用房达标建设	社区文化活动分中心建设
创业、再就业扶持		物防设施建设	社区健身步道建设	老年活动室达标建设	老年活动室标准化建设

资料来源：政府内部资料。

附录2　2016年各社区上报C街道的“为民实事”*

表1　2016年各社区上报C街道的“为民实事”

序号	社区	解决问题/举办活动
1	WNXC	进出口安装道闸；整顿保安队伍；与共建单位协调等措施着力解决停车难；“光明工程”，改善用电高峰跳闸问题；人大代表联系社区的活动解决幼儿“入园难”；新建乒乓球室、活动室整改
2	SB	JCL环境整治活动；“蓝天下的致爱”护贫帮困募捐活动；禁毒和防诈骗宣传；学雷锋便民活动（量血压，就业，优生二胎，法律咨询等）；“创低碳、绿色出行”活动；交通文明志愿者活动；重阳节关爱老年人活动
3	FRHY	护河队；红十字志愿者；烹饪班；旅游班；太极班；乒乓队；时事班；合唱队
4	YD	居委配合相关部门对DX支路55弄进行了平改坡工程；老年活动室改造；车棚改造；安装路灯；抢修水表和水管居民纠纷调解
5	AQL	老年活动室装修敬老节活动；ZN小区“TX亭”设计改造项目；主干道2626弄和白大楼安装监控工程；“学雷锋”为民服务活动
6	LZHY	加装地桩；居民自治议事会和自治管理服务团队
7	C3	新春联欢会；雷锋日利民服务；端午节警民联谊活动；建党95周年庆祝大会；重阳节关爱老人
8	SQJY	各类知识讲座；停车位改造；二次供水改造；公益便民活动（如磨刀、修伞修钟表、测量血糖血压、理发等）
9	C4	C4巾帼医疗队；志愿者巡逻队
10	BDHY	迎春团拜会；元宵包汤圆猜灯谜；防金融诈骗讲座；学雷锋庆三八便民服务；健康讲座、咨询和检查；青少年暑期活动；志愿者联谊会；重阳节敬老活动

* 资料来源：根据2016年民调材料编写。

续表

序号	社区	解决问题/举办活动
11	DSH	团拜联谊会；重阳节敬老活动；关爱妇女儿童活动；“低碳环保、垃圾分类”宣传活动；便民服务活动（法律宣传、金融打假、家电维修、妇女维权等）；交通大整治和治安巡逻志愿者服务
12	AM	“小小护苗队，安全 You and Me”“TXJY”自治项目；黑板报、橱窗、楼道信息栏等载体宣传社区工作；青少年假期活动；合唱班；书画班；编织班；腰鼓队；老年心理咨询；老年活动室；独居老人家庭互助服务；老年体协活动；DHMY 老年服务点；每周谈心活动；高龄老人补贴
13	ZHL	小区违章搭建、私装地锁以及“僵尸车”整治；成立编织队、烹饪队、插花队等团队；成立矛盾调解团队；成立“安居乐业自治议事会”“情暖夕阳红”关爱老人项目
14	DFTY	“垃圾分类，从我做起”宣传
15	SJZM	服务驿站项目
16	HBWC	试点“楼管会”自治模式
17	TXJY	民族舞、交谊舞、太极拳、太极剑、合唱班、扇子舞、编织队等团队
18	YFC	“文化墙”项目春节联欢晚会；端午节才艺大比拼；重阳节活动
19	SLAMY	春节联欢会；妇女节参观纺织博物馆；乒乓球比赛；社区便民服务（修伞、磨刀、医疗咨询、慈善捐赠等）；国庆、重阳传统文化活动；万圣节亲子活动
20	MFL	微信公众号“MFL 风采 Show”；“MFL · TX 园”社区自治屋项目
21	YJZ	两小区之间无名路整治；小区群租整治；垃圾分类；GYL 小区自行车棚整修
22	CH	“修复小区绿化”项目；春节茶话会；参观淞沪抗战纪念馆；“放飞梦想 欢乐童年”六一活动；端午送温暖；消防演练；暑期美术活动
23	JM	“合理规划小区布局，创建美好家园”TXJY 自治项目；“HLF”脏乱差问题；AY 路 262 号无证烧烤；违章搭建；群租问题
24	ZYY	“自智会”项目；自创自编居民供稿的《TX 知音报》；“绿动河滨”项目，对河滨大道的整治
25	MSY	春节联欢会；三八妇女节活动；儿童节活动；端午节活动；国美进社区；垃圾分类活动；消防演练；共度中秋；元宵节活动；重阳节活动
26	SDCX	无名道路上机动车乱停放以及“僵尸车”的整治；纳凉晚会、唱歌、跳舞、乒乓

续表

序号	社区	解决问题/举办活动
27	TJD	环境整治居民志愿者行动；居委在配合解决CY路280弄因电费问题而导致水泵房停电的事件上
28	PX	针对小区停车难问题征询居民意见，设置收费关卡；食物“分享冰箱”
29	WY	“YWYS”议事会
30	HD	“助老服务队TX项目”：老年合唱团；老年书法沙龙；便民服务；下水道疏通；代购日常用品；为老年居民量血压
31	XHMZ	无
32	WNEC	“便民服务站”项目；DX路230弄的乱设摊现象
33	YLGY	“TXJY”议事会和安全稳定群防群治工作议事会；世界急救日；健康快乐行舌尖上的美食——自制月饼；扎染艺术
34	QSYL	云音合唱队、摄影小组、绿色环保小组、编织小组、戏曲小组；周二为居民量血压；棋牌室（每日下午开放）；社区民警/银行开展的防诈骗讲座；寒暑假青少年安全讲座；60岁以上居民免费健康体检；0~3岁婴幼儿家庭亲子活动、育儿讲座
35	JX	“五一”期间志愿者慰问；“七一”期间对困难党员走访慰问；“八一”军烈属走访慰问；“中秋”活动

资料来源：综合政府内部资料整理得出。

附录3　民调过程表

阶段	细分	形式	数量	内容
准备动员	前期可行性分析	会议	6	洽谈项目准备和计划
	项目设计	会议、邮件、电话	97	问卷设计、项目计划
	街道动员大会	大会	1	组织动员
	问卷印制	纸质	2580	各类印刷品准备
推进实施	重点抽样调查	问卷调查	34	深入各社区，组织居民，进行问卷调查
	居民座谈会	茶话会	34	
	随机抽样调查	问卷调查	34	进入各个社区，随机抽取15名左右居民，进行民意调查
	自评互评	评分	34	社区干部相互评分
	街道评分	评分	35	街道相应科办对各社区评分
分析总结	问卷录入	软件操作	2789	SPSS软件问卷框架设计、问卷录入
	数据分析	软件操作	192	SPSS、Excel数据分析
	报告撰写	文字	1	
成果制作	绩效地图	地图	7	
	服务群众能力指数	数据	1	
	各社区排名与档次划分	数据	1	
	C街道服务群众能力总趋势分析	文字	1	
	社区诊断书	文字	35	

注：出于研究伦理，略去各参与单位。

资料来源：政府内部资料。

附录4　C街道评估与民调材料（节选）

一　工作实施方案

一、优化目的与改进方向

C街道自2014年起，探索试点社区服务群众能效评估工作，经过2年3轮的实践（含2014年中试点一次），取得了较好的社会反响和成效。为深入贯彻市委“1+6”文件精神，进一步健全自下而上的社区考核评价机制，推进能效评估和社区工作者绩效考核的有机融合，切实加强基层干部队伍建设，进一步推动社区党组织和居委会在服务群众、凝聚群众的过程中提升自身在社区中的领导核心地位，不断加强政治功能和服务功能，进一步推动熟人社区的形成，扎实深入推进基层治理创新，巩固党执政的群众基础，2016年度的社区服务群众能效工作将在以下几方面进一步优化与改进。

（一）扩大重点问卷抽查样本库。通过前几轮评估的实践发现，问卷样本库越大的社区，居民评分的科学性和可信度更大。因此，今年评估工作中，按照11类群体的要求请各社区尽可能扩大基础样本库的数据，并扩大测评的抽样对象参与面，将更多的在职居民纳入到考评抽样范围。在部分社区尝试抽取自然样本（即采取直接从派出所调取居民信息等方式），减少人为干预。

（二）调整问卷结构设置和考评内容。调查问卷的设计要充分体现精简、开放、综合的原则，体现“自下而上”的以群众主观满意度为主的社区评估工作性质。具体而言：本次针对居民群众的重点问卷权重将提高至70%，根据街道三种类型社区的实际情况，问卷题目将更加突出所在社区的特色；问卷结构在原有基础上增设居民群众对社区自治议题和自治项目的知晓度、参与度、满意度，减少各职能科办行政色彩明显的考核内容；减少问卷题量，力求语言通俗易懂；增加开放性和综合性题目。量化计分标准，力求使问卷更加贴近百姓、反映民生。

（三）挂钩社区工作者绩效考核。前几轮的居民问卷评估主要是针对社区“两委”班子整体工作能效设计的，班子成员的考评仅仅是在班子成员之间进行（自评和互评）的。本次评估工作在保留原有自评互评内容的基础上，把对条线干部的考核内容嵌入在居民重点抽样问卷中，通过权重设置和计分，也将居民群众的评价作为考核全体社区工作者的衡量因素之一。

二、时间安排

1. 2016 年 11 月 10 日 ~11 月 15 日，各社区上报样本库；

2. 2016 年 11 月 16 日 ~11 月 20 日，做好赴各社区开展评估的各项前期准备工作（样本库抽样、居委会通知、试卷印制等）；

3. 2016 年 11 月 21 日 ~12 月 10 日，完成 35 个社区评估阶段的各项工作；

4. 2016 年 12 月 10 日 ~12 月 31 日，完成社区服务群众能效的总结分析工作；

5. 2017 年 1 月 10 日前，第三方提交社区服务群众能效总体报告；

6. 2017 年 1 月 20 日前，根据评估结果，完成在职社区工作者个人绩效考核。

三、被评估对象

辖区 35 个社区党组织、居委会及全体在职社区工作者（含社区书记，包括就业年龄段和退休返聘，不含三大员）。

四、评估主体

（一）样本库覆盖人群

请各社区提供下列 11 类人群样本库：（1）党员（含“双报到”的在职党员）、（2）楼组长、（3）志愿者、（4）群众团队成员、（5）物业管理人员、（6）业委会全体成员、（7）社区民警、

（8）驻区单位和党建单位负责人及联络员、（9）两代表一委员（前者指党代表、人大代表、政协委员）及老干部、（10）工青妇武服务对象、（11）其他与社区工作密切的人群（如：困难群众、一老一少等），要求样本库11类人群总数一般占比应达到各社区常住人口的20%以上，并将更多的在职居民群体纳入到考评抽样范围。

（二）重点问卷参与主体

从上述11类人群样本库中随机抽取60~80人，确保60人参加重点问卷调查。

（三）随机问卷参与主体

参加重点问卷调查以外的社区居民，每个社区随机抽取15~20人。

（四）个别访谈参与主体

1. 全体在职社区工作者（含社区书记）；

2. 参加重点问卷调查的居民中挑选8~10人。

五、评估问卷内容

（一）针对社区"两委"班子服务群众能效的问卷（即居民群众测评部分）

1. 聚焦居民知晓度、参与度和满意度，根据各不同类型社区实际情况设计3~4套针对重点人群（即11类人）的问卷，全部为选择题（单选和多选），问卷内容分四大部分。

（1）答题人员的基本情况：无记名的前提下，出于统计分析的需要，对于答题人员的性别、年龄阶段、学历等出题，原则上不超过5道；

（2）由各社区结合各自整体工作和特色亮点出题，主要针对年度自下而上征集、产生议题过程，自治项目立项、实施中的居民参与度，同心家园自治项目的成效等内容考核，主要考察居民对于自治项目的知晓度、参与度和满意度，题量为2道；

（3）针对社区"两委"班子服务群众能效的情况出题，主要考察：居民对于社区日常服务内容、社区走访联系居民群众、社区值班、社区党建、自治共治等情况的知晓度、参与度和满意度；

（4）由街道八大内设部门和工青妇条线针对各社区完成或配合完成工作的情况出题，突出居民对社区履职情况的主观感受，将完成任务情况的考核放至街道考核环节，本部分题量减少至10道以内。

原则上，本问卷所有题目合计数不超过30题，优化选项，个别可量化选项要求量化。

2. 针对随机抽查人员的问卷，淡化硬件指标因素、突出服务群众能效的重点，问卷要求简明易懂，本问卷所有题目合计数不超过15题。

（二）针对社区“两委”班子配合街道完成行政事务的评分表（即职能科办测评部分）

由街道8个职能科办以及纪工委、工青妇武等条线对照年初制定的绩效评议工作项目对社区相应的工作进行评议打分，主要考核各社区“两委”班子整体的配合程度，不与条线干部考核挂钩。

（三）针对全日制社区工作者的问卷（即社区自评互评部分）

1. 由社区全日制社区工作者对社区“两委”班子建设、服务群众能效、配合完成街道行政事务的情况进行评分，此项内容纳入社区服务群众能效评估之中。

2. 由社区全日制社区工作者对个人进行自评、互评，要求细化德能勤绩廉的内容，并将优良中差等评价改为具体分值，此项内容不纳入社区服务群众能效评估之中，仅作为对于社区工作者个人的绩效考核衡量内容。

六、评估权重及形式

（一）居民群众测评：权重建议上调至70%（原先是60%），方式包括重点问卷调查、个别访谈和随机问卷调查3个环节。重点问卷调查采用集中问卷形式进行，主要根据社区提供的名单随机抽查到的居民代表参加，包括社区服务群众能力述职和重点问卷填写两个部分；个别访谈邀请名册中的5～8名居民参加，听取居民代表对于社区“两委”班子工作等的建议、意见与展望。随机问卷调查建议由原先的入户和街头抽查改变为随机抽楼号、室号等方式，确保随机抽查的都是居民，增加随机调查的科学性和可信度。

（二）居委自评互评：权重建议下调至5%（原先是10%），方式包括问卷填写和个别访谈2个环节。问卷填写包括：在职社区工作者对于社区年度工作进行评价和社区工作者之间的自评互评；个别访谈听取全体在职工作者对于社区“两委”班子整体工作以及其他社区工作者的建议、意见与展望。

（三）街道职能科办评分。权重建议下调至25%（原先是30%），由街道8个职能科办以及纪工委、工青妇武等条口依据年初工作计划制定绩效评议的量化指标，对社区相应的工作进行评议打分。

七、评估方式

采取政府购买服务的方式，由专业第三方开展评估，社区自治办、社区党建办全力支持配合。

八、评估结果运用

（一）对于社区“两委”班子的绩效奖励。根据计算后的社区整体评估分数，将35个社区划分为几个档次，对于其中第一档次的社区“两委”班子予以绩效奖励。将本年度评估分数与上年度分数对比后，得出一个进步指数，对于进步明显的“两委”班子予以绩效奖励。

（二）对于社区工作者的绩效奖励。根据计算后的社区工作者个人的评估分数，对于社区工作者的工作能效进行评定，并和社区工作者年度绩效挂钩，根据“优秀、称职、基本称职、不称职”四档，分别予以相应的绩效奖惩。

（三）助推街道整体工作。社区服务群众能效评估工作的落脚点是为了提升优化社区服务群众的能级，这个街道整体工作的宗旨是一脉相承的。因此，一方面要以社区服务群众能效评估结果作为社区乃至街道工作的“指挥棒”，加大对于社区工作的指导和鞭策力度。同时，将几年的评估结果相对照、比较的基础上，制作C街道服务群众绩效地图、指数等，不断完善评估重点指标和评估测评体系，健全符合街道特色的“自下而上”的社区评估模式和激励机制，真正发挥这一机制奖优惩劣的作用。

二 评分方法

一、社区“两委”班子整体评分方法

（一）评估工作实行百分评议制。其中，居民群众测评分占评估总分的70%，居委自评互评分占评估总分的5%，街道职能科办评分占评估总分的25%。评估总分的计算公式为：评估总分=居民群众测评分（100分）×70%+居委自评互评分（100分）×5%+街道职能科办评分（100分）×25%+附加（扣）分。

（二）附加（扣）分标准。

1. 样本库11类人群总数一般占比应达到各社区常住人口的20%以上，上报人数达到各社区常住人口的30%以上的，评估总分加1分；上报人数达到各社区常住人口的50%以上的，评估总分加2分；上报人数不足各社区常住人口20%的，评估总分扣1分；上报人数不足各社区常住人口10%的，评估总分扣2分。

2. 社区有动迁维稳任务的，根据动迁难度和完成情况，评估总分酌情加1~2分，最高不超过2分。

3. 本年度社区获得相关市级荣誉和表彰的，予以单项1~2分，最高不超过3分的特色加分；社区获得相关区级荣誉和表彰的，予以单项不超过0.5~1分，最高不超过2分的特色加分。本年度在社区管理和服务中出现重大责任事故、处置问题和矛盾不力，视造成影响和损失的严重程度予以单项不超过5分，最高不超过10分的扣分。

二、社区工作者（主任和条线干部）评分方法

（1）对于未承担具体条线的居委会主任和承担综合性业务的条线干部的评分方法。评估工作实行百分评议制。根据社区服务群众能效问卷评估总分对上述两类社区工作者的工作予以绩效考核占比40%；居委会工作人员自评互评分占比30%（其中：社区书记的评分占比10%）；参加访谈的居民群众评分（综合年中届中考察和年末评估得分，取平均值）占比30%。评估总分=居民群众测评分（100分）×40%+居委会工作人员自评互评分（100

分）×30% +参加访谈的居民群众评分（100 分）×30% +附加（扣）分。

（2）对于承担条线的居委会主任的评分方法。评估工作实行百分评议制。根据社区服务群众能效问卷评估总分对主任工作予以绩效考核占比 40%；居民群众测评重点问卷中抽出职能科办和工青妇条线的问题对应主任工作绩效考核占比 10%；居委会工作人员自评互评分占比 20%（其中：社区书记的评分占比 10%）；参加访谈的居民群众评分（综合年中届中考察和年末评估得分，取平均值）占比 20%。评估总分 = 居民群众测评分（100 分）×40% +居民群众测评重点问卷中职能科办和工青妇条线的问题得分（100 分）×10% +居委会工作人员自评互评分（100 分）×20% +参加访谈的居民群众评分（100 分）×30% +附加（扣）分。

（3）对于承担单一条线业务的条线干部的评分方法。评估工作实行百分评议制。居民群众测评重点问卷中抽出职能科办和工青妇条线的问题对应各条线干部的工作绩效考核占比 50%；居委会工作人员自评互评分占比 30%（其中：社区书记的评分占比 10%）；参加访谈的居民群众评分（综合年中届中考察和年末评估得分，取平均值）占比 20%。评估总分 = 居民群众测评重点问卷中职能科办和工青妇条线的问题得分（100 分）×50% +，居委会工作人员自评互评分（100 分）×30% +参加访谈的居民群众评分（100 分）×20% +附加（扣）分。

（4）加扣分原则

在以上总分基础上，根据社区服务群众能效的结果，第一档的主任和条线干部加 2 分，第二档的主任和条线干部加 1 分，第三档的主任和条线干部不加分；第四档的主任和条线干部扣 1 分，第五档的主任和条线干部扣 2 分。

三　分工方案

序号	任务阶段	任务内容	责任部门	协同部门
1	前期筹备阶段	制定C街道社区服务群众能效评估工作优化实施方案等规范类配套文件	社区自治办	社区党建办
		明确社区“两委”班子服务群众能效的问卷内容	第三方评估单位、社区自治办、社区党建办	党政办、社区事业办、社区管理办、社区服务办、社区平安办、社区协作办、工青妇、各社区
		明确社区“两委”班子配合街道完成行政事务的评分表内容	党政办、社区党建办、社区事业办、社区管理办、社区服务办、社区平安办、社区自治办、社区协作办、纪工委、工青妇武	/
		明确各社区自评互评表内容	社区自治办、社区党建办	/
2	评估阶段	召开社区服务群众能效评估部署动员会	社区自治办	/
		召开社区重点测评和座谈会以及班子成员自评互评工作	第三方评估单位、社区自治办	各社区
		完成各社区配合街道完成行政事务的评估工作	党政办、社区党建办、社区事业办、社区管理办、社区服务办、社区平安办、社区自治办、社区协作办、纪工委、工青妇武	/
		完成社区服务群众能效随机抽样问卷工作	第三方评估单位	社区自治办、各社区

续表

序号	任务阶段	任务内容	责任部门	协同部门
3	统计总结阶段	统计、计算各社区服务群众能效评估以及社区工作者评估结果	第三方评估单位	社区自治办、社区党建办
		出台2016年社区服务群众能效报告、绩效指数地图	第三方评估单位	社区自治办、社区党建办
4	宣传提炼阶段	发布2016年社区服务群众能效报告、绩效指数地图并做好宣传总结工作	第三方评估单位	社区自治办、社区党建办、社区事业办
5	绩效考核阶段	根据社区服务群众能效评估报告，提出对各社区的绩效考核奖惩意见	社区自治办	/
		根据社区服务群众能效评估报告，明确社区工作者的年终考核档次并提出绩效考核奖惩意见	社区党建办	/

四 职能科办考评打分表

社区：

评估项目	总分	测评部门	评估目标任务	分值	评分
街道党工委办事处重点工作落实情况	10	党政办	全面参与街道党工委、办事处各项重点工作，完成相关事项的督察督办工作	3	
			聚焦安全责任，做好区域内安全应急、不稳定因素上报工作	2	
			做好居委会固定资产管理工作	1	
			做好居委会各类档案的收集、整理和归档工作	1	
			做好居委会经费管理工作	2	
			做好信息报送工作	1	

续表

评估项目	总分	测评部门	评估目标任务	分值	评分
社区党建及居委会班子建设情况	12	党建办	社区领导班子健全，凝聚力、组织力强；党组织成员有能力领导居委会和引领业委会开展社区活动	3	
			社区党组织生活制度化、常态化、长效化；每月开展固定党支部活动，结合“两学一做”学习教育开展党员教育、管理、服务等工作，开展志愿服务活动	2.5	
			在“区域化党建资源地图”绘制过程中，主动对接和整合辖区内企（事）业单位、社会组织等各类社会资源，加强社区内党建资源和社会资源的集约利用，提升党建工作影响力和推动力	2	
			严把党员发展入口关，确保党员质量；及时做好党员发展材料的上报和归档整理，做好党员发展的后续工作	2.5	
			做好党代表换届选举工作。做好“两代表”联系社区活动，及时做好活动情况上报及问题反馈；做好党员党组织“双报到”工作	1	
			做好党费收缴及管理，确保党员自觉、足额、按时上缴党费；做到党员交纳党费有登记，接受广大党员群众的监督	1	
平安社区建设情况	16	平安办	实有人口信息采集达标工作有效开展	1	
			积极参与平安小区创建工作，加大安全隐患排查力度，居民安全感、满意度提升明显	4	
			入室盗窃案件、110 报警数、火灾事故数明显下降	4	
			建立群防群治队伍，队伍活动制度化、常态化	3	
			及时排查社区戒毒康复、社区矫正、安置帮教、610 等重点对象，并了解重点对象动向	2	
			各类排查、化解矛盾的能效明显提高	2	

续表

评估项目	总分	测评部门	评估目标任务	分值	评分
城市建设和环境卫生管理工作情况	16	管理办	全力支持民生实事项目，积极参与旧住房综合修缮、二次供水等项目，协助做好居民意见征询与群众工作，改善居民群众居住质量	3	
			优化居民小区环境面貌，发动居民参与群众性清洁行动，协调物业公司做好日常管理，协助相关职能部门开展住宅小区综合治理，开展除害工作，普及健康教育	4	
			做实网格工作站运行，协同街道网格中心加大巡查监管力度，协助开展综合治理，化解社区内急难愁问题	3	
			切实落实防台防汛各项措施，做好值班固守，确保信息通畅，开展应急抢险、居民疏散	2	
			做好红十字会宣传，推进社区红十字会基层组织、服务站建设工作，开展无偿献血、社区人道救助等	2	
			配合社管办做好相关条线工作及各项创建活动	2	
民生保障工作与公共服务工作情况	16	服务办	开展社区劳动力资源调查，做好辖区范围内失业、无业人员尤其是2030人员的促进就业和创业扶持政策宣传	4	
			协助救助部门做好扶贫帮困、居民低保、医疗救助申请调查审核等工作	2	
			协助开展做好残疾人服务和管理工作以及辖区内精神病防治信息上报、稳控及随访工作	4	
			充分利用社区公共服务设施组织开展为老服务活动，协助开展居家养老服务	2	
			完成计划生育重点工作指标，协助开展日常宣传、服务、管理工作	4	

续表

评估项目	总分	测评部门	评估目标任务	分值	评分
精神文明建设、社区文化建设情况	10	事业办	文明社区创建参与率，文明小区建成率	2.5	
			志愿者动员率和组织开展各项志愿活动的频率	0.5	
			参加街道讲座的听课率，开展基层宣讲次数	0.5	
			各项宣传氛围布置情况	0.5	
			培育有特色的文化体育团队，做到“一居一品”	1.5	
			健身器材检查维护制度化、常态化	1	
			社区文化活动参与率，组织有序	1	
			定期开展青少年、科普、体育等宣传教育活动	0.5	
			积极上报各类信息、新闻线索	1	
			积极开展重大节日活动，节庆期间宣传氛围布置及关爱社区少数民族群众和侨眷情况	1	
社区自治及基层政权建设、社区居民和单位参与社区建设管理情况	12	自治办	建立社区党组织为领导核心，居委会为自治主体，驻区单位、社会组织专业队伍及群众参与的社区治理框架和运行机制；建立自下而上的社区自治议题形成机制；开展形式多样的社区自治活动	4	
			严格执行居委会考勤、值班、请假、走访联系居民等各项日常规章制度	4	
			配合做好社会组织预警工作	2	
			配合做好小区业委会相关工作	2	
服务楼宇企业、驻区单位参与社区共治情况	2	协作办	围绕“两站一中心”建设，配合开展服务楼宇园区和服务企业工作，加强与小区共建单位的共治建设，组织形式多样的活动	1	
			做好商会会员单位发展、“诚信计量示范社区”建设、防范金融诈骗活动等专项工作的组织宣传发动工作。	1	

续表

评估项目	总分	测评部门	评估目标任务	分值	评分
党风党纪监督、工会、妇女、群团与武装工作情况	6	纪工委	开展社区廉政文化建设；配合街道纪工委开展查信办案工作；社区工作者廉洁自律，无违法乱纪行为	2	
		工会	按时完成工会组建与工资集体协商指标	1	
		团工委	完善社区“三员”制度，建立“团干部+社区工作者+志愿者”的基层工作队伍，加强联系、服务和凝聚社区青少年的各项工作。	1	
		妇联	按时完成交办的各项任务，落实妇女实施项目，“妇女之家”建设有特色	1	
		武装部	国防动员宣传有力，能积极完成民兵、预备役训练及征兵任务，民防应急箱管理规范有序	1	
合计	100				

五　社区编号与类型

序号	类型编号	类型	社区	序号	类型编号	类型	社区
1	1	现代型	WNXC	2	2	现实型	SB
3	1	现代型	FR	5	2	现实型	AQ
8	1	现代型	SQHY	6	2	现实型	LZ
10	1	现代型	BDHY	7	2	现实型	CE
12	1	现代型	DSH	9	2	现实型	CS
14	1	现代型	DFTY	11	2	现实型	AM
15	1	现代型	SJZM	13	2	现实型	ZHL
16	1	现代型	HBWC	21	2	现实型	YJZ
17	1	现代型	TXJY	23	2	现实型	JM
18	1	现代型	YFC	25	2	现实型	MSY
19	1	现代型	SLAMY	27	2	现实型	TJD
20	1	现代型	MFL	28	2	现实型	PX
24	1	现代型	SHZYY	29	2	现实型	WY

续表

序号	类型编号	类型	社区	序号	类型编号	类型	社区
26	1	现代型	SDCX	32	2	现实型	WE
31	1	现代型	XHMZC	4	3	过渡型	YD
33	1	现代型	YLGY	22	3	过渡型	CH
34	1	现代型	QSYL	30	3	过渡型	HD
				35	3	过渡型	JX

六　计分规则与民调样本

表 1　计分规则

社区民意调查		社区自评互评	街道评分	总分
重点抽样调查	随机抽样调查			
80%	20%			
70%		5%	25%	100%

表 2　各社区民意调查样本量

	会场集中民调样本量	街头随机民调样本量
社区平均	51.12	15.79
总计	1738	537

七　民意调查表（JM 社区）

访问员码：　　　　　小区代码：　　　　　问卷编号：

SB 社区的居民朋友：

您好！非常感谢您能接受我们的问卷调查！为了解社区居民对社区党组织、居委会服务群众及各项工作的感受和评价，切实改进并提升社区服务群众能力和水平，推进基层社区治理和社区建设，我们设计开展了本次调查评估。本调查答案没有对错、好坏、高低之分，不会对您本人产生任何不良影响，调查采用匿名形式，我们将严格保密您的信息，请放心作答。非常感谢您对此次活动的理解和支持！

（请您在下列各问题的合适答案上打“√”）

第一部分

1.（可多选）您在社区中的身份是：

□社区党员（含“双报到”的在职党员）　□楼组长

□志愿者　□群众团队成员　□物业管理人员

□驻区、共建单位人员（含小区沿街商铺业主）　□业委会成员

□党、人大代表/政协委员　□社区民警　□其他居民

2. 您的文化程度：

□初中及以下　□高中　□大专　□本科　□研究生及以上

3. 您的就业情况：

□离退休人员　□下岗/待业/未就业人员

□就业（继续填下列）：

□公职人员　□民企/外企公司职员　□工人

□学生　□自由职业　□军人

□农民工　□其他________

4. 您在本小区居住了多长时间：

□1 年以下　□1—5 年　□5—10 年　□10 年以上

第二部分

5. 您对所在社区的基本评价为：

	满意	一般	不满意
安全状况			
环境卫生			
文明创建			
便民设施			
小区管理			
邻里和睦			

6. 您对所在社区以下方面服务感受如何？

	好	一般	差
调解居民矛盾与纠纷			
宣传文化、体育、教育、科普方面的政策法规，开展丰富多彩的活动			
关心特殊困难对象，提供就业和技能培训的信息与机会，提供有关社会救助的咨询服务			
计生知识普及和药具发放，落实计生家庭奖励和失独家庭关爱活动			
关爱老年人（如落实为老服务政策、开展敬老活动和理念宣传）			
防火防盗宣传提醒、治安巡防等群防群治工作			
日常垃圾清理和楼内外环境维护			
妇女儿童工作（如维权咨询、开展“三八”节、“六一”节等主题活动、家庭文明建设和妇科筛查等）			
社区团员发展与组织，青少年活动等			
宣传《×市退休职工住院补充医疗保障计划》			
征兵宣传、国防教育等			

7. （可多选）您认为小区中存在的突出问题有哪些：

□治安、保安工作问题　□房屋违规出租、群租问题

□环境卫生、楼道保洁问题　□绿化养护、修剪问题

□居民高空抛物不文明问题　□违章搭建问题

□居民楼安装电梯问题　□老年活动室开放和管理问题

□物业管理问题　□小区停车管理问题

□邻里关系问题　□其他________

您所在居委会是否针对以上问题采取过相关解决措施及其成效：

□已采取措施，成效明显　□努力解决但成效不明显

□正在征询阶段，尚未采取措施　□未听说采取过措施

8. 您对所在的社区有无归属感？

□强烈的归属感，我完全可以融入社区生活中去

□有一些归属感，有时候能够融入社区生活

□毫无归属感，我和社区生活没有关系

第三部分

9. 请您对社区党组织和居委会在服务居民、促进小区建设发展等方面的作用进行评价：

□满意　□比较满意　□基本满意　□不满意

10.（可多选）您遇到哪些问题会优先考虑去居委会办理或咨询？

□办理户口/居住证　□物业问题　□停车难、停车管理问题

□邻里矛盾　□优抚救济相关问题

□反映不文明现象　□小孩入学　□出国政审

□其他

11. 您在双休日、节假日等时段看见过社区工作者值班吗？

□经常看到　□偶尔看到　□从没看到

12. 今年，居委会工作人员是否上门走访过或以其他面谈方式与您沟通过？

□有　□没有

如有上门，请继续回答：

当居委会工作人员和您沟通时，工作人员的态度是否让您满意？

□满意　□一般　□不满意

13. 您是否看见并参加社区每周四的卫生清扫整治？

□不仅看见而且参加过　□经常看见但未参加过

□从未看见过

14. 据您了解，您所在的社区在调解邻里纠纷、化解居民矛盾、服务外来人口等方面做得如何？

□好　□一般　□差

15. 您听说过所在社区发布的党建资源地图或参加过党建共建活动吗？

□听说过也参加过　□听说过但没参加过　□既没听过也没参加

16.（可多选）您平时是通过什么渠道来获取社区信息的？

□宣传栏、公告栏、黑板报等　□社区活动

□居委会工作人员走访　□到居委会了解信息

□居委会微信公众号等信息平台　□小区微信群

□其他渠道＿＿＿＿＿＿　□缺乏渠道

17. 您认为社区内人大选举和业委会（有业委会的小区）选举组织得

如何？

□很好，居民参与度高　　□较好，居民参与度较高

□一般，组织不力　　□不清楚

18. 您对小区内的听证会/协调会/评议会或其他共同解决公共事务的形式了解吗？

□知道并参加过　　□知道但没参加过　　□不知道也没参加

第四部分

19. 今年 2 月居委会组织进行了 JCL 环境整治活动，您觉得效果如何？

□效果显著　　□效果较好

□效果一般　　□效果很差

20. 您知道小区内下列哪些工程或活动？

□重阳节关爱老年人活动　　□禁毒和防诈骗宣传

□“创低碳、绿色出行”活动　　□交通文明志愿者活动

□学雷锋便民活动（量血压，就业，优生二胎，法律咨询等）

□“蓝天下的致爱”护贫帮困募捐活动

21. 您参加过社区自治活动吗？

□参与过　　□听说但没参与　　□没听说过

如参加过，是下列哪些活动？（可多选）

□自治项目　　□文化活动　　□管理活动

□公益活动　　□邻里互动　　□楼组自治

22. 您参加过社区的志愿者队伍吗？

□参加过　　□听说但没参加　　□没听说过

如参加过，是下列哪些志愿者队伍？（可多选）

□党员志愿者队伍　　□为民服务志愿者队伍

□交通值勤志愿者队伍　　□青少年教育志愿者队伍

□安全巡查志愿者队伍　　□助老结对志愿者队伍

□其它志愿者队伍

23. 请您谈一下 2016 年您对所在社区工作印象最深的一件事。

____

____

____

24. （可多选）您觉得一年来小区治理发生了哪些变化？

□小区居住环境改善　　□社区干部积极性提高

□参与小区公共事务机会增加　　□便民服务增多

□邻里关系增进　　□困难群体得到的援助增多

□其他________

您对小区治理有何意见或建议？

____

____

____

再次非常感谢您对我们这次工作的理解和支持！

八　民意调查指标体系

<table>
<tr><th>一级指标</th><th>二级指标</th><th>三级指标</th><th>问题</th><th>分值</th></tr>
<tr><td rowspan="10">依法组织居民开展自治共治活动（64分）</td><td rowspan="3">社区整体评价（16分）</td><td>居民对社区治理现状总体评价（分项评估）
·安全状况；
·环境卫生；
·文明创建；
·便民服务；
·小区管理；
·邻里和睦。</td><td>5. 您对所在社区的基本评价为？</td><td>6</td></tr>
<tr><td>社区凝聚力和氛围
居民有安全感，认同管理，对小区有较强的认同感和归属感，乐意长期居住在本社区；
居民彼此熟悉、睦邻关爱、互帮互助，邻里之间关系融洽。</td><td>8. 您对所在的社区有无归属感？</td><td>3</td></tr>
<tr><td>社区信息传递及沟通情况</td><td>16.（可多选）您平时是通过什么渠道来获取社区信息的？</td><td>3</td></tr>
<tr><td rowspan="7">社区“两委”班子整体及人员评价（18分）</td><td colspan="2">9. 请您对社区党组织和居委会在服务居民、促进小区建设发展等方面的作用进行评价</td><td>3</td></tr>
<tr><td colspan="2">10. 您认识社区工作者吗？</td><td>3</td></tr>
<tr><td colspan="2">11. 您在双休日、节假日等时段看见过社区工作者值班吗？</td><td>3</td></tr>
<tr><td colspan="2">12. 2016年，居委会工作人员是否上门走访过您家或以其他面谈方式与您沟通过？如有上门，请继续回答：当居委会工作人员和您沟通时，工作人员的态度是否让您满意？</td><td>3</td></tr>
<tr><td colspan="2">13. 您觉得本社区党组织在协调居委会、业委会、物业公司工作中核心作用发挥得如何？（现代型）/13. 您是否看见并参加社区每周四的卫生清扫整治？（现实型）/13. 据您了解，您所在的社区在帮困救助服务方面做得如何？（过渡型）</td><td>3</td></tr>
<tr><td colspan="2">14. 面对所在社区的公共事务，如小区宠物、停车等问题，你会选择怎么做？（现实型）
14. 据您了解，您所在的社区在调解邻里纠纷、化解居民矛盾、服务外来人口等方面做得如何？（现实型）
14. 您认为您所居住的社区在引导动迁签约、实地查看房源、化解相关动拆迁矛盾等方面做得如何？（过渡型）</td><td>3</td></tr>
<tr><td colspan="2">15. 您听说过所在社区发布的党建资源地图或参加过党建共建活动吗？</td><td>3</td></tr>
</table>

续表

一级指标	二级指标	三级指标	问题	分值
依法组织居民开展自治共治活动（64 分）	小区突出问题的解决及成效（5 分）	居民对社区治理现状的总体认知	7. 您认为小区中存在的突出问题有哪些	3
		居民对“两委”治理小区工作的满意度	7. 您所在居委会是否针对以上问题采取过相关解决措施及其成效	3
	“TXJY”等社区自治项目开展情况（10 分）	知晓度 是否知道本社区正在开展“TXJY”建设活动； 是否知道具体实施的项目。 参与度 “TXJY”建设/实事项目是否广泛征询了居民们的意见。 满意度 “TXJY”建设/实事项目的居民满意度如何。	19、20 特色题，依各社区申报的问题挑选出其中两个。	10
	社区自治活动开展情况（3 分）	形成社区住宅小区综合管理联席会议、自治家园理事会等自治共治制度，如： 居民议事厅、楼管会、老娘舅调解室等； 探索符合条件的居委会成员依法兼任业委会委员； 居民认同各项自治公约，感受到健康文明的风尚倡导。	21. 您参加过社区自治活动吗？如参加过，是下列哪些活动？（可多选）	3
	社区团队建设情况（3 分）	文体活动丰富多彩，参与人数较多； 群众活动团队达到一定数量；		
	社区志愿者队伍建设情况（3 分）	促进居民积极参加志愿活动。	23. 您参加过社区的志愿者队伍吗？如参加过，是下列哪些志愿者队伍？	3
依法协助街道办事处开展工作（20 分）	与街道各条线职能对应： 社会治安、公共卫生、计划生育、文化体育、劳动就业、社会保障、社会救助、优抚救济、各类人口权益保障、社区矫正、社区教育、住房保障、消费维权		6. 您对所在社区以下方面服务感受如何？	20
依法依规组织开展有关民主监督活动（6 分）	人大及业委会换届选举情况	组织和指导居民参与民主选举，实现自身民主权利	17. 您认为社区内人大选举和业委会选举组织的如何？	3
	“三会”制度执行情况	维护居民利益，组织居民有序参与设计自身利益的听证会、协调会、评议会	18. 您参加过小区的听证会/协调会/评议会吗？	3

续表

<table>
<tr><th>一级指标</th><th>二级指标</th><th>三级指标</th><th>问题</th><th>分值</th></tr>
<tr><td rowspan="2">开放性问题（10分）</td><td rowspan="2"></td><td colspan="2">23. 请您谈一下2016年您对所在社区工作印象最深的一件事。</td><td>5</td></tr>
<tr><td colspan="2">24. 您觉得一年来小区治理发生了哪些变化？您对小区治理有何意见或建议？</td><td>5</td></tr>
</table>

九　社区自评与互评考核表

表1　社区工作者自评与互评考核表

被测评人：

类别	项目	内容	评分标准（分）				评分	类别总分
			优	良	中	差		
德20分	政治思想5分	a. 贯彻执行党的路线方针政策和国家法律法规，引导居民遵纪守法，自觉履行法定义务。(3分)	3	2	1	0		
		b. 执行党组织决定、决议和社区代表会议、社区居民会议决定、意见。(2分)	2	1	0.5	0		
	团队协作5分	a. 加强领导班子工作凝聚力，推动驻区单位履行社区责任，开展区域性共建活动，依法组织基层自治建设与管理。(3分)	3	2	1	0		
		b. 协助政府有关部门做好与社区居民利益相关的公共服务、公共管理、公共安全事务等。(1分)	1	1	0.5	0		
		c. 发扬团队精神，互尊互爱，密切合作，树立集体荣誉感。(1分)	1	1	0.5	0		
	遵纪守法5分	a. 严格遵守法律法规，按照工作程序和逐级管理的原则办理业务。(2分)	2	1	0.5	0		
		b. 有义务保守单位的机密并妥善保管所持有的涉密文件。未经单位授权或批准，不对外提供标有密级的文件，以及其它未经公开的文件资料。(2分)	2	1	0.5	0		
		c. 依法依规组织开展有关监督活动，组织社区居民对上级职能部门派出机构及其他工作人员的工作、驻区单位与社区建设及基层自治工作等情况进行民主评议。(1分)	1	1	0.5	0		
	职业道德社会公德5分	a. 听从指挥、服从大局、服从管理，对于在社区管理、居民自治中出现的问题、意见及建议，及时召开相关会商议，不拉帮结派，不搞小团体，不妨碍正常的工作秩序，保持良好的职业道德和职业素质。(3分)	3	2	1	0		
		b. 举止文明、遵守社会公德，努力构建管理有序、文明祥和的新型社区，提高居民对社区的认同感、归属感和满意度。(2分)	2	1	0.5	0		

续表

类别	项目	内容	评分标准（分）				评分	类别总分
			优	良	中	差		
能 15 分	实际工作 6 分	a. 善于审时度势，很容易适应岗位、职位或管理的变化所带来的冲击，并能顺应其变化很快适应环境，取得主动。(4 分)	4	3	2	1		
		b. 简明扼要，具有出色的谈话技巧，易于理解，巧妙地和建设性地解决不同矛盾。(2 分)	2	1	0.5	0		
	业务学习 4 分	a. 积极参加社区管理工作相关业务的培训、交流，提升社区管理、基层自治能力。(2 分)	2	1	0.5	0		
		b. 学习新形势、新格局下的社区管理模式，学以致用，管理出成效、工作有创新。(2 分)	2	1	0.5	0		
	组织能力 5 分	a. 善于与他人合作共事，相互支持，充分发挥各自的优势，保持良好的团队工作氛围。(3 分)	3	2	1	0		
		b. 善于确定决策时机，提出可行方案，合理权衡，优化选择，对困难的事处理果断得当。(2 分)	2	1	0.5	0		
勤 20 分	工作责任心 6 分	a. 热爱社区工作及条线工作，乐于奉献，保质保量完成职能部门布置的各项工作，具有公益品格和为民服务精神。(4 分)	4	3	2	1		
		b. 严格执行请示报告制度，确保信息渠道畅通。工作中遇到或发现重大情况及时上报，不得以任何理由隐瞒或者拖延不报。(2 分)	2	1	0.5	0		
	工作态度 5 分	a. 诚信实干，不弄虚作假，误导、欺骗领导和公众。(2 分)	2	1	0.5	0		
		b. 语言文明，态度和蔼，对待工作任务不拖拉、不推脱，不玩忽职守，贻误工作；不蓄意煽动社区工作者闹事或怠工。(2 分)	2	1	0.5	0		
		c. 积极主动配合其他条线管理、维护好基层自治工作，不得搞无原则矛盾纠纷或打击报复，或与同事、居民发生打架斗殴事件，不得有损社区工作者形象和声誉的语言行为。(1 分)	1	1	0.5	0		
	出勤情况 5 分	a. 严格遵守日常工作作息时间，不迟到、不早退、不无故缺勤，未经许可不得擅自离岗。(2 分)	2	1	0.5	0		
		b. 工作时间内必须坚守岗位，切实履行职责，不得从事与工作无关的活动。(1 分)	1	1	0.5	0		
		c. 按照要求做好值班工作，严禁擅自不值班或值班脱岗。(1 分)	1	1	0.5	0		

续表

类别	项目	内容	评分标准（分）				评分	类别总分
			优	良	中	差		
勤20分	出勤情况5分	d. 工作场所不大声喧哗、嬉笑打闹，工作岗位上或工作时间（含工间休息时间）内不得饮酒，非吸烟区域不得吸烟。(1分)	1	1	0.5	0		
	严格执行请假制度4分	a. 由于个人原因及特殊情况需要请假的，按程序事先请假，得到允许后方可使用假期，并办理请假手续。(2分)	2	1	0.5	0		
		b. 由于紧急情况无法事先请假的，应口头、电话或手机短信请假，得到允许后，方可使用假期，紧急情况消除后应及时补办请假手续。(2分)	2	1	0.5	0		
绩30分	工作任务10分	a. 根据各条线工作的特点、难点，在扎实完成本职工作的同时，善于动脑、利用资源，解决问题。(5分)	5	4	2	1		
		b. 认真完成党组织、居委会的日常管理工作，加强值班巡逻，做好值班记录，如遇突发事件及时向单位领导汇报，即时妥善处理。(4分)	4	3	2	1		
		c. 如遇因休假、工作岗位变动、辞职或被解聘时，必须将自己负责的工作、保管的文件、材料、物品、设备等在规定时间内有主管负责人在场时进行移交。(1分)	1	1	0.5	0		
	工作质量8分	a. 能按照计划严格执行任务，并确保在每个细节上无差错。(5分)	5	4	2	1		
		b. 能迅速理解并把握复杂的事物，轻重缓急拿捏得当。(3分)	3	2	1	0		
	工作效率8分	a. 时间和资源的利用达到最佳，完成任务速度快、效率高，信息反馈及时。(5分)	5	4	2	1		
		b. 有较强的工作敏锐性，善于领会他人的请求，及时付之于适当的言行。(3分)	3	2	1	0		
	注重创新工作4分	a. 能不断提出新想法、新措施，注重整理归纳，为基层自治、共治管理提供有效的方法。(3分)	3	2	1	0		
		b. 利用新科技、多媒体等资源，开发出适应本社区基层共建新思路，提升社区服务价值。(1分)	1	1	0.5	0		

续表

<table>
<tr><th rowspan="2">类别</th><th rowspan="2">项目</th><th rowspan="2">内容</th><th colspan="4">评分标准（分）</th><th rowspan="2">评分</th><th rowspan="2">类别总分</th></tr>
<tr><th>优</th><th>良</th><th>中</th><th>差</th></tr>
<tr><td rowspan="4">廉
15 分</td><td rowspan="2">清正廉洁
8 分</td><td>a. 严格执行党和国家清正廉洁的有关规定，不滥用职权，不侵害公民、法人或者其他组织的合法权益，不与被监管单位建立经济关系，不收受管理对象（服务对象）的礼品、礼金。（4 分）</td><td>4</td><td>3</td><td>2</td><td>1</td><td></td><td rowspan="4"></td></tr>
<tr><td>b. 严格遵守财经纪律，不贪污、行贿、受贿，不利用职务之便为自己或者他人谋取私利；对于居委会的工作或活动经费的使用做到款项明确、落到实处，不浪费国家财产。（4 分）</td><td>4</td><td>3</td><td>2</td><td>1</td><td></td></tr>
<tr><td rowspan="2">自身修养
7 分</td><td>a. 廉洁自律，自觉抵制不健康行为，不参与或者支持色情、吸毒、赌博、迷信等活动。（4 分）</td><td>4</td><td>3</td><td>2</td><td>1</td><td></td></tr>
<tr><td>b. 加强法制学习，宣传健康向上的治理理念，积极参加公益活动传播正能量。（3 分）</td><td>3</td><td>2</td><td>1</td><td>0</td><td></td></tr>
<tr><td colspan="3" rowspan="4">本次考核综合评定结果</td><td colspan="4">考核等次</td><td colspan="2">总得分</td></tr>
<tr><td>优秀</td><td>合格</td><td>基本合格</td><td>不合格</td><td colspan="2" rowspan="2"></td></tr>
<tr><td>100－90</td><td>89－70</td><td>69－60</td><td>60 以下</td></tr>
<tr><td colspan="6"></td></tr>
</table>

表 2　社区自我评分表

被测评社区：

<table>
<tr><th rowspan="2">评估内容</th><th rowspan="2">分值</th><th colspan="4">自评分</th><th rowspan="2">总 分</th></tr>
<tr><th>好
（20 分）</th><th>较好
（18）</th><th>一般
（16）</th><th>较差
（12 分）</th></tr>
<tr><td>治理架构合理</td><td>20</td><td></td><td></td><td></td><td></td><td rowspan="5"></td></tr>
<tr><td>职责任务明晰</td><td>20</td><td></td><td></td><td></td><td></td></tr>
<tr><td>载体抓手有力</td><td>20</td><td></td><td></td><td></td><td></td></tr>
<tr><td>制度建设规范</td><td>20</td><td></td><td></td><td></td><td></td></tr>
<tr><td>班子团结协作</td><td>20</td><td></td><td></td><td></td><td></td></tr>
<tr><td>备注</td><td colspan="6">请社区工作者在对应栏内打分；</td></tr>
</table>

后记

本书由笔者的博士论文修改而来。相比它的原始版本，此次出版的修改幅度较大，不仅对立意和逻辑做了大幅调整，全文的语句和表达都经过了修改，部分章节被重写，材料和数据也得到了更新。由于笔者现已将研究方向调整至更广阔的技术社会理论以及“国家治理与STS（科学技术研究）的本土化”领域，知识体系也发生了很大改变，修改本书的过程显得艰辛和漫长。

感谢导师彭勃教授将我带入田野，也感谢田野经历中的所有给予我帮助的人。C街道S主任、C科长、小F、W老师、各个社区的书记、社工以及居民们，出于伦理原则，恕我不能列出你们的真实姓名。正是在长期与你们的交往和接触中，我得以找到灵感，并观察到基层政治过程中一个个鲜活的人以及隐藏的生存智慧。本书更离不开上海交通大学公共政策与治理创新研究中心各位同仁的努力，感谢方勇、韩啸、陈仪佳、谢维、朱剑霏、周博文、黄伟强、张晓冰和申彬等十多位成员出色且艰苦的访谈、数据采集和整理工作。

本书部分章节曾在上海大学“当前中国治理转型与社会组织发展”论文工作坊、第四届社会学栗林论坛、第八届社会理论工作坊中宣读，并已公开发表。这些内容在各种场合得到了黄晓春、孙秀林、邓燕华、张汉、盛智明、纪莺莺、闻翔、练宏、肖瑛等诸位老师的意见或鼓励，也感谢《社会学研究》、《社会》、*Chinese Journal of Sociology*、《社会主义研究》等杂志匿名审稿人和编辑提出的修改意见。特别感谢林浩舟博士多年来的建议和帮助。本书的出版离不开谢蕊芬、李明锋等诸位编辑老师的辛苦工作，在此一并致谢。

不管怎样，本书也算是笔者对以往智识生涯的一个交代。期待各位方家指正。

彭亚平

2022 年 10 月 8 日于喻家山下

图书在版编目(CIP)数据

技术与治道：城市基层治理创新的理论与实践 / 彭亚平著. -- 北京：社会科学文献出版社，2022.12（2024.2 重印）
（华中科技大学社会学文库. 青年学者系列）
ISBN 978-7-5228-1355-4

Ⅰ.①技… Ⅱ.①彭… Ⅲ.①城市管理-社会管理-研究-中国 Ⅳ.①D63

中国版本图书馆 CIP 数据核字(2022)第 256483 号

华中科技大学社会学文库 · 青年学者系列
技术与治道：城市基层治理创新的理论与实践

著　　者 / 彭亚平

出 版 人 / 冀祥德
责任编辑 / 李明锋　胡庆英
责任印制 / 王京美

出　　版 / 社会科学文献出版社 · 群学出版分社（010）59367002
地址：北京市北三环中路甲 29 号院华龙大厦　邮编：100029
网址：www.ssap.com.cn
发　　行 / 社会科学文献出版社（010）59367028
印　　装 / 唐山玺诚印务有限公司

规　　格 / 开 本：787mm × 1092mm　1/16
印 张：19.75　字 数：278 千字
版　　次 / 2022 年 12 月第 1 版　2024 年 2 月第 2 次印刷
书　　号 / ISBN 978-7-5228-1355-4
定　　价 / 98.00 元

读者服务电话：4008918866